Die Frankfurter Paulskirche
Ort der deutschen Demokratie

Herausgegeben von Evelyn Brockhoff und Alexander Jehn

unter Mitarbeit von Franziska Kiermeier

INSTITUT FÜR
STADTGESCHICHTE
IM KARMELITERKLOSTER
FRANKFURT AM MAIN

SOCIETÄTS
VERLAG

Inhalt

EVELYN BROCKHOFF
Vorwort
6

BERND HEIDENREICH
Grußwort
Geschichte, Verfassung, Denkmal, Bildung –
die vier Säulen eines Hauses der Demokratie
12

ALEXANDER JEHN
Einführung
18

LUCIA SEISS
Kirche und Parlament. Die Bau- und Nutzungsgeschichte der Paulskirche bis 1944
24

FRANK ENGEHAUSEN
Das Selbstverständnis der deutschen Nationalstaatsbewegung im Frühjahr 1848
38

GÜNTER MICK
Das Ringen um Einigkeit und Recht und Freiheit
55

DIETER HEIN
Das Werk der Paulskirche. Scheitern und Nachwirkung
72

ANDREAS FAHRMEIR
Eine Verfassung, aber für wen? Nationskonzepte innerhalb und außerhalb
der Paulskirche
88

WALTER MÜHLHAUSEN
Erinnerung und Tradition – die Frankfurter Gedenkfeiern an 1848 im Kaiserreich
und in der Weimarer Republik
100

THOMAS BAUER
„Das Haus aller Deutschen". Der Wiederaufbau der Paulskirche als Signal
für den demokratischen Neubeginn
117

MICHAEL DREYER
Demokratische Kirchen und Schlösser? Demokratieorte in Deutschland 130

FRANZISKA KIERMEIER/THOMAS BAUER
Paulskirchen-Vase und Dose mit Stadtansicht:
Ehrengaben der Stadt Frankfurt am Main zur Jahrhundertfeier
der ersten deutschen Nationalversammlung 152

ANHANG
Bildnachweis 157
Autorinnen und Autoren 158
Impressum 160

Der ehemalige Bundespräsident Joachim Gauck formulierte 2012 von der Muschelkalk-Kanzel der Paulskirche aus: „Die Frankfurter Paulskirche ist ein Ort mutiger Träume. Hier wurden neue Zeiten ausgerufen. Hier haben Menschen die Freiheit beschworen. Und vor allem haben sie daran geglaubt, dass eine Gesellschaft die Fehler der Vergangenheit hinter sich lassen kann und die Kraft zur Erneuerung aufzubringen vermag."[1] Der Bedeutungsgehalt der 1833 eingeweihten evangelisch-lutherischen Paulskirche ist enorm. Sie symbolisiert den demokratischen Neubeginn, und zwar auf zweifache Weise: mit dem Nationalparlament, das hier 1848/49 tagte und mit ihrem Wiederaufbau 1947/48 – sie ist eine „Doppelgestalt aus Scheitern und Hoffen"[2].

1848/49 blühten hier die Träume für eine deutsche Nation. Die Abgeordneten der Nationalversammlung verabschiedeten eine Verfassung, die zu den modernsten des damaligen Europas gehörte und trotz ihres Scheiterns zunächst die Weimarer Verfassung von 1919 und seit 1949 das Grundgesetz prägt. Der Wiederaufbau 1947/48 der im März 1944 völlig ausgebrannten Kirche in der kargen Formensprache der Planungsgruppe um den Kölner Architekten Rudolf Schwarz knüpft an diese Tradition einer demokratischen und freiheitlichen Verfassung an und bringt Demut und den Willen zum Neube-

ginn nach der Epoche des Nationalsozialismus zum Ausdruck.

Unabhängig von der demokratiegeschichtlichen Bedeutung ist der Paulskirche auch in meinem persönlichen Leben ein besonderer Stellenwert zugewachsen: Bereits seit frühen Frankfurter Kindertagen begleitet sie mich als Bauwerk und Symbol. Die euphorischen Schilderungen meines Vaters vom Besuch John F. Kennedys am 25. Juni 1963 haben mich stark beeindruckt. Wie Tausende andere Zuschauer jubelte er vor der Paulskirche begeistert dem jungen amerikanischen Präsidenten zu, auf dem die Hoffnung so vieler Menschen ruhte. Kennedys Worte von der Paulskirche als „Wiege der Demokratie" haben Eingang in den Frankfurter Zitatenschatz gefunden. Für meinen Vater symbolisierte der Kirchenbau fortan das neue rechtsstaatliche Deutschland, in dem es sich auch für ihn, den erst 1949 aus sowjetischer Kriegsgefangenschaft Heimgekehrten, zu leben lohnte.

Zwei Jahrzehnte später begründete meine Promotionsarbeit[3] die berufliche Verbindung mit der Paulskirche, die im Laufe der Zeit noch enger wurde. Als kunstgeschichtliche Doktorandin untersuchte ich das Wirken des klassizistischen Frankfurter Stadtbaumeisters Johann Friedrich Christian Hess, der unter anderem mit der Paulskirche große Spuren im Frankfurter Stadtbild hinterlassen hat. Er überabeitete die

Besuch John F. Kennedys in Frankfurt am 25. Juni 1963: Rede in der Paulskirche

barocken Pläne Andreas Liebhardts in zeitgenössisch klassizistischer Manier und gab der Paulskirche jenes Antlitz, das 1944 in Flammen aufging und vier Jahre später zumindest in der äußeren Erscheinung neu erstrahlte. Mit dieser Arbeit habe ich mich 1984 um den erstmals ausgeschriebenen Johann-Philipp-von-Bethmann-Studienpreis beworben. Den Preis erhielt eine andere Arbeit, aber ich gewann in dem Jurymitglied Dr. Hans-Erhard Haverkampf einen wichtigen Förderer meines Dissertationsvorhabens.

Der Frankfurter Stadtbaurat Haverkampf war bestrebt, die Arbeiten des klassizistischen Baumeisters sichtbarer zu machen. Auch weil die Stadt Frankfurt gerade die Einrichtung eines Jüdischen Museums beschlossen hatte, das nach den Plänen des Architekten Ante Josip von Kostelac in zwei Gebäuden von Hess am Untermainkai entstand. In einer gemeinsamen Ausstellung in der Maingasgalerie unter der Hauptwache stellte von Kostelac seine Entwürfe für das Jüdische Museum vor, während ich auf Hess und seine Bauten in Frankfurt – darunter auch auf die Paulskirche – einging. Hess' 200. Geburtstag 1985 bot im selben Jahr die Gelegenheit zu einer umfassenden Ausstellung im Historischen Museum, für die ich die Konzeption erarbeitete. Die Paulskirche als sein wichtigster Bau fand dabei eine besondere Würdigung.

Johannes Grützke vor seinem Werk „Zug der Volksvertreter", 1991

1986 begann man, im Vorgriff auf das 140-jährige Jubiläum der ersten deutschen Nationalversammlung 1988, mit einer umfangreichen Sanierung der Paulskirche. Vorausgegangen waren den aktuellen Diskussionen ähnliche Debatten um die Rekonstruktion des Baus von 1848 sowie die Wiederherstellung des historischen, durch die Empore geprägten Innenraums und des sogenannten Deutschen Daches. Bewusst entschied sich der Magistrat für die Beibehaltung des architektonischen Konzepts des Wiederaufbaus von 1947/48 – behutsam fielen deshalb die aus betriebstechnischen Gründen notwendigen Veränderungen des Gestaltungsbildes aus. Ein behindertengerechter Aufzug wurde im Nordwest-Turm installiert und das Untergeschoss für Garderoben- und Ausstellungszwecke umgebaut.

Gewichtiger war die Umsetzung der künstlerischen Programme, welche die Planungsgemeinschaft um Rudolf Schwarz 1947/48 bereits vorgeschlagen hatte, aber aus Geldmangel nicht realisieren konnte. So sollten nun die Fenster erneuert und künstlerisch gestaltet werden, zudem plante man neue Glocken und den Ersatz der 1948 provisorisch errichteten Orgel. Weiterhin sollten neu gestaltete Fahnen im Kirchenraum aufgehängt und die Außenwand des VIP-Raumes in der unteren Wandelhalle mit einem Wandbild geschmückt werden. Für die Vorbereitungen und Durchführungen der auszulobenden Ideen-

und Gestaltungswettbewerbe erhielt ich im Sommer 1986 einen Werkvertrag.

Die Fenster wurden schließlich vom Glaskünstler Wilhelm Buschulte entworfen. Für die Orgel zeichnete Maria Schwarz, die Witwe von Rudolf Schwarz, verantwortlich, die gemeinsam mit Klaus Wever mit der Sanierung der Paulskirche betraut worden war. Die „Lutherglocke" gestaltete Franziska Lenz-Gerharz, die „Bürgerglocke" Harry McLean und die „Stadtglocke" Emil Wachter. Die Fahnen wurden von der Firma Müller GmbH & Co. KG aus Zell/Oberfranken gefertigt.

Den Wettbewerb für das Wandbild gewann Johannes Grützke. 1987 bis 1991 schuf er seinen „Zug der Volksvertreter". Die Wettbewerbsunterlagen, zunächst im Museum für Moderne Kunst verwahrt, nahm ich in meine Obhut: Sie begleiteten mich ins Deutsche Architekturmuseum, wo ich ab Juni 1989 als Kuratorin, Archivleiterin und später stellvertretende Direktorin tätig war, und folgten mir 1996 ins Institut für Stadtgeschichte, wo sie als wichtiges Zeugnis der Frankfurter Stadtgeschichte archiviert wurden. Viele Jahre schmückte zudem die Probetafel, die Johannes Grützke im Wettbewerb einreichen musste, mein Büro. Heute hängt das Bild als Teil der Dauerausstellung im Historischen Museum Frankfurt.

Neben den Wettbewerbsunterlagen fand auch historisches Mobiliar aus der Paulskirche im Institut für Stadtgeschichte eine dauerhafte Bleibe. Meinem Vorvorgänger im Amt, Prof. Dr. Wolfgang Klötzer, wurde 1988 die originale, allerdings sehr in die Jahre gekommene Möblierung des VIP-Raumes angeboten. Den ovalen Konferenztisch und die Stühle, auf denen einst Theodor Heuss, Konrad Adenauer, Thomas Mann und sicher auch John F. Kennedy Platz nahmen, bevor sie

in den Plenarsaal hinaufgeführt wurden, habe ich fachgerecht restaurieren und die Lederbezüge der Stühle erneuern lassen. In meinem Dienstzimmer empfangen sie heute die Gäste des Hauses.

Als stellvertretende Direktorin des Instituts für Stadtgeschichte setzte sich meine Arbeit für die Paulskirche Ende der 1990er Jahre fort: Seit 1998, anlässlich des 150. Jubiläums der Nationalversammlung, präsentiert eine Dauerausstellung in der Wandelhalle die Geschichte der Paulskirche als Bauwerk und historischer Schauplatz. Eine Schau, die ich gemeinsam mit der Historikerin Dr. Sabine Hock erarbeitet habe und die maßgeblich dazu beigetragen hat, die Erinnerung an diesen wichtigen Teil der Frankfurter Stadtgeschichte wachzuhalten. Der Ausstellung wurden eine in mehreren Sprachen erhältliche Broschüre und ein Film, der die Besucherinnen und Besucher auf den Bedeutungsgehalt des Bauwerkes und seiner Geschichte aufmerksam macht, an die Seite gestellt.

Neben der Dauerausstellung in den Wandvitrinen bieten die Fenstervitrinen immer wieder Platz für Wechselausstellungen. So konzipierte ich in den folgenden Jahren Ausstellungen zur Paulskirche als Ort der Goethepreisverleihungen, zum 125. Geburtstag von Albert Schweitzer und zur künstlerischen Ausgestaltung der Paulskirche seit ihrer Einweihung im Jahr 1833.

Sieben Jahrzehnte nach dem Wiederaufbau und fast 40 Jahre nach der Sanierung ist die Paulskirche inzwischen augenfällig renovierungsbedürftig. Spätestens seit der Magistrat 2017 ein Gutachten zum Sanierungsumfang in Auftrag gegeben hat, entbrannte eine zu erwartende Debatte darüber, wie die derzeitige bauliche Gestalt im Zuge der ohnehin notwendigen Generalsanierung verändert werden könnte.

Eröffnung der Dauerausstellung am 5. Mai 1998, v. l. n. r.: Petra Roth, Dr. Evelyn Brockhoff, Klaus Wächter und Prof. Dr. Dieter Rebentisch

Inzwischen haben die Stadtverordneten der Wiederherstellung des Zustandes der Paulskirche vor 1945 eine Absage erteilt und die behutsame Fortschreibung des Erscheinungsbildes der Nachkriegszeit beschlossen.[4] Die Paulskirche soll dabei nicht nur durch ein Demokratiezentrum ergänzt werden, sondern künftig auch einen offenen Raum zur Stärkung der Demokratie bilden, einen Raum für politische Streitkultur und politische Bildung ohne parteipolitische Inobhutnahme. Dass es sich dabei um eine nationale Aufgabe handeln muss, hat Bundespräsident Walter Steinmeier deutlich gemacht. Im März 2019 fragte er in einem Artikel der Wochenzeitschrift *Die Zeit*: „Warum hat Deutschland nicht den Ehrgeiz, die Paulskirche […] zu einer modernen Erinnerungsstätte für die Demokratie zu machen?"[5]

In der Tat spielte das demokratische Erbe der Paulskirche in der deutschen Erinnerungskultur der vergangenen Jahrzehnte eine nachrangige Rolle, die seiner Bedeutung nicht gerecht wird. Die aktuelle Diskussion über die künftige Gestaltung sowie die erinnerungspolitische Verortung der Paulskirche, die in Frankfurt und deutschlandweit im Hinblick auf das 175. Jubiläum im Jahr 2023 entfacht ist, vermag das endlich zu korrigieren. Der Diskurs kann dazu beitragen, die Paulskirche im deutschen und europäischen Gedächtnis fester zu verankern und ihr im deutschen Erinnerungskanon ein größeres Gewicht zu verleihen.

Diese komplexe Diskussion begleitet das Institut für Stadtgeschichte unter anderem mit dem zweitägigen Symposium „Die Frankfurter Paulskirche: Ort der deutschen Demokratie", das wir in Kooperation mit der Hessischen Landeszentrale für politische Bildung im September 2019 veranstaltet haben. Die nun vorliegende, gleichnamige Publikation gründet auf den Vorträgen der Tagung. In ihr kommen ausgewiesene Fachleute zur Baugeschichte, aber auch zur Bedeutung der Beschlüsse der Nationalversammlung für die demokratische Entwicklung Deutschlands sowie die Erinnerungskultur dieses bedeutenden Orts der deutschen Geschichte in insgesamt neun Beiträgen zu Wort – ihre Bandbreite zeigt die verschiedenen Gesichtspunkte auf, die es bei der Sanierung und der Schaffung eines Zentrums für Demokratie zu bedenken gilt.

Mein Dank gilt Dr. Alexander Jehn, dem Direktor der Hessischen Landeszentrale für politische Bildung für die erneut gute Kooperation bei der Vorbereitung und Durchführung des Symposiums und für die gemeinsame Herausgeberschaft dieser Publikation. Ich danke zudem Herrn Dr. Markus Häfner, dem Leiter der Abteilung Public Relations im Institut für Stadtgeschichte, der die Tagung inhaltlich konzeptioniert und damit die Grundlage für dieses Buch geschaffen hat. Mein Dank geht ferner an die Autorinnen und Autoren dieses Bandes sowie an Herrn Henrik Halbleib für das gewohnt wunderbar verlässliche und sorgfältige Lektorat.

Besonders danken möchte ich Frau Franziska Kiermeier, der Leiterin der Abteilung Zeitgeschichte und Gedenken im Institut, die dem Symposium durch ihre Moderation nicht nur einen roten Faden gab, sondern auch die Drucklegung der Beiträge im Rahmen dieser Publikation verantwortete. Die Druckkosten übernahm freundlicherweise die Gesellschaft für Frankfurter Geschichte e. V. Zum anderen gilt mein Dank Stadtrat Dr. Bernd Heidenreich, der im Rahmen des Symposiums erstmals seine inhaltlichen Überlegungen zu einem „Haus der Demokratie" entwickelt und dargelegt hat und damit dem Institut für Stadtgeschichte im Karmeliterkloster als Zentrum für Geschichte seine große Wertschätzung erwies.

Ich freue mich auf die anstehenden Diskussionen über das künftige Antlitz der Paulskirche und das Demokratiezentrum, das entstehen soll; ich werde mich nach Kräften einbringen. Dass auch diese Diskussion sich der Frankfurter Streitkultur verpflichtet fühlt und deshalb nicht in kleinen Fachzirkeln, sondern unter Beteiligung der Stadtgesellschaft und einer breiten Bürgerschicht geführt wird, versteht sich von selbst. Der vorliegende Band kann dabei als fachliche Grundlage dienen. Ich wünsche ihm viele Leserinnen und Leser.

Dr. Evelyn Brockhoff
Leitende Direktorin des Instituts für Stadtgeschichte

[1] Rede auf der Festveranstaltung zum zehnjährigen Bestehen des „Start"-Stipendienprogramms am 26. April 2012 in der Paulskirche (Quelle: https://www.bundespraesident.de/SharedDocs/Reden/DE/Joachim-Gauck/Reden/2012/04/120426-Start.html, abgerufen am 27.5.2020).
[2] Dieter Bartetzko, Denkmal für den Wiederaufbau. Die Paulskirche in Frankfurt am Main, Königstein 1997, S. 74.
[3] Evelyn Hils, Johann Friedrich Christian Hess. Stadtbaumeister des Klassizismus in Frankfurt am Main 1816 – 1845 (Studien zur Frankfurter Geschichte 24), Frankfurt am Main 1988.
[4] Beschluss § 4794, Sitzung der Stadtverordnetenversammlung am 7. November 2019.
[5] Die Zeit Nr. 12/2019 vom 14. März 2019.

Geschichte, Verfassung, Denkmal, Bildung – die vier Säulen eines Hauses der Demokratie

Mit der vorliegenden Publikation, die dem gleichnamigen Symposium „Die Frankfurter Paulskirche. Ort der deutschen Demokratie" folgt, greifen die Herausgeber ein historisches Thema auf, das derzeit wie kein zweites die Frankfurterinnen und Frankfurter beschäftigt und das in das Zentrum der Debatte über den Zusammenhang von Erinnerungskultur und Demokratie in Deutschland gerückt ist.[1]

Das 175. Jubiläum der ersten deutschen Nationalversammlung in der Frankfurter Paulskirche im Jahre 2023 wirft seinen Schatten voraus. Es ist ein großer Schatten. Denn es geht bei diesem Jubiläum um ein Schlüsselereignis der deutschen Demokratiegeschichte und um einen besonderen Erinnerungsort unserer Nation, aber auch um ein zentrales Thema für die Stadt Frankfurt am Main. In der Paulskirche trat 1848 das erste frei gewählte deutsche Parlament zusammen. Hier in Frankfurt wurde die erste deutsche Verfassung diskutiert und verabschiedet. Hier stand die Wiege unserer Demokratie.

Auch in dunkelster Zeit, als die Menschen- und Freiheitsrechte von den Nationalsozialisten mit Füßen getreten wurden, blieben die Ideen und das Verfassungswerk der Paulskirche Orientierungspunkte für ein demokratisches Deutschland. Im Zweiten Welt-

krieg wurde die Paulskirche schwer beschädigt, aber nicht gänzlich zerstört. Als ein „Dom der Freiheit" ist sie bis heute nicht nur ein Symbol für die Wurzeln unserer demokratischen Kultur. Sie legt auch Zeugnis davon ab, dass der Freiheitswille der Menschen auf Dauer nicht zu brechen ist und dass die Werte der Humanität und des Friedens am Ende stärker sind als Diktatur, Gewalt und Krieg.

Nach 1945 wurde die Paulskirche zu einem Symbol für den demokratischen Neuanfang in Deutschland. Der Frankfurter Oberbürgermeister Walter Kolb rief damals dazu auf: „Wir müssen die Paulskirche wieder aufbauen – in Stein wie im Geiste." Bei ihrem Wiederaufbau wurde in den Grundstein das Bekenntnis der Deutschen zur Demokratie eingemauert: „Sie wurde zerstört, weil wir die sittlichen Gesetze missachteten. Mögen unsere Nachkommen sich selbst überwinden und über die Grenzen hinaus allen Völkern die Hand in Eintracht reichen."

Die Deutschen haben die Lehre aus der Zerstörung der Paulskirche gezogen und die Verpflichtung erfüllt, die aus ihrer Geschichte erwächst. Die Demokratie der Bundesrepublik Deutschland wurde zu einem Erfolgsmodell. Mit dem Zusammenbruch der SED-Diktatur, dem Beitritt der neuen Länder zum

Grundgesetz und der Vereinigung Deutschlands in Frieden und Freiheit wurde der Auftrag der Paulskirche auch für die Ostdeutschen eingelöst. Auf diese Traditionen dürfen wir gemeinsam stolz sein – nicht nur in Frankfurt am Main. Mit Recht hat daher Bundespräsident Walter Steinmeier in einem Artikel in der *Zeit* im März 2019 vor dem Hintergrund des anstehenden Jubiläums die Frage aufgeworfen: „Warum hat Deutschland nicht den Ehrgeiz, die Paulskirche bis dahin zu einer modernen Erinnerungsstätte für die Demokratie zu machen?" Vor allem aber hat der Bundespräsident die Zukunft der Paulskirche als eine Aufgabe bezeichnet, „mit der wir Frankfurt nicht ganz allein lassen sollten", und damit ein Engagement des Bundes in Aussicht gestellt. Dafür sind ihm die Frankfurterinnen und Frankfurter sehr dankbar.

Oberbürgermeister Peter Feldmann hatte in diesem Zusammenhang angeregt, ein Demokratiezentrum einzurichten, und einen Bürgerdialog über die Demokratiegeschichte der Deutschen angestoßen. Das war ein wichtiger Impuls, dessen Umsetzung und Ausgestaltung uns derzeit in Frankfurt beschäftigt. Zunächst ging es allerdings um das denkmalgeschützte Gebäude der Paulskirche selbst. Denn seine anstehende Sanierung machte Entscheidungen notwendig. Zwei Modelle standen sich dabei gegenüber: die Rekonstruktion des Originalzustandes von 1848 nach außen und innen (einschließlich des steilen Helmdachs sowie der hölzernen Empore) und die behutsame Fortschreibung des derzeitigen Erscheinungsbildes auf der Grundlage des historischen Befundes der Nachkriegszeit und der Ideen der Architekten um Rudolf Schwarz. Für beide Varianten sprachen gute Argumente. Wir haben sie ernst genommen und das Gespräch darüber mit wechselseitigem Respekt geführt. Weder waren die Anhänger einer historischen Rekonstruktion spießbürgerliche Nostalgiker noch waren die Befürworter der Nachkriegsarchitektur geschichtsvergessene Ignoranten. Vor allem aber haben wir uns in Frankfurt eine skurrile Architektendebatte um die Einrichtung sogenannter „rechter Räume" erspart.

Wenn sich nach intensiver Debatte in Frankfurt eine deutliche politische Mehrheit für den Erhalt des gegenwärtigen Erscheinungsbildes entschied, so gab es dafür gute Gründe, die nicht nur mit dem lieb gewordenen Stadtbild zu tun hatten. Die meisten geschichtspolitischen und denkmalpflegerischen Aspekte sprechen klar für den Erhalt des derzeitigen Zustandes. So wurde das Innere der Paulskirche durch die Bomben des Krieges weitgehend vernichtet. Von der ursprünglichen Einrichtung blieb lediglich ein meterhohes Bild der Germania erhalten, gegen das das bekannte Denkmal in Rüdesheim wie eine Spielzeugfigur wirkt. Je mehr man sich mit solchen Details einer historischen Rekonstruktion beschäftigt, umso dringlicher stellt sich die Frage: Würden damit wirklich die richtigen Bilder gestellt? Ich denke nicht.

Schwerer noch wiegt: Die jetzige Originalausstattung des Plenarsaals, die einem wohldurchdachten künstlerischen und politischen Konzept folgt, würde durch eine historische Rekonstruktion zugunsten einer Kopie unwiderruflich vernichtet. Das kann niemand wollen, der sich dem Denkmalschutz und der deutschen Geschichte nach 1945 verpflichtet fühlt. Der Plenarsaal der Paulskirche spiegelt wie kaum ein anderer öffentlicher Raum die Geschichte der Bundesrepublik Deutschland. Der Goethepreis der Stadt Frankfurt und der Friedenspreis des Deutschen Buchhandels werden hier verliehen. Die Fernsehbilder davon haben Generationen geprägt. Thomas Mann, Theodor Heuss, John F. Kennedy und Albert Schweitzer haben hier gesprochen. Wir sind nicht so reich an Erinnerungsstätten unserer jüngeren Demokratie- und Kulturgeschichte, dass wir darauf verzichten sollten.

Neben der Zukunft des historischen Denkmals, die inzwischen entschieden scheint, steht nach wie vor die Idee eines Demokratiezentrums zur Debatte. Für seine räumliche Einrichtung werden derzeit mehrere Alternativen ergebnisoffen diskutiert: die Rekonstruktion der Alten Börse auf dem Paulsplatz, ein Neubau dort oder an der Berliner Straße und der Umbau des

Vortrag von Thomas Mann bei der Goethefeier in der Paulskirche: Oberbürgermeister Walter Kolb, Thomas und Katia Mann, 25. Juli 1949

Römer-Nordbaus, für den vor allem pragmatische und finanzielle Überlegungen sprechen.

Über die Raumfrage hinaus wären allerdings vor allem die Inhalte eines solchen Zentrums zu klären, für das der anschauliche Begriff „Haus der Demokratie" vorgeschlagen wurde. Alle Frankfurterinnen und Frankfurter sind eingeladen, sich daran im Rahmen eines Bürgerdialogs zu beteiligen. Auch ich möchte zu diesem Dialog einen Beitrag leisten – weniger als Mitglied des Magistrats, wohl aber als Historiker und als Bürger dieser Stadt, der sich über viele Jahrzehnte mit Fragen der Erinnerungskultur und der politischen Bildung beschäftigt hat.

Wie also könnte ein „Haus der Demokratie" aussehen, das diesem Namen gerecht wird? Ein „Haus der Demokratie" sollte museale Präsentation, historische Orientierung und politische Bildung miteinander verbinden. Es könnte auf vier Säulen stehen, die sich mit den Stichworten Geschichte, Verfassung, Denkmal und Bildung beschreiben lassen.

Geschichte

Grundlage und erste Säule muss die historische Selbstvergewisserung sein, ohne die jede politische Bildung auf Sand gebaut ist und alle Debatten über

Feier zur Eröffnung der Nationalversammlung, 18. Mai 1848, die Frankfurter Zeil im Fahnenschmuck, Stahlstich von Carl Jügel, 1848

Demokratie im Unverbindlichen und Schemenhaften verschwimmen. Ausgangspunkt sollte daher ein historisches Dokumentationszentrum sein. Es hätte zu beginnen bei den ersten Anfängen einer Demokratiebewegung, wie sie sich seit den Napoleonischen Kriegen in der Auseinandersetzung um Freiheit und Einheit, Rechtsstaat und Verfassung, Presse-, Meinungs- und Religionsfreiheit, Bürgerbeteiligung und Partizipation spiegeln. Dazu gehören die Geschichte von Staat und Gesellschaft im Vormärz (1815–1848) und das Hambacher Fest (1832) ebenso wie der Blick auf die europäische Entwicklung, etwa in Frankreich und Polen. Frankfurt und die hessische Region spielten dabei übrigens eine herausragende Rolle: Es sei nur an den Frankfurter Wachensturm von 1833, die

Hallgartener Versammlungen im Rheingau seit den 1830er Jahren und die Heppenheimer Versammlung an der Bergstraße von 1847 erinnert.

Im Mittelpunkt einer musealen Präsentation müssten allerdings die Revolution von 1848/49 in deutscher und europäischer Perspektive und die erste deutsche Nationalversammlung in Frankfurt stehen. Es geht dabei natürlich um die Ereignisgeschichte, aber auch um Strukturen und Entwicklungslinien. In der Paulskirche machte der Parlamentarismus in Deutschland seine ersten Schritte. Sie ist die Kinderstube unserer demokratischen Kultur.

Schließlich bliebe eine Präsentation unserer Demokratiegeschichte ohne eine Darstellung der Nachwirkungen von 1848 nur Stückwerk. In diesen Kontext gehören etwa die Bürgerrechtsbewegung der DDR, die friedliche Revolution des Jahres 1989 und die Deutsche Einheit von 1990. Denn in ihnen hat sich die Verbindung von Einheit und Freiheit als Erbe der Paulskirche nach zwei Weltkriegen und zwei Diktaturen erstmals in der Geschichte der Deutschen erfüllt.

Verfassung

Die Präsentation unserer Verfassungsgeschichte und die Vermittlung der Werte unseres Grundgesetzes sollten die zweite Säule eines „Hauses der Demokratie" sein. Verfassungspatriotismus und demokratische Kultur stellen sich nicht von selbst her. Jede Generation muss sie neu erwerben und einüben. Die Paulskirche bietet dafür einen wichtigen Lernort. Denn hier wurden die erste deutsche Verfassung diskutiert und verabschiedet und die Fundamente für den demokratischen, liberalen Rechts- und Verfassungsstaat in Deutschland gelegt.

Von der Frankfurter Paulskirchenverfassung (1849) über die Weimarer Reichsverfassung (1919) führt eine direkte Linie zum Bonner Grundgesetz (1949). Die Frauen und Männer des Parlamentarischen Rates konnten an diese Verfassungstraditionen anknüpfen, als sie nach den Verbrechen der Hitler-Diktatur und den Schrecken des Krieges die verfassungsmäßige Grundlage für einen demokratischen Neuanfang in Deutschland schufen. Wer die Grundrechtskataloge der Paulskirchenverfassung und des Grundgesetzes miteinander vergleicht, wird Übereinstimmungen bis in den Wortlaut finden. Im Grundgesetz vollendet sich das Werk der Paulskirchenversammlung. Daher ist ein „Haus der Demokratie" der rechte Ort, um den langen Weg zum Grundgesetz darzustellen, seine Werte vor allem an die junge Generation weiterzugeben und darüber miteinander ins Gespräch zu kommen.

Wie spannend die Beiträge der Paulskirchenversammlung zu den politischen Debatten der Gegenwart sein könnten, zeigt schon der berühmte Antrag Jacob Grimms zu den Grundrechten, in dem dieser die Idee einer auf die Freiheit verpflichteten Nation entwickelte: „Alle Deutschen sind frei, und deutscher Boden duldet keine Knechtschaft, Fremde Unfreie, die auf ihm verweilen, macht er frei." Aktueller kann Geschichte nicht mehr sein.

Die Realisierung dieser zweiten Säule des „Hauses der Demokratie" erfordert allerdings eine intelligente Kombination aus musealer Präsentation und politischer Bildung. Das ist eine besondere Herausforderung für Politiker, Ausstellungsmacher, Museumspädagogen und politische Bildner. Ich finde, wir sollten sie annehmen.

Denkmal

Die dritte Säule dieses Hauses wäre das Denkmal Paulskirche selbst und die Geschichte dieses einzigartigen nationalen Erinnerungsortes, wie sie bereits in der Ausstellung des Deutschen Architekturmuseums in Frankfurt anschaulich präsentiert wurde.

Architektur, Innenausstattung und Nutzung öffentlicher Gebäude spiegeln das politische Selbstverständnis und den Zeitgeist einer Epoche. Nicht selten sind sie ein steinernes politisches Programm. Die sich wandelnden Formen historischen Gedenkens und der Umgang von Staat und Gesellschaft mit den Erinnerungsorten der Geschichte reflektieren unser historisches Bewusstsein, unsere politische Kultur und unser Demokratieverständnis. Zutreffend wurde daher die derzeitige Innenarchitektur der Paulskirche in einem Beitrag der *FAZ* im August 2019 ein „gebautes demokratisches Glaubensbekenntnis der frühen Bundesrepublik" genannt (Matthias Alexander). Die politische Entscheidung für eine Sanierung des Gebäudes auf der Basis der Ideen der Architektengemeinschaft um Rudolf Schwarz bietet nicht nur die Gelegenheit, den Zusammenhang von Architektur und Politik und den Wandel der Erinnerungskultur in Deutschland darzustellen, sondern auch bei Bürgerinnen und Bürgern die Aufmerksamkeit für eine Ästhetik zu wecken, die sich der Demokratie verpflichtet weiß.

Bildung

Die vierte und letzte Säule eines „Hauses der Demokratie" sollte keine Ausstellung oder Präsentation, sondern ein offenes Projekt politischer Bildung sein. Hier wäre der Raum, um das vom Oberbürgermeister angeregte Demokratiezentrum als Forum mit Leben zu erfüllen. Erstes Ziel muss es dabei sein, das Vertrauen in die Werte des Grundgesetzes zu stärken und vor allem junge Menschen für unsere Demokratie zu gewinnen. Zugleich böte sich dabei die Chance, unsere demokratische Streitkultur neu zu beleben. Denn zur Demokratie gehört neben dem Konsens über Grundlagen und Grundwerte immer auch der Streit um die Sache und den besten Weg – in guter Tradition der Paulskirchenversammlung. Schließlich ist der politische Streit das Salz in der Suppe der Demokratie und die beste Medizin gegen Politikverdrossenheit.

Die Regeln für eine solche Streitkultur hat die politische Bildung seit langem entwickelt und im sogenannten „Beutelsbacher Konsens" festgelegt. Demnach muss das, was in Politik und Gesellschaft kontrovers ist, auch strittig und kontrovers dargestellt werden. Vor allem aber besteht ein sogenanntes „Überwältigungsverbot". Niemand darf im Sinne einer vorgefassten Meinung überwältigt oder vereinnahmt werden. Vielmehr sind Bürgerinnen und Bürger zu befähigen, sich ein eigenes, selbständiges Urteil zu bilden.

Politische Bildung wirbt immer für die Demokratie und die Werte der Verfassung und steht damit gleichermaßen gegen den politischen Extremismus von rechts wie von links, sie darf jedoch niemals zu einem Instrument der Manipulation oder gar einer einseitigen politischen oder weltanschaulichen Ausrichtung werden. Eine Indienstnahme des Demokratiezentrums im Sinne parteipolitischer Zwecke würde diese Einrichtung diskreditieren.

Die Formate der Angebote könnten vom Bürgergespräch über die Diskussionsveranstaltung und das Symposium bis zur Vortragsreihe und zum Schülerwettbewerb reichen. Der Phantasie von Pädagogen und Betreibern sind wenig Grenzen gesetzt.

Frankfurt wäre gut beraten, für die Konzeption dieses Zentrums neben seinen bewährten Instituten und Museen auch Sachverstand von außen hinzuzuziehen. Immerhin handelt es sich um ein Projekt von überregionaler Bedeutung und nationalem Rang. Ich denke dabei etwa an die Universitäten, die Erinnerungsstätte für die Freiheitsbewegungen in der deutschen Geschichte in Rastatt, das Deutsche Historische Museum in Berlin und das Haus der Geschichte der Bundesrepublik Deutschland in Bonn sowie die Zentralen für politische Bildung.

Das im September 2019 vom Institut für Stadtgeschichte und der Landeszentrale für politische Bildung veranstaltete Symposium und die daraus folgende Publikation, die jetzt vorliegt, sind ein Glücksfall für die politische Bildung. Sie vertiefen nicht nur unsere Kenntnisse über die Paulskirche, sondern sind zudem wichtige Bausteine für ein „Haus der Demokratie" in Frankfurt am Main, dessen konzeptionelle Entwicklung und organisatorische Umsetzung eine Aufgabe der Politik von nationalem Rang ist, die jetzt in Angriff genommen werden sollte.

Stadtrat Dr. Bernd Heidenreich
Magistrat der Stadt Frankfurt am Main

---

[1] Der Text ist die behutsam überarbeitete Fassung des Grußwortes zur Eröffnung des Symposiums durch Stadtrat Dr. Bernd Heidenreich. Auf Anmerkungen wurde daher verzichtet.

Einführung

Wer in diesen Tagen über Kultur redet oder reden will, tut sich erfahrungsgemäß nicht leicht. Über das, was Kultur ist oder zu sein hat, was zu wenig oder zu viel betont wird, was einer mitbringt oder nicht, was vermeintlich kulturell nicht zusammenpasst oder was kulturell zusammenpassen könnte, wird gestritten. Wer richtig streiten möchte, nutzt noch den Terminus „Leitkultur". Da kann man ganz sicher sein, dass die festen Plätze im jeweiligen Schützengraben des Wortgefechts eingenommen werden. Deshalb lassen Sie uns über das reden, was Kultur ausmacht. Nicht über Sprache, nicht über Geschichte, nicht über Werte, nicht über Rituale und nicht über Vorbilder. Lassen Sie uns über Symbole reden.

Es gibt fast keinen anderen Baubestand, der unsere Kulturgeschichte so umfassend abbildet wie Kirchengebäude. Es sind eben nicht die Schlösser, Burgen, Festungen oder Technikdenkmale. So beschrieb der französische Staatspräsident Emanuel Macron, nur einen Tag nach dem verheerenden Brand von Notre-Dame de Paris 2019, die mittelalterliche Kirche mit den Worten (übersetzt): „Das ist unsere Geschichte, unsere Literatur, unsere Vorstellung, unser Ort, wo wir die größten Erlebnisse erfahren durften."

Auch wenn die Pariser Kathedrale als kulturelles Bindeglied zwischen gestern und heute ein exponiertes Beispiel für die nationale Bedeutung von Kirchengebäuden ist, lassen sich Macrons Worte auch auf andere Kirchen übertragen. Sei es die Nikolaikirche als Ausgangspunkt der Leipziger Montagsdemonstrationen, der Speyerer Dom als letzte Ruhestätte zahlreicher deutscher Kaiser oder eben die Frankfurter Paulskirche, in der 1848/49 die Frankfurter Nationalversammlung tagte. Sie alle verfügen neben ihrer Funktion als christliche Gotteshäuser auch über eine facettenreiche politische und gesellschaftliche Geschichte, deren Auswirkungen teils bis in unsere Gegenwart reicht. Solche Kirchengebäude sind daher nicht nur Repräsentationsobjekte des Glaubens oder einer Konfession, sondern auch oftmals kulturelle und gesamtgesellschaftliche Fixpunkte, die für Gläubige wie auch für Nichtgläubige eine zentrale und wichtige Funktion jenseits des gelebten Glaubens einnehmen. In einer Zeit, in der der Begriff „Bildstock" von vielen Jugendlichen nicht mehr einem konkreten Gegenstand zugeordnet werden kann, sind sie Symbole kultureller und gesellschaftlicher Entwicklung und stehen als Bauwerke in der Funktion von festen Orientierungspunkten. Der Kirchturm gehört zum Stadt- beziehungs-

Der von Ruinen umstandene Paulsplatz, 1944

- Berliner Dom (Symbol für das 1871 gegründete Deutsche Reich sowie für die Kirchenpolitik der DDR)
- Kölner Dom (Symbol des Heiligen Römischen Reiches deutscher Nation und der deutschen Nationalstaatsbewegung beziehungsweise des Katholizismus im 19. Jahrhundert)
- Hauptkirche Sankt Michaelis, der „Michel" (Symbol des selbstbewussten Hamburger Handelsbürgertums)
- Nikolaikirche Leipzig (Symbol für Montagsdemos und Friedliche Revolution)
- Kloster Eberbach (Klöster als „Schulen" und Zentren mittelalterlichen Geisteslebens)
- Frauenkirche Dresden (Symbol des Bombenkrieges, der Versöhnung und des Wiederaufbaus)
- Georgenkirche Wismar (der „Dom der Ostsee" steht für Hanse und Handel wie für das aufstrebende Bürgertum in der Frühen Neuzeit)
- Speyerer Dom (Grablege zahlreicher deutscher Kaiser)
- Gedächtniskirche der Protestation Speyer sowie Ringkirche Wiesbaden (Symbol des deutschen Protestantismus/Nationalismus und des Kulturkampfs im 19. Jahrhundert)
- Berliner Synagoge (Mahnmal der NS-Politik gegenüber Juden; Wiederaufbau)
- Universitätskirche Leipzig (Sprengung als Symbol für das Verhältnis der DDR zu Kirche und Religion)
- Stephansdom Wien (steht für die Habsburger als Herrschergeschlecht des Heiligen Römischen Reiches deutscher Nation; Sinnbild des „alten Reiches")
- Kaiser-Wilhelm-Gedächtniskirche Berlin (Friedensmahnmal und Mahnstätte für die Folgen der NS-Außenpolitik)
- Elisabethkirche Marburg (als Grabkirche der „Hessen- und Thüringenmutter" Elisabeth sowie „vergessene" Grabeskirche des einzigen vom Volk direkt gewählten deutschen Präsidenten)

weise Ortsbild, wie die Kirche ganz selbstverständlich stadtbildprägend ist – man denke an ein Stadtpanorama von München ohne die Frauenkirche!

Die stetig sinkende Zahl von Kirchgängern und -mitgliedern führt allerdings dazu, dass diese Gebäude von vielen Schülerinnen und Schülern nicht mehr näher betrachtet, erkundet und entschlüsselt werden. Damit verschwindet ein wichtiger Baustein des historisch-kulturellen Erbes aus dem Bewusstsein immer größerer Bevölkerungskreise. Hinzu kommt, dass aktuell viele zugewanderte Menschen nicht christlichen Glaubens sind und von daher keinen Zugang zu den großen Kirchenbauten und ihrer Geschichte finden. Ich möchte einige Beispiele anführen:

Philipp Veits „Germania" hing als allegorische Darstellung in der Nationalversammlung in der Paulskirche

- Vierzehnheiligen bei Bad Staffelstein (steht für Wallfahrten, Heiligenverehrung und Nothelferglaube)
- Russische Kapelle Weimar und Goethe-Schiller-Gruft (deutsche Klassik, deutsche Kleinstaaterei und europäische Heiratspolitik des Adels)
- Garnisonskirche Potsdam (Symbol für Preußen und für die „preußischen Tugenden", aber auch Symbol des Scheiterns der Weimarer Republik: „Tag von Potsdam")

- Königsberger Dom (Symbol der sogenannten Ostgebiete, Krönungskirche der Hohenzollern und Symbol der Verständigung und Entspannungspolitik: Wiederaufbau mit maßgeblicher deutscher Hilfe)
- St. Bartholomä/Königssee (Symbol und massenhaftes Motiv für den deutschen „Kitsch")

Die Frankfurter Paulskirche sticht aus dieser Auflistung heraus:

- Ort des Paulskirchenparlaments, Rahmen der ersten deutschen demokratischen Verfassung
- Ort der Parteienwiege: aus Clubs entstehen Parteien
- Ort der Deutschen Frage: kleindeutsch oder alle Deutschen?
- Ort der Deutschen in Europa am Beispiel des Konfliktes um Holstein und Schleswig: Dänischer Feldzug als Einstieg in die sogenannten Einigungskriege
- Ort der Revolutionäre: Ende: Robert Blums Erschießung am 9. November 1848 in Wien
- Ort der Denkmäler am Denkmal und der deutschen „Brüche" (Richard Scheibes Friedrich-Ebert-Denkmal)
- Ort der Erfahrung des Gewaltmonopols: Verfassung allein garantiert keine staatliche Ordnung; man muss sie auch durchsetzen können
- Ort des demokratischen Wiederaufbaus nach 1945; Motiv einer 2-Euro-Münze

Diese acht Aspekte haben eine enorme Bedeutung für unsere Demokratie, unsere Freiheit und unsere plurale Gesellschaftsform.

Aber ist die Paulskirche auch ein historischer Ort? Oder: Was ist das historisch Echte am Denkmal Paulskirche? Ist die „Neugeburt" des Wiederaufbau-Symbols, die Rettung der „Hülle" nicht schon für sich genommen das Denkmal? Der Denkmalschutz nimmt dem Fragenden die Antwort ab. Aber wie erfahre ich in oder an der Paulskirche – authentisch, so das magische Wort – die ersten sieben aufgezählten Punkte? Lässt sich in einer analogen Welt das Knarren der Holzbänke während der Debatten um die Verfassung rekonstruieren? Die Paulskirche als das deutsche Demokratie-Labor – aber lassen sich die alten Reaktionsbedingungen von 1848 glaubhaft nachstellen? Entfaltet dieser Ort wärmende emotionale Momente für die Suche nach der Demokratie-Idee von 1848?

Und wenn diese letzte Frage mit einem Nein beantwortet werden muss: Wie lassen sich Authentizität und demokratischer Pioniergeist am Ort erzeugen? Muss da fast nicht zwangsweise in digitale Hilfskonstruktionen ausgewichen werden? Wie könnte dieses „digitale Erfahren/Erspüren" konkret aussehen? Das wird kein Ort der Schautafeln und Vitrinen sein können. Lassen sich die historischen Hauptakteure von 1848 „digital wiederbeleben", um nicht nur den Ort, sondern auch die Personen darin erfahrbar zu machen? Wo wäre gegebenenfalls im Schatten der Paulskirche der Ort und der ausreichende Raum für diese „digitale Wiederbelebung"?

Ja, könnte man mit einem digitalen, dreidimensionalen Robert Blum etwa ein „Zeitzeugengespräch" führen? Werden die Versammlungsstätten der Clubs – der „Fraktionen" im heutigen Sinne – ins Konzept miteingebunden? Fragen gibt es viele. Frankfurts Stadtmütter und Stadtväter werden darüber sicher seit längerem nachdenken oder unter Zuhilfenahme Externer nachdenken lassen.

Zum Zwecke einer Einführung in das Thema dieses Bandes ziemt es sich, abschließend einen kurzen Blick auf die Geschehnisse von 1848/49 zu werfen. Am 18. Mai 1848 traten in der Paulskirche die 585 Vertreter des deutschen Volkes zu einer Nationalversammlung zusammen, um eine freiheitliche Verfassung für ganz Deutschland zu beschließen und eine nationale Regierung zu wählen. Es war eine Parade der großen Namen des geistigen und freiheitlichen Deutschland: Dichter wie Ludwig Uhland und Fried-

rich Theodor Vischer waren ebenso gewählt wie die Führer aus den Zeiten der Freiheitskriege, Arndt und Jahn; große Historiker wie Friedrich Christoph Dahlmann, Johann Gustav Droysen und Georg Gottfried Gervinus, aber auch Priester wie der Mainzer Bischof und Sozialtheoretiker Wilhelm Emmanuel Freiherr von Ketteler, dazu die Führer des politischen Liberalismus sämtlicher Couleurs, Altliberale wie Friedrich Bassermann oder Heinrich von Gagern ebenso wie die Demokraten und Republikaner Gustav von Struve oder Jacob Venedey.

Drei Viertel der Abgeordneten waren Akademiker, jeder fünfte Professor, jeder weitere fünfte Richter oder Staatsanwalt, und nur etwa ein Sechstel der Abgeordneten kam aus wirtschaftlichen Berufen, waren also Kaufleute, Bankiers oder Fabrikanten: Noch um die Mitte des 19. Jahrhunderts war das Bildungsbürgertum, der Geistesadel, der eigentliche Träger des nationalen Einheitsgedankens.

Aber was sollte Deutschland eigentlich sein? Über diese Frage hatte es nie Einigkeit gegeben, und auch die Paulskirchenabgeordneten waren darüber heillos zerstritten. „Das ganze Deutschland soll es sein", unter dieser Devise begann die Debatte, und wie jede Professorendebatte verlief sie – provokant gesagt – im Uferlosen. Heinrich von Gagern, Präsident der Nationalversammlung, beantragte, „Österreich als in den zu errichtenden deutschen Bundesstaat nicht eintretend zu betrachten" – ihm schwebte eine kleindeutsche Lösung vor, wie sie in Gestalt des Zollvereins weitgehend bereits bestand, und deshalb stimmte er für den preußischen König als künftigen deutschen Kaiser.

Die liberale Revolution trat auf der Stelle, während die Paulskirchenabgeordneten Kathederdiskussionen führten. Immerhin verabschiedete man schließlich eine Verfassung, ein ehrwürdiges Dokument in der freiheitlichen Tradition amerikanischer und französischer Vorbilder, und auch eine provisorische Reichs-Zentralgewalt kam zustande mit einem Reichsverweser, dem österreichischen Erzherzog Johann, an der Spitze und mit einem Reichsministerium unter dem Fürsten Karl von Leiningen.

Aber es war eine Verfassung ohne eigentliche Geltung, eine Regierung ohne wirkliche Macht: Als die aus einem nationaldeutschen Aufstand gegen die dänische Herrschaft in Schleswig-Holstein hervorgegangene provisorische Regierung in Kiel die Nationalversammlung um Hilfe bat, musste man sich ausgerechnet preußische Truppen borgen, die dann auch bis nach Jütland vordrangen. Das rief wiederum die europäischen Mächte auf den Plan, die ohnehin den deutschen Einheitsbemühungen äußerst skeptisch gegenüberstanden und nunmehr, mit dem Ausgreifen der deutschen Nationalbewegung auf die Länder der dänischen Krone, ihre Befürchtungen bestätigt sahen. In der Mitte Europas hatte man es seit jeher gerne sortiert, ausgewogen und berechenbar.

Der britische Botschafter in Berlin predigte der preußischen Regierung, sie müsse ihre Politik „an dem System des internationalen Rechts ausrichten, der besten Garantie des Friedens, das die Enthusiasten der deutschen Einigung so eifrig zu überwinden suchen, und das die Apostel der Unordnung mit so großem Erfolg der Verachtung und Vergessenheit zu überantworten streben […]". Die Unordnung: Das war in den Augen der europäischen Kabinette die deutsche Einigung, der schiere Aufruhr wider die seit Jahrhunderten geheiligten Prinzipien des europäischen Gleichgewichts. Britische Kriegsschiffe demonstrierten in der Nordsee, russische Truppen marschierten an der preußischen Ostgrenze auf, französische Gesandten forderten Garantien für die fortbestehende Souveränität der deutschen Teilstaaten: Unter dem massiven Druck der europäischen Mächte zog Preußen seine Truppen aus Schleswig-Holstein zurück und schloss mit Dänemark Frieden, mochte das Professorenparlament in Frankfurt noch so sehr protestieren.

In einer Revolution siegt, wer die Machtfrage zu seinen Gunsten beantwortet, und die Paulskirche war völlig machtlos. Das wurde auch dem letzten Idealisten klar, als der demokratische Radikalismus, bisher von den bürgerlichen Honoratioren überspielt, seinerseits die Machtfrage aufwarf. Republik und Volkssouveränität, Einheitsstaat und egalitäre Demokratie: Das waren die Forderungen der zweiten Revolution, getragen von den liberalen Linken, aber auch von Intellektuellen und Handwerkern, die bereits nach der sozialen, der roten Revolution riefen.

Der Ruf nach direkter Aktion wurde laut, die Parole vom Parlament als liberaler Schwatzbude machte das erste Mal in der deutschen Geschichte die Runde. Am 18. September 1848 versuchten radikale Demokraten, die Paulskirche zu besetzen; zwei konservative Abgeordnete wurden von der randalierenden Menge umgebracht, und die verängstigten Volksvertreter mussten von preußischen und österreichischen Truppen herausgehauen werden. „Ihr habt es ja nicht anders haben wollen", rief der konservative Dichter Joseph von Eichendorff den liberalen Honoratioren zu:

So habt den Zeitgeist ihr gebraut, gemodelt,
Und wie lustig dann der Brei gebrodelt,
Ihm eure Zaubersprüche zugejodelt.
Und da's nun gärt und schwillt und quillt –
                    was Wunder,
Wenn platzend dieser Hexentopf jetzunder
Euch in die Lüfte sprengt mit allem Plunder!

Es war das alte Lied, wie man es bereits aus dem Verlauf der Französischen Revolution kannte: Am Beginn ein bürgerlicher Liberalismus, der eine feine Prise Revolution haben wollte, Einheit und Freiheit, aber bitte nicht zu viel Gleichheit. Umsturz und Blutvergießen hatten nicht auf dem Programm gestanden. Angesichts radikaler Aufstände am Rhein, in der Pfalz, in Hessen, in Baden, in Mitteldeutschland schienen den liberalen Zauberlehrlingen in der Paulskirche Jakobinerterror und Guillotine mit einem Mal zum Greifen nahe. Jetzt ging es nur noch darum, das Erreichte flugs zu konsolidieren und im Bündnis mit den alten, eigentlich in Rente geschickten Mächten für Sicherheit und Ordnung zu sorgen.

In Frankfurt hatte man sich mittlerweile darauf geeinigt, die gesamtdeutsche Verfassung auf das Gebiet des Deutschen Bundes zu beschränken. Paragraph 2 lautete: „Kein Teil des Deutschen Reiches darf mit nicht-deutschen Ländern zu einem Staat vereinigt sein." Damit war die großdeutsche Partei ins Abseits geraten, denn die österreichische Regierung dachte gar nicht daran, um des Zielbilds eines deutschen Nationalstaats willen die nicht-deutschen Nationalitäten aufzugeben.

So blieb nur die ungeliebt-miefige kleindeutsche Lösung übrig. Am 3. April 1849 erschien eine Delegation des Paulskirchenparlaments vor Friedrich Wilhelm IV., um ihm tiefbewegt die deutsche Kaiserkrone anzutragen. Der aber hatte mittlerweile seine schwarz-rot-goldenen Gefühlsanflüge vom März des vergangenen Jahres vergessen und war empört über diese Zumutung: Was die Delegation ihm da bringe, schrieb er an den Großherzog von Hessen, sei eine „Schweinekrone", ein „Reif aus Dreck und Letten", an dem „der Ludergeruch der Revolution" hänge. Der König von Preußen hatte viele Gründe, die Krone nicht entgegenzunehmen, und nicht alle Gründe waren gänzlich abwegig: Neben dem Hass auf die Revolution, die ihn gedemütigt hatte, neben dem Glauben, dass das Recht der Krone nicht auf parlamentarischen Mehrheitsentscheidungen, sondern auf göttlicher Legitimität ruhe, war das die wohlbegründete Befürchtung, dass ein solcher Schritt zum Krieg mit Österreich, der Noch-Führungsmacht des Deutschen Bundes, führen musste. Ein neuer Siebenjähriger Krieg war aber Sache des friedfertigen und konfliktscheuen Königs nicht.

Damit war die deutsche Revolution futsch. Die Paulskirchenversammlung lief auseinander, nur eine Handvoll Unentwegter zog nach Stuttgart, weil die dortige Regierung die Reichsverfassung angenommen hatte.

Das geisterhafte Wirken des Rumpfparlaments, das fünf „Reichsregenten" als Herren über Deutschland einsetzte und die Volksbewaffnung beschloss, wurde am 18. Juni 1849 durch schnöde württembergische Dragoner beendet, die den Sitzungssaal in ein Trümmerfeld verwandelten und die fliehenden Abgeordneten mit Lanze und Säbel durch die Straßen jagten.

Vier Wochen später trat in Frankfurt der Bundestag, der Gesandtenkongress des Deutschen Bundes, wieder zusammen, und es war, als wäre nichts geschehen. „Die phantastische Professorenzeit", wie der preußische Thronfolger Prinz Wilhelm die Revolutionsjahre nannte, war zu Ende, und Wilhelm, der künftige preußische König, war es auch, der an General Oldwig von Natzmer schrieb: „Wer in Deutschland regieren will, muß es sich erobern; à la Gagern geht es nun einmal nicht. Ob die Zeit dieser Einheit schon gekommen ist, weiß Gott allein! Aber daß Preußen bestimmt ist, an die Spitze Deutschlands zu kommen, liegt in unserer ganzen Geschichte, – aber das wann und wie? darauf kommt es an."

Heute würde ein Demokrat ausrufen: „Wer in Deutschland und anderswo die Demokratie als Staats- und Lebensform erhalten möchte, muss sie sich immer wieder neu durch Überzeugungsarbeit erobern." Die Paulskirche ist ein idealer fast-historischer Lern- und Gedenkort, wo dieser neuerliche Ausruf tagtäglich in die Tat umgesetzt werden könnte.

Dr. Alexander Jehn
Direktor der Hessischen Landeszentrale für politische Bildung

Kirche und Parlament
Die Bau- und Nutzungsgeschichte der Paulskirche bis 1944

Lucia Seiß

Einleitung

Die Bedeutung der Paulskirche[1] in Frankfurt am Main als wesentlicher Ort der deutschen Demokratie ist aufgrund der dort abgehaltenen Nationalversammlung 1848/49 tief in den Köpfen der Menschen verankert.[2] Zusätzliche Symbolkraft entfaltete auch der Wiederaufbau der Kirche nach dem Zweiten Weltkrieg. 1944 während der Bombenangriffe auf die Frankfurter Altstadt zerstört, wurde die Kirche als eines der ersten öffentlichen Bauwerke in Nachkriegsdeutschland bereits 1948 als „Haus aller Deutschen"[3] wieder errichtet. So gilt die Paulskirche bis in die heutige Zeit als nationales Zentrum und Gedenkstätte mit internationaler Reputation. Ihre eigentliche Funktion als evangelisch-lutherische Kirche ist heute dagegen in den Hintergrund getreten. Allein das goldene Kreuz auf der Turmspitze erinnert in der Gegenwart noch an den sakralen Charakter des Gebäudes.[4] Dabei muss betont werden, dass die Paulskirche zusammen mit ihrem Vorgängerbau, der Barfüßerkirche, eines der bedeutenden Zentren der Kirchengeschichte Frankfurts darstellt. Beide stehen, wie kaum eine andere Kirche, für den Wandel der Stadt vom Katholizismus zum Protestantismus[5], der sich mit der Einführung der Reformation ab 1530 in Frankfurt vollzog.[6]

Die sich als Abwendung vom katholischen Glauben im Laufe des 16. Jahrhunderts vollziehenden konfessionellen Änderungen führten in weiten Teilen Europas zur Entstehung neuer sakraler Bauten, die ebenjenen Wechsel repräsentieren sollten.[7] Aufgrund der liturgischen Unterschiede zwischen dem katholischen und evangelischen[8] Gottesdienst wurden an die Kirchenbauten neue Anforderungen gestellt. So basiert die evangelische Predigt auf der Versammlung der gesamten Gemeinde und lässt erst dadurch die Gottesbegegnung entstehen, während der eigentliche Bau als profan betrachtet wird.[9] Anders als der katholische Kirchenbau, der sich vor allem an künstlerischen Gesichtspunkten orientierte und auf ein historisch gewachsenes Formengut zurückgreifen konnte[10], musste der protestantische Kirchenbau den veränderten funktionalen Anforderungen in akustischer wie optischer Hinsicht völlig neu begegnen.[11]

Aus der experimentellen Suche nach dem idealen Kirchensaal ergab sich ab dem 16. Jahrhundert eine Vielfalt an baulichen Lösungen, die an die unterschiedlichen Strömungen des Protestantismus angepasst werden mussten. Sie reichten, abhängig von der jeweiligen Auslegung des protestantischen Glaubens, von reinen Nutzbauten mit „Scheunencharakter"[12] bis zur sakralen Monumentalität. Vorrangig standen sie jedoch unter der Prämisse der Funktionalität unter Zugabe des jeweiligen Zeitstils, bis man sich ab der Mitte des 19. Jahrhunderts verstärkt auf die Suche nach einem „protestantischen Stil" machte.[13] In relativ kurzer Zeit entwickelte sich so eine protestantische Kirchenbautradition, die sich sowohl auf theoretische Überlegungen als auch praktische Erfahrungswerte stützte, die nicht nur im Austausch zwischen den protestantischen Gemeinden, sondern auch im interkonfessionellen und internationalen künstlerischen Transfer entstanden.[14] Ein speziell oder typisch lutherischer Baustil für die Kirchen hat sich dabei nicht entwickelt.[15] In diesem Kontext ist auch die Paulskirche zu sehen.

In Frankfurt passte man nach der Reformation die bestehenden, ehemals katholischen Kirchenbauten zunächst durch Umbauten an die Erfordernisse des neuen Gottesdienstes an.[16] 1681 wurde die Katharinenkirche als erster dezidiert evangelisch-lutherischer Kirchenneubau Frankfurts eingeweiht.[17] In der zweiten Hälfte des 18. Jahrhunderts mehrte sich beim Rat der Stadt als oberster Instanz der bürgerlichen Selbstverwaltung[18] dann der Wunsch nach einer monumentaleren Repräsentation des dort vorherrschenden evangelisch-lutherischen Glaubens. Dies sollte die Paulskirche als neue lutherische Hauptkirche gewährleisten, als man im Jahr 1782 mit der Planung begann.[19]

Die Barfüßerkirche als Vorgängerbau

Die Geschichte der Paulskirche beginnt bereits im 13. Jahrhundert mit ihrem gotischen Vorgängerbau, der sogenannten Barfüßerkirche.[20] Diese befand sich als Klosterkirche des Franziskanerordens, im Volksmund als „Barfüßer" bezeichnet, bereits an derselben Stelle in der Frankfurter Altstadt, an der sich bis heute der klassizistische Ovalbau der Paulskirche erhebt.

Mit der Reformation in Frankfurt wurde die Barfüßerkirche zur lutherischen Hauptkirche.[21] Die baustatische Überbeanspruchung der Kirche durch die ständig steigende Besucherzahl bei den Predigten führte jedoch im 18. Jahrhundert zu schweren Bauschäden.[22] Da der lutherische Gottesdienst, im Gegensatz zum katholischen, jedem Besucher ein Sitzrecht zusprach[23], hatte man seit dem 16. Jahrhundert beständig neue Emporen einbauen müssen. Als sich 1782 Risse im Bauwerk zeigten, folgte die Schließung der Kirche. Zeitgleich mehrten sich die Rufe nach einem ideal für den Gottesdienst konzipierten Neubau.[24]

Damit begannen der Rat und die bürgerlichen Kollegien zu diskutieren, was mit der lutherischen Hauptkirche geschehen sollte. Während sich der Rat der Stadt Frankfurt für einen monumentalen Neubau aussprach, forderten die bürgerlichen Kollegien in ihrer Rolle als Finanzkontrollorgan eine rein kostensparende Ausbesserung oder Sanierung der alten Kirche.[25] Die Diskussionen über das Schicksal der Barfüßerkirche zogen sich so lange hin, dass erst im August 1786 und damit vier Jahre nach der Schließung der alten Kirche deren Abriss und ein anschließender Neubau beschlossen werden konnten.[26]

Dass die Baumaßnahmen an der Kirche nicht durch das Erzbistum Mainz, zu der sie kirchenrechtlich gehörte[27], sondern städtisch verantwortet wurden, war dem Umstand geschuldet, dass die evangelisch-lutherische Kirche bis 1830 die Staatskirche der Stadt Frankfurt war.[28] Das bedeutete, dass das gesamte Kirchenwesen sowohl organisatorisch als auch eigentumsrechtlich in städtischer Hand lag.[29] Der Rat bildete die oberste kirchliche Entscheidungsgewalt, stellte alle Mitarbeiter und hatte für den Unterhalt der Kirchen zu sorgen.[30]

Die Planungs- und Baugeschichte der Paulskirche

Die Bauherren der Paulskirche waren, wie bereits erwähnt, neben dem Frankfurter Rat die bürgerlichen Kollegien.[31] Zusätzlich wurde das städtische Bauamt, in dessen Auftrag der ihm unterstellte Stadtbaumeister handelte, als leitende Instanz für das gesamte Bauwesen tätig.[32] Die Frage, nach welchem Plan man den neuen Bau ausführen sollte, war aber noch völlig ungeklärt. Eine Vorstellung davon gab es kaum, wie die ersten Entwürfe zeigen. Einig waren sich die Verantwortlichen nur darin, dass die Paulskirche ein christlicher Vorbildbau werden sollte. So liest es sich in einem Schreiben des Bauamtes: „Wir haben keine einzige protestantische Kirche in unserer Stadt, die dasjenige wirklich vorstellt, was ein Kenner solcher Gebäude fordert, was seinem Auge ein Vergnügen, seinem Herzen eine stille Ehrfurcht und Andacht schaffen könnte".[33]

Als grundlegend für die angestrebte Erbauung einer idealen protestantischen Kirche sollte sich, konträr zum bisherigen Frankfurter Sakralbau, der Typus des Zentralbaus erweisen, wie er für den protestantischen Kirchenbau in Deutschland ab dem 18. Jahrhundert üblich wurde[34] und sich auch in den Entwürfen für die Paulskirche widerspiegelt. Dieser Bautyp mit seinen gleichlangen Raumachsen entsprach der protestantischen Liturgie, bei der sich die Gemeinde möglichst eng gemeinsam um den Prediger versammelt.[35] Erfahrungen mit der Errichtung eines solchen Zentralbaus für eine Kirche bestanden jedoch in Frankfurt nicht. Hier waren ursprünglich gotische Hallenkirchen mit Strebepfeilern und polygonalem Chorabschluss wie die Barfüßerkirche üblich gewesen, nach der Reformation ging man bei Neubauten ab dem 17. Jahrhundert zu chorlosen Saalkirchen wie der Katharinenkirche und der Bornheimer Johanneskirche über.[36]

Zusätzlich zur Frage der Bauform spielte bei den Auseinandersetzungen um einen Neubau zwischen Bauamt, Rat und den bürgerlichen Kollegien auch die Suche nach einem geeigneteren Standort eine Rolle. Die Lage inmitten der verwinkelten Altstadt hatte sich bereits bei der kleineren Barfüßerkirche als ungünstig erwiesen. Das Kircheninnere war von benachbarten Gebäuden beständig verdunkelt worden und auch ein Umfahren der Kirche war nicht vollständig möglich

gewesen.[37] Der Rat schlug daher vor, die neue Kirche am alten Standort zu errichten, aber das Klosterareal großzügig abzureißen, um Platz zu gewinnen. Das Bauamt jedoch sprach sich für einen neuen Bauplatz aus, da gerade die angrenzende Neue Kräme eine „der schönsten Strassen" sei.[38] Sein Vorschlag war, die neue Kirche an einer der Nebenstraßen des Roßmarktes oder auf dem Platz des Zeughauses an der Konstablerwache zu errichten.[39] Da sich die Parteien nicht auf einen neuen Standort einigen konnten und auch der Verbreiterung des Platzes durch den Abriss der Klosteranlagen kritisch gegenüberstanden[40], war man gezwungen, den Bau doch an alter Stelle auszuführen und die Form der zukünftigen Kirche an die beengte Situation der Umgebung anzupassen.[41] Neben der städtebaulichen Lage erwies sich aber auch die schwierige finanzielle Situation der Stadt für die Entwurfsfindung als problematisch. Die Höhe der zu erwartenden Kosten rief von Seiten der bürgerlichen Kollegien beständig scharfe Kritik hervor, was mehrere Entwürfe gänzlich verhinderte.[42]

Auf der Suche nach der Form für den Neubau wurden – aufgrund der schwierigen Ausgangssituation wenig überraschend – sehr unterschiedliche Entwürfe eingereicht. Es begegnen dabei Rechtecke, noch auf der Grundlage des Grundrisses der Barfüßerkirche, ganz nach dem Vorbild südeuropäischer, katholischer Barockkirchen[43], Rotunden[44] oder 12-Ecke[45]. Sie stammten von verschiedenen Baumeistern und Handwerksmeistern aus Frankfurt oder der Umgebung, konnten die Bauherren jedoch nicht überzeugen.[46]

Auch der Entwurf des für den Neubau eigentlich zuständigen Stadtbaumeisters Andreas Liebhardt, mit seiner ovalen Grundrissform, einem Turm an der Südseite und zwei ihm gegenüberliegenden Treppentürmen, fand keine einhellige Zustimmung.[47] Zu groß waren vor allem von Seiten des Rates die Bedenken gegenüber seiner eher spätbarocken Formensprache.[48] Die Ratsherren sprachen sich stattdessen für einen monumentalen, repräsentativen und stilistisch in-

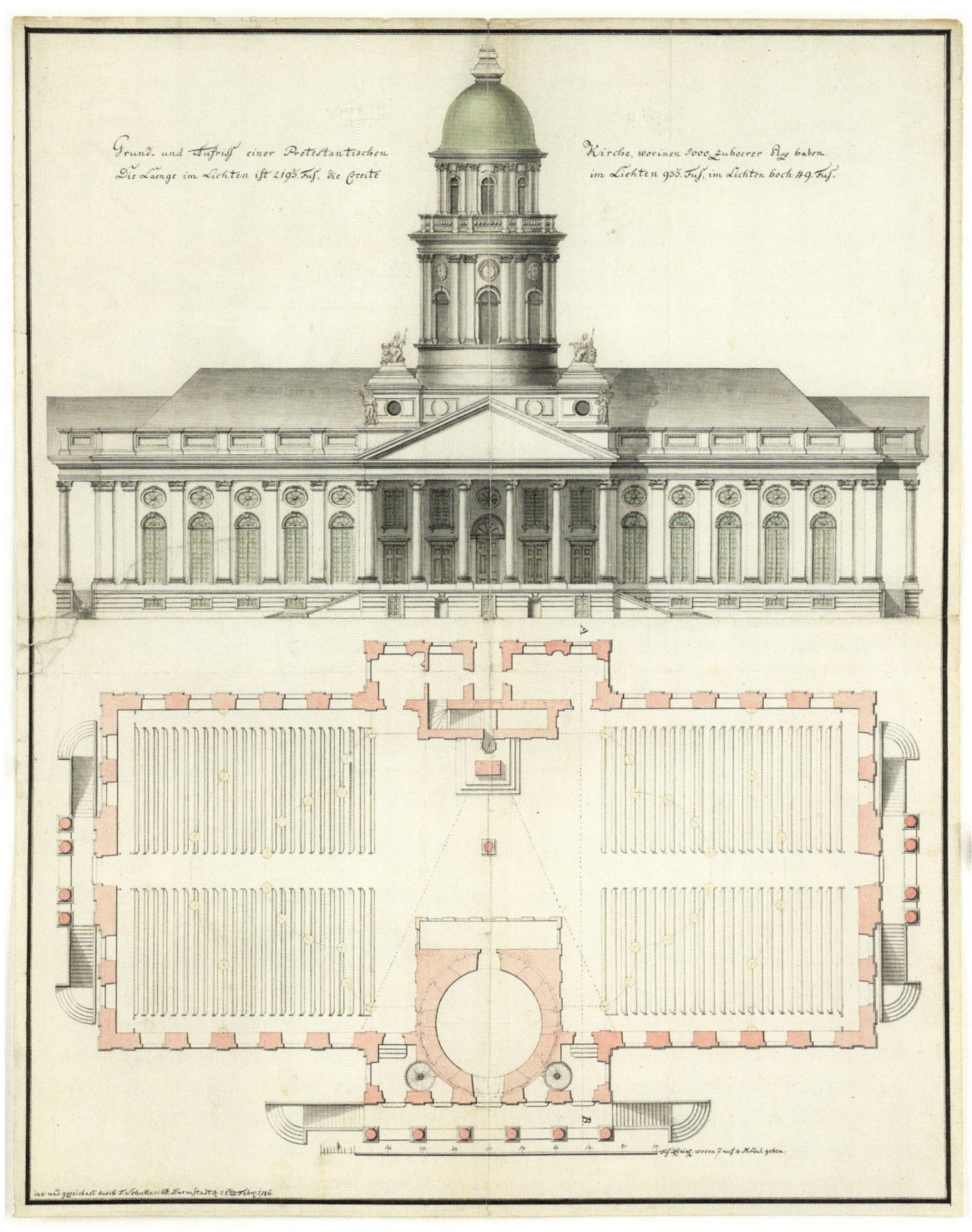

Friedrich Schuhknecht: Entwurf für die Paulskirche, Ansicht und Grundriss, 1786

Andreas Liebhardt: Entwurf für die Paulskirche, Ansicht, 1786

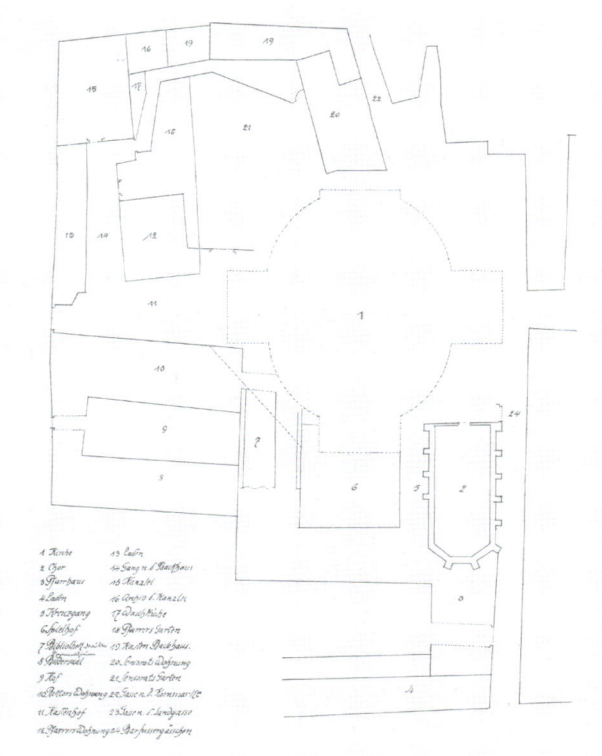

Lageplan zur Paulskirche mit dem Grundrissentwurf von Andreas Liebhardt von 1786

novativen klassizistischen Neubau aus.[49] Hintergrund war der Wunsch, den Klassizismus, in dem sich das bürgerliche Selbstbewusstsein Frankfurts spiegelte, als vorherrschenden Stil in der Stadt zu etablieren.[50] Da aber das Oval in diesem Kontext eher den Sehgewohnheiten des Barock entsprach, standen Rat und Bauamt dieser Grundrissform kritisch gegenüber.[51] Im Gegensatz dazu sprachen sich die bürgerlichen Kollegien deutlich für die Verwendung eines ovalen Baukörpers aus, erfüllte ein solcher aus ihrer Sicht doch die liturgischen Anforderungen angesichts des geringen Platzangebotes in der Frankfurter Altstadt noch am besten.[52] Man hatte hier den gewünschten Zentralbau, in dem man die an diesem Standort wohl größtmög-

liche Menge an Kirchenstühlen unterbringen konnte.[53] Die Grundrissform des Ovals, die nicht nur im Innenraum, sondern auch in den Außenmauern des Baus sichtbar ist, war in der lutherisch-protestantischen Kirchenbautradition jedoch kaum verbreitet[54] und wurde Gegenstand andauernder Meinungsverschiedenheiten zwischen Rat, Bauamt und bürgerlichen Kollegien.

Um den umstrittenen Entwurf Liebhardts zu beurteilen, zog man eine Reihe weiterer auswärtiger Baumeister und Gutachter hinzu. Die Form heutiger Architekturwettbewerbe, bei denen gleichzeitig alle Entwürfe eingereicht werden, war damals nicht üblich. Die Bauherren versuchten, die Qualität des Entwurfes dadurch sicherzustellen, dass sie besonders angesehene, auswärtige Baugutachter heranzogen, welche die Entwürfe beurteilen und so legitimieren sollten.[55] Aber auch dies brachte keine Lösung, da die Gutachter oft eigene, ganz neue Entwürfe einreichten, um sich selbst als Baumeister für den Kirchenneubau ins Spiel zu bringen. Noch stärkere Differenzen zwischen den Bauherren waren die Folge, so dass auch fünf Jahre nach Planungsbeginn immer noch keine Einigkeit bestand und die Kommunikation zwischen den Parteien immer schwieriger und unproduktiver wurde.[56]

Die darauf folgenden Entwürfe zeigten eine große Bandbreite an Lösungsansätzen, wie etwa die des Mannheimer Hofarchitekten Nicolas de Pigage. Dieser hatte als Gegenentwurf zu Liebhardts barockem Oval eine frühklassizistische Rotunde mit vier Ecktürmchen eingereicht, konnte jedoch mit diesem Vorschlag ebenfalls keine Einigung hervorrufen.[57] Zwar stand der Rat dem Entwurf sehr positiv gegenüber, da dieser durch seine deutliche Monumentalität und die klassizistische Gestaltung genau den Wünschen der Ratsherren entsprach. Die bürgerlichen Kollegien hingegen hielten besonders den Innenraum mit seinen 16 Säulen für unpraktisch und nicht ideal für die sakrale Nutzung der Kirche geeignet, da die Säulen die freie Sicht auf den Pfarrer zu beeinträchtigen drohten.[58]

Nach jahrelangen Streitigkeiten einigten sich die Bauparteien schließlich 1787 doch auf den ovalen Entwurf Liebhardts, wenn auch eher aus pragmatischen Gründen.[59] Da Liebhardt aufgrund seines fortgeschrittenen Alters seinen Posten als Stadtbaumeister jedoch aufgeben musste, wurde die Bauleitung an seinen Nachfolger Johann Georg Christian Hess übertragen.[60] Nach Liebhardts kurz darauf erfolgtem Tod stellten Rivalitäten zwischen den städtischen Behörden die gerade erst getroffene Entscheidung für das Oval dann aber erneut in Frage.[61] Befeuert wurden sie vom Eigensinn des neuen Stadtbaumeisters, der wohl aufgrund persönlicher Vorliebe einen runden, streng klassizistischen Bauentwurf ins Spiel brachte, dem sich nun wiederum der Rat der Stadt zuwandte. Die

Johann Georg Christian Hess: Entwurf für die Paulskirche, Ansicht, 1788

ständigen Verzögerungen durch die Meinungsänderungen leid, sah sich gar der Schöffenrat als oberste städtische Entscheidungsinstanz gezwungen, in das Geschehen einzugreifen und den neuen Stadtbaumeister Hess aufgrund seiner Eigenmächtigkeit abzumahnen.[62]

Nach diesen erneuten Konflikten über den auszuführenden Entwurf wurden 1788 die zur Diskussion stehenden Baurisse zur Begutachtung an die Berliner Bauakademie geschickt. Diese sprach sich, obwohl keiner der Entwürfe als ideal beurteilt wurde, für einen Entwurf auf Grundlage des Liebhardt'schen Ovals aus.[63] Johann Georg Christian Hess wurde beauftragt, eine stilistische Anpassung Liebhardts barocker Ovalkirche vorzunehmen und Werkpläne anzufertigen.[64] Da Hess den französischen Revolutionsarchitekten nahestand[65], zeichnete sich sein Entwurf in der Fassaden- und Turmgestaltung durch die äußerst schlichte, nahezu schmucklose und flächige, klassizistische Formensprache aus, die bis in die heutige Zeit die Gestalt der Paulskirche prägt. Liebhardts sakrale Symbolik wich nun Dimensionalität und Monumentalität, um die Funktion der Kirche zu betonen. 1789 wurde dieser Entwurf schlussendlich von allen beteiligten Bauparteien angenommen und ersten baulichen Maßnahmen zugrunde gelegt[66], auch wenn die beengte Lage der Kirche noch immer zu regen Diskussionen und Kritik führte.[67] Da im Folgejahr der Sockel der Kirche fertiggestellt werden konnte, rechnete man nun mit dem Abschluss aller Bauarbeiten im Sommer 1793.[68]

Durch die Französische Revolution und die folgenden politischen Unruhen in ganz Europa kam es jedoch zum nahezu vollständigen Stillstand der Bauarbeiten. Im Oktober 1792 besetzten französische Truppen Frankfurt. Brandschatzungen, Geldknappheit und Kontributionszahlungen an Frankreich folgten.[69] Die ohnehin begrenzten Mittel für den Bau der Kirche, um deren Einsatz es von jeher Streit gegeben hatte, wurden fast gänzlich abgezogen.[70] Immerhin war zu diesem Zeitpunkt der Rohbau der Kirche sowie das Sockelgeschoss des Turms fertiggestellt. 1796, im siebten Baujahr, gelang es trotz aller finanziellen Schwierigkeiten noch, das Dach aufzurichten. Nach erneutem erzwungenen Baustillstand wurden in den kommenden Jahrzehnten lediglich einige notdürftige Witterungsschutzmaßnahmen ergriffen.[71] Durch den offenen Turm und die unzureichenden Fenster trat im Laufe dieser Jahre Feuchtigkeit ein und verursachte erhebliche Schäden im Kircheninneren.[72]

Mit dem Untergang des Alten Reiches 1806 verlor Frankfurt seinen Status als freie Reichsstadt und wurde dem Staat des Fürstprimas Karl Theodor von Dalberg einverleibt. Um in dieser Zeit neue finanzielle Mittel für den Weiterbau aufbringen zu können, wurde der Kirchenrohbau ab 1810 als Warenlager vermietet.[73] Diese Vermietungen führten zu weiteren Schädigungen an der unvollendeten Kirche und stellten die Fertigstellung des Baus zwischenzeitlich gänzlich in Frage.[74] So hieß es in einem Gutachten des Ratsherrn Steitz aus dem Jahr 1813: „Die Beendigung des Kir-

chenbaues ist nicht notwendig, weil die lutherische Gemeinde sich seit 32 Jahren auch ohne dieselbe beholfen hat; sie ist nicht notwendig, weil Leerheit der Kirchen zum Geist der Zeit gehört".[75]

Erst nach der Wiederherstellung der Selbständigkeit Frankfurts durch den Wiener Kongress 1815 als nunmehr Freie Stadt kam es zu neuen ernsthaften Überlegungen darüber, wie es mit der inzwischen fast zur Ruine gewordenen Kirche weitergehen sollte. 1816 wurde Johann Friedrich Christian Hess zum Nachfolger seines verstorbenen Vaters im Amt des Stadtbaumeisters berufen, 34 Jahre nach dem Beginn der Planungen für den Neubau der Kirche. Da es um die städtischen Finanzen weiter schlecht bestellt war, musste Hess sich jedoch zunächst auf theoretische Überlegungen beschränken.[76] Auch zu der für 1821 geplanten Wiederaufnahme der Bauarbeiten an der Kirche kam es vorerst nicht.

In dieser Lage schlug Hess den Bauherren vor, das vorhandene Dach durch eine steinerne Kuppel nach Vorbild des römischen Pantheons mit Deckenkassettierung und Oberlicht zu ersetzen.[77] Zusätzlich beabsichtigte der Stadtbaumeister, die Fenster zuzumauern und den Turm auf seiner halben Höhe zu belassen, um die Paulskirche dem antiken Vorbild anzunähern.[78] Obwohl sowohl das Bauamt als auch der Senat dem Vorschlag positiv gegenüberstanden, legten die bürgerlichen Kollegien aufgrund der bereits investierten Baugelder und der vergangenen Bauzeit ihr Veto ein und erzwangen damit die Beibehaltung der ursprünglichen Bauidee.[79] Auch das Frankfurter Bürgertum lehnte die geplante niedrigere Ausführung des Turms ab und forderte eine repräsentativere, erhöhte Gestaltung mit Glockengeschoss. Private Gelder wohlhabender Bürgerfamilien gewährleisteten die Finanzierung.[80] Zur Ausführung kommen sollten dagegen Hess' Vorschläge zur Gestaltung des Innenraums. Statt der zuvor angedachten zwei Emporen ließ er nur eine errichten, was nicht allein Kosten sparte, sondern auch eine bessere Belichtung des Kirchensaals ermöglichte. Die Empore lag nun umlaufend auf zwanzig

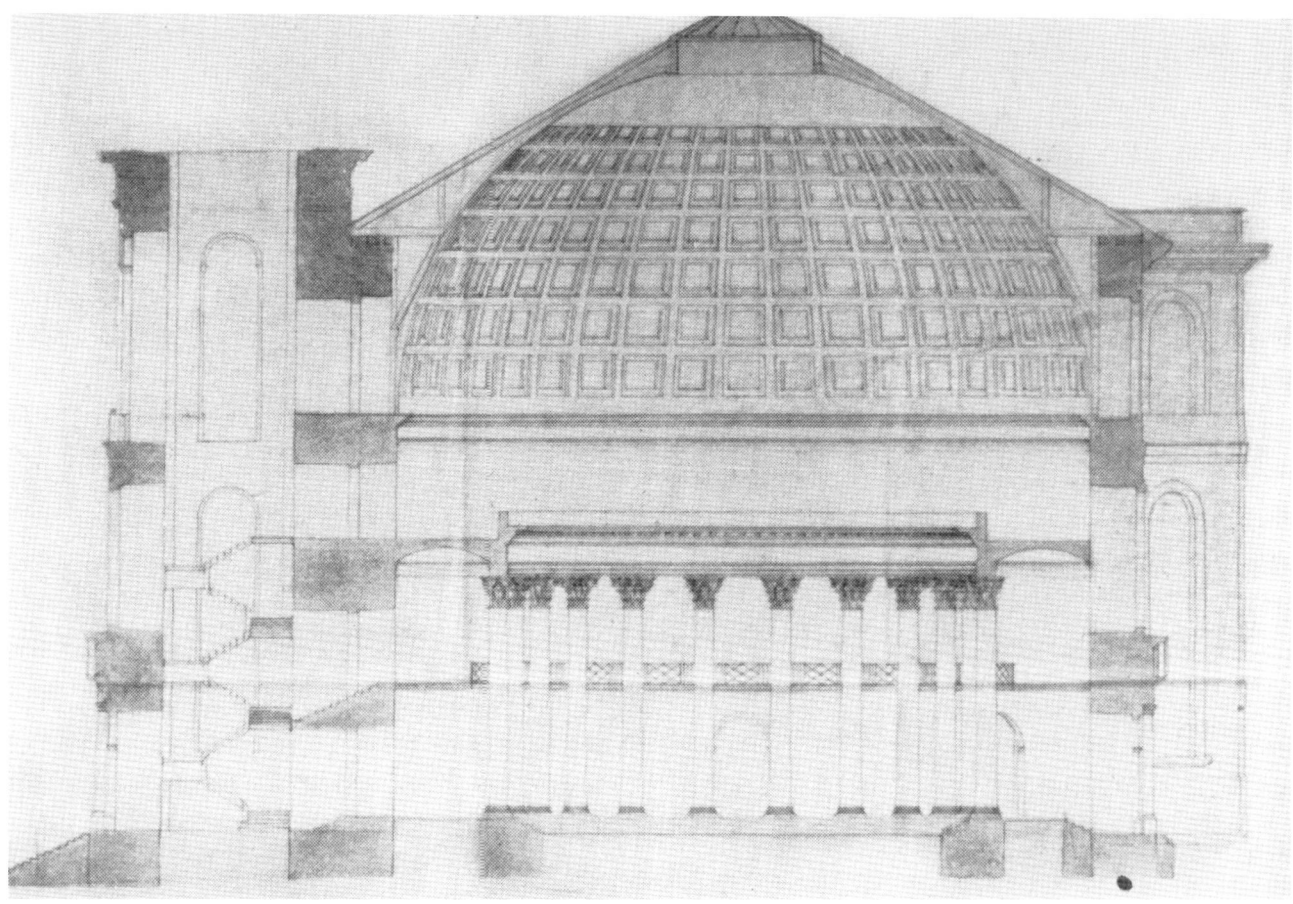

Johann Friedrich Christian Hess: Entwurf für die Paulskirche, Längsschnitt, 1822

ionischen Säulen und bot damit Platz für etwa 1.700 Personen.[81]

Nachdem der Weiterbau, wie erwähnt, seit 1796 aufgrund finanzieller Schwierigkeiten und der Uneinigkeit der städtischen Behörden geruht hatte, wurde 1829 endlich die finale Gestaltung der Paulskirche beschlossen und die nötigen Gelder von der Stadt bewilligt.[82] 1832, und damit 50 Jahre nach den ersten Planungen zum Neubau, waren der Kirchturm sowie der Innenraum so weit fertiggestellt, dass die Einweihung im Folgejahr stattfinden konnte.[83] Nach seiner Vollendung wurde der Neubau am 9. Juni 1833 auf

den Namen „Paulskirche"[84] getauft und an die lutherische Kirchengemeinde zur Nutzung als Hauptkirche übergeben.[85] Der Vorschlag zur Umbenennung war vom evangelisch-lutherischen Konsistorium, also der Kirchengemeinde, ausgegangen.[86] Ziel war sicher die bewusste Abkehr von der katholischen Vergangenheit und die symbolische Repräsentation des lutherischen Charakters der neuen Hauptkirche.

Bis zu ihrer Zerstörung 1944 präsentierte sich die fertige Paulskirche als ein Bau, der sowohl im Grundriss als auch in der äußeren Ansicht über eine klare und einfache Formgebung verfügte. Das

PAULS KIRCHE IN FRANKFURT ⅍M.

F. W. Hanke: Paulskirche Frankfurt am Main, o. J.

Gebäude setzte sich aus einem Zentralbau über quer-ovalem Grundriss und drei rechteckigen Anbauten zusammen. Als Material hatte man den charakteristischen roten Mainsandstein gewählt, wie er seit jeher bei vielen Frankfurter Bauten verwendet wurde.[87] Durch die zeitgleich durchgeführte Umgestaltung des Paulsplatzes verbesserte sich auch die städtebauliche Einbindung. So entstand zumindest eine Sichtachse zur Kirche, was ihre Wirkung im Stadtbild erhöhte.[88]

Wie das Äußere war auch der deutlich auf das liturgische Zentrum ausgerichtete Innenraum der Paulskirche einfach und zurückhaltend gestaltet. Die Sitze waren konzentrisch um die Kanzel platziert. Vollständig umgeben wurde der Saal von der umlaufenden Empore. Eine flachgewölbte Innenkuppel schloss den Kirchenraum nach oben ab. Farblich ergab sich der Gesamteindruck eines mit warmen, zurückhaltenden Farben ausstaffierten Raumes mit wenigen vergoldeten Details.[89] Die rote Sandsteinfärbung der Fassade mit ihren orange- bis lilafarbigen und weißen Nuancen[90] wiederholte sich im Innenraum. Gelbe Details wie beim Marmor der Säulen ergänzten dies.[91] Die Wände und Decken waren in weißer Leimfarbe gestrichen, auch wenn zunächst eine Deckenausmalung mit neu- und alttestamentlichen Szenen geplant gewesen war.[92] Johann Friedrich Dietrichs Deckenentwurf kam jedoch aufgrund der zu hohen Kosten nicht zur Ausführung.[93]

Im Endergebnis entsprach die neue Kirche für die Frankfurter Gemeinde in der Theorie durchaus den Idealen des protestantischen Kirchenbaus. So erfüllte der Innenraum zwei der wesentlichen an den Bau gestellten Anforderungen, nämlich eine möglichst gute Sicht auf den Prediger und die Unterbringung einer großen Gemeindemitgliederzahl in einem hellen Kirchensaal. In der Praxis zeigte sich jedoch, dass die Akustik aufgrund der Größe des Kirchensaals, der ovalen Form und der glatten Flächen von Decke und Wänden zu wünschen übrigließ.[94]

Die Nutzungsgeschichte der Paulskirche

Nicht lange nach der Eröffnung stellte man neben der schlechten Akustik noch weitere Mängel fest, die die Nutzbarkeit der Kirche beeinträchtigten. Bald zeigten sich Risse im Bauwerk, zudem machte die ständige Auskühlung der Kirche Nachbesserungen nötig. Bereits 1834 verlangte der Pfarrer nach einem Schalldeckel, dessen erfolgter Einbau jedoch zu keiner wirklichen Verbesserung führte, wie der Gemeindevorstand feststellte: „[Der Widerhall der Kirche ist ein Übel, welches] dieselbe zu ihrer Bestimmung, Hauptkirche der lutherischen Gemeinde zu sein fast untauglich mache".[95]

Als im Mai 1848 die Abgeordneten der ersten deutsche Nationalversammlung Einzug in die Paulskirche hielten, wurde der Gemeinde die Nutzung des Baus als lutherische Hauptkirche Frankfurts entzogen.[96] Im Innenraum wurden dazu Altar, Kanzel und Orgel verhängt und ein Bildnis der Germania sowie Flaggen

aufgehängt.[97] Ein Heizapparat und eine zweite Schalldecke aus Holz und Leinwand zwischen Empore und Dachgeschoss wurden Ende 1848 eingebaut, nachdem die Abgeordneten sich über die empfindliche Kälte und die schlechte Akustik beklagt hatten. Dies nahm jedoch der Paulskirche ihre ursprüngliche Helligkeit und die klare Gliederung des Innenraums.[98] Nachdem im Mai 1849 die letzte Sitzung der Nationalversammlung in Frankfurt stattgefunden hatte und diese nach Stuttgart ausgewichen war, dauerte es noch drei Jahre, bis die Kirche 1852 wieder ihrer eigentlichen Bestimmung übergeben wurde.[99]

Als bewusste sakrale Betonung, also quasi als eine symbolische kirchliche Rückbesinnung, sind die anschließenden künstlerischen Umgestaltungen des Innenraums am Ende des 19. Jahrhunderts zu sehen. Das Bildprogramm beruhte auf den nicht realisierten Planungen der 1830er Jahre[100] und zeigte eine eindeutig kirchliche Motivik, die nun den einst zurückhaltenden Kirchensaal beherrschte.[101] Zusammen mit den nunmehr farblich gestalteten Wänden wurde endlich die Decke des Kirchenraums verziert.[102] Der Maler Karl Julius Grätz zeichnete für die historistische Ausmalung der eingezogenen Zwischendecke mit Evangelisten und Engelsmotiven verantwortlich. Zusätzlich konnte Bauschmuck ergänzt werden. Der Bildhauer Gustav Kaupert fertigte beispielsweise vier Evangelisten-Statuen, die vor der Orgel auf der Brüstung der Empore aufgestellt wurden.[103]

Auch wenn die Paulskirche resakralisiert wurde, fanden weiterhin weltliche Veranstaltungen in der Kirche statt.[104] Wie bereits die Barfüßerkirche und das ihr angeschlossene Kloster wurde die Paulskirche zum zentralen Versammlungsort der politischen Elite.[105] So wurden Gedächtnisfeiern zu Ehren der Mitglieder der Paulskirchenversammlung oder zur Befreiung der Stadt von Napoleon im Inneren der Kirche abgehalten. Walter Lachner sieht die Paulskirche daher bereits vor dem Zweiten Weltkrieg als nationalen Gedenkort. Gedenktafeln und Denkmäler an der Kirche wie das 1903 auf dem Paulsplatz errichtete Einheitsdenkmal zeugen davon.[106] Im Zuge der Feier zum 50-jährigen Jubiläum der Nationalversammlung 1898 tauchte die Idee auf, die Paulskirche in ein offizielles Nationaldenkmal umzuwandeln und ihrer sakralen Nutzung zu entziehen. Die Gedankenspiele beinhalteten damals den Abriss des Daches der Paulskirche und die Aufstellung einer großen Statue der Germania auf dem Turm.[107]

Konträr dazu versuchte man während der NS-Zeit jeglichen Gedanken an die Revolution von 1848 zu unterdrücken. Die Entfernung des Friedrich-Ebert-Denkmals im April 1933 ist dabei nur ein Beispiel. Ideologisch kam es bald darauf zur Spaltung der Paulskirchengemeinde. Während sich Pfarrer Karl Veidt der Opposition zuwandte, schloss sich der zweite Pfarrer, Georg Struckmeier, der NS-Bewegung an. Veidt wurde später versetzt und Struckmeier nutzte seine Predigten und die Zeitschrift der Kirche, den *Paulskirchenboten*, um nationalsozialistisches Gedankengut zu verbreiten. Dies zeigte sich nicht nur in nationalistischen Ansichten wie „Wir sind als evangelische Christen Deutsche dem Blute und dem Wesen nach. Deutscher Geist, deutsches Fühlen und Denken durchpulst uns", sondern auch in antisemitischen Anzeigen, in denen zum Boykott jüdischer Geschäfte aufgerufen wurde. Die missionarische Kirchenarbeit an der Paulskirche diente ebenfalls der Verbreitung der nationalsozialistischen Ideologie. Diakoniearbeit, Frauenhilfe, Männerbünde und andere Vereine nahmen daher stark zu, gerade in der Not des Krieges. Die Predigten fanden davon abgesehen auch während der Kriegszeit weiter statt.[108] Nur wenige Tage nach dem letzten in der Kirche abgehaltenen Gottesdienst wurde die Paulskirche am 18. März 1944 durch Brandbomben bis auf ihre Grundmauern zerstört.[109]

Resümee

Die Planungs-, Bau- und Nutzungsgeschichte der Paulskirche war, wie gezeigt, äußerst komplex. Zwar war der Bau von den üblichen Anforderungen und Problemstellungen des evangelisch-lutherischen Kir-

chenbaus bestimmt, formte sich aber unter dem Zwang der beengten räumlichen Verhältnisse in der Frankfurter Altstadt und der begrenzten finanziellen Mittel der Stadt zu einer eigenständigen Lösung. Dabei trat trotz aller Sachzwänge die Künstlerpersönlichkeit der beteiligten Baumeister nicht in den Hintergrund. Neben den Stadtbaumeistern Andreas Liebhardt, Johann Georg Christian und Johann Friedrich Christian Hess waren weitere Baumeister wie Nicolas de Pigage an der Formentwicklung beteiligt. Maßgeblich für ihre Beauftragung (oder ihre Bestellung als Stadtbaumeister) war ihre zumeist überregionale Reputation sowie der ästhetische und stilistische Ausdruck ihrer Baukunst. Sie lieferten ebenfalls entscheidende Baudetails und beeinflussten die Formensprache des Baus nachhaltig.

Während ihrer langen, fast 50-jährigen Bauzeit geriet die Paulskirche jedoch nicht nur in ein stilistisches Spannungsfeld, das man mit einem Blick auf die über 50 eingereichten Entwürfe von zehn verschiedenen Baumeistern sowie die unterschiedlichen Ziele der Bauherren ermessen kann. Auch politische Konflikte und Meinungsverschiedenheiten zwischen den beteiligten Bauherren – in erster Linie der Rat bzw. ab 1815 der Senat der Stadt sowie die bürgerlichen Kollegien – verzögerten und verkomplizierten den Planungs- und Bauprozess. Mehrmals sahen sich daher andere Instanzen wie der Schöffenrat gezwungen, in das Geschehen einzugreifen. Entsprechende Auseinandersetzungen traten auch bei anderen öffentlichen Bauten in Frankfurt auf[110] und waren keineswegs auf das städtische Bauwesen beschränkt, sondern prägten laut Ralf Roth vielmehr die gesamte Praxis der städtischen Selbstverwaltung.[111]

Damit kann das Bild der Paulskirche als Einzelphänomen aufgelöst und das Bauwerk in seinen städtebaulichen wie auch bauhistorischen Kontext eingeordnet werden. Trotzdem blieb die Paulskirche auch nach ihrer Eröffnung eine Besonderheit in Frankfurt, was vor allem an ihrer weiteren Nutzungsgeschichte lag. Denn wie bereits bei ihrem Vorgängerbau, der

Barfüßerkirche nebst Kloster, wurde die Paulskirche sowohl sakral als auch zu weltlichen Zwecken genutzt, was nicht ohne Spannungen und Konflikte blieb. Sie war damit immer mehr als nur ein reines Demokratiesymbol oder Nationaldenkmal.

[1] Den Namen „Paulskirche" erhielt der Bau erst kurz vor seiner Eröffnung im Jahr 1832. Zuvor bezeichnete man den Neubau lediglich als „Hauptkirche". Für den besseren Lesefluss bezieht sich der Name jedoch auf die gesamte Planungs- und Bauzeit.

[2] Lucia Seiß, Kirche – Parlament – Kirche. Die historische Bau- und Nutzungsgeschichte, in: Deutsches Architekturmuseum (Hg.), Paulskirche. Eine politische Architekturgeschichte, Stuttgart 2019, S. 32–43, hier S. 33.

[3] Evelyn Hils-Brockhoff, Die Paulskirche – Geschichte und Beschreibung des Bauwerks, in: Roman Fischer (Hg.), Von der Barfüßerkirche zur Paulskirche. Beiträge zur Frankfurter Stadt- und Kirchengeschichte, Frankfurt am Main 2000, S. 311–334, hier S. 330; Walter Kolb/Martin Niemöller, Zwei Ansprachen zum Richtfest am 7. November 1947, in: Werner Becher (Hg.), Durchs Kreuz zur Krone. Quellen zur Geschichte der Paulskirchengemeinde im 20. Jahrhundert, Frankfurt am Main 2003, S. 269–273, hier S. 269 f.

[4] Andrea Braunberger-Myers, Die Paulsgemeinde und die Paulskirchenversammlung von 1848 – 150 Jahre danach, in: Fischer (Hg.), Barfüßerkirche (wie Anm. 3), S. 293–297, hier S. 296 f.

[5] Georg Struckmeier, Die Paulskirche in der Gegenwart, in: Werner Becher (Hg.), Das Kreuz auf der Paulskirche. Quellen zur Kirchengeschichte der Paulskirche (1833–1953), Frankfurt am Main 1999, S. 65–74, hier S. 67; Karl Dienst, Die Barfüßerkirche als Frankfurter Hauptkirche, in: Fischer (Hg.), Barfüßerkirche (wie Anm. 3), S. 123–186, hier S. 186.

[6] Sabine Hock, Reformation in der Reichsstadt. Wie Frankfurt am Main evangelisch wurde. Eine Chronik der Jahre 1517 bis 1555, Frankfurt am Main 2001, URL: https://www.sabinehock.de/downloads/reformation.pdf (22.09.2019).

[7] Dieter Großmann, Protestantischer Kirchenbau, Marburg 1996, S. 7 f. Siehe dafür besonders Jan Harasimowicz, Protestantischer Kirchenbau im Europa des 17. und 18. Jahrhunderts, in: Peter C. Hartmann (Hg.), Religion und Kultur im Europa des 17. und 18. Jahrhunderts, Frankfurt am Main 2004, S. 327–370.

[8] Die Begriffe „protestantisch" und „evangelisch" werden hier deckungsgleich verwendet und beinhalten alle aus der Reformation hervorgegangenen Kirchen.

[9] Per Gustaf Hamberg, Temples for Protestants. Studies in the architectural milieu of the Early Reformed Church and the Lutheran Church, Gothenburg 2002, S. 13; Reinhold Wex, Ordnung und Unfriede. Raumprobleme des protestantischen Kirchenbaus im 17. und 18. Jahrhundert in Deutschland, Braunschweig 1984, S. V.

[10] Thomas Weiss, Stildiskussion zur Sakralarchitektur des 19. Jahrhunderts in Deutschland, Diss., Universität München 1983, S. 83. Zur unterschiedlichen regionalen und konfessionellen Ausprägung des protestantischen Kirchenbaus siehe: Harasimowicz, Protestantischer Kirchenbau (wie Anm. 7), S. 327–339.

[11] Großmann, Protestantischer Kirchenbau (wie Anm. 7), S. 7; Monika Vogt, Die Ansiedlung der französischen Glaubensflüchtlinge in Hessen nach 1685. Ein Beitrag zur Problematik der sogenannten Hugenottenarchitektur, Darmstadt/Marburg 1990, S. 67 u. 70.

[12] Hans-Joachim Kuke, Die Frauenkirche in Dresden. „Ein Sankt Peter der wahren evangelischen Religion", Worms 1996, S. 72; Wex, Ordnung und Unfriede (wie Anm. 9), S. V.

[13] Weiss, Stildiskussion (wie Anm. 10), S. 76 u. 136.

[14] Jan Harasimowicz, Longitudinal, Transverse or Centrally Aligned? In the Search for the Correct Layout of the ‚Protesters' Churches, in: Periodica Polytechnica Architecture 48 (2017) H. 1, S. 1–16, hier S. 2–9; Weiss, Stildiskussion (wie Anm. 10), S. 30.

[15] Hanns Christof Brennecke, Zwischen Tradition und Moderne. Protestantischer Kirchenbau an der Wende zum zwanzigsten Jahrhundert, in: Friedrich Wilhelm Graf und Hans Martin Müller (Hg.), Der deutsche Protestantismus um 1900, Gütersloh 1996, S. 173–203, hier S. 184 f.; Harasimowicz, Longitudinal (wie Anm. 14), S. 2 ff.

[16] Siehe dazu Carl Wolff/Rudolf Jung, Die Baudenkmäler in Frankfurt am Main, 3 Bde., Bd. 1: Kirchliche Bauten, Frankfurt am Main 1896.

[17] Siehe dazu Joachim Proescholdt, Emporenmalerei aus St. Katharinen. Ein Frankfurter Kleinod, mit einem kunsthistorischen Beitrag von Gerhard Kölsch, Frankfurt am Main 2007.

[18] Ralf Roth, Stadt und Bürgertum in Frankfurt am Main. Ein besonderer Weg von der ständischen zur modernen Bürgergesellschaft 1760–1914, München 1996, S. 21 f.

[19] Wilhelm Stricker, Die Baugeschichte der Paulskirche (Barfüsserkirche) zu Frankfurt am Main 1782–1813, Frankfurt am Main 1870 (= Neujahrsblatt des Vereins für Geschichte und Alterthumskunde Frankfurt a. M.).

[20] Siehe zur Geschichte der Barfüßerkirche: Karl Heinrich Rexroth, Zur Baugeschichte der Barfüßerkirche in Frankfurt am Main, in: Fischer (Hg.), Barfüßerkirche (wie Anm. 3), S. 299–309.

[21] Hock, Reformation (wie Anm. 6), S. 5; Roman Fischer, Das Barfüßerkloster im Mittelalter, in: ders. (Hg.), Barfüßerkirche (wie Anm. 3), S. 9–109, hier S. 36.

[22] Carlo H. Jelkmann, Die Sct. Paulskirche in Frankfurt a. M. Ein Beitrag zur Entwicklung der deutsch-protestantischen Kirchen-Baukunst und ein Zeitbild aus der Geschichte Frankfurts um 1780–1850, Frankfurt am Main 1913, S. 3; Roth, Stadt und Bürgertum (wie Anm. 18), S. 94.

[23] Wex, Ordnung und Unfriede (wie Anm. 9), S. 3.

[24] Da die Barfüßerkirche nach der Reformation lediglich adaptiert, jedoch ursprünglich als katholische Kirche erbaut worden war, war der Kirchensaal keineswegs optimal für den lutherischen Gottesdienst ausgelegt. Siehe dazu: Wex, Ordnung und Unfriede

25 (wie Anm. 9), S. 78; Institut für Stadtgeschichte Frankfurt am Main (ISG), Einundfünfzigerkolleg, 3.300.

25 Jelkmann, Sct. Paulskirche (wie Anm. 22), S. 3 u. 7 f.; Roth, Stadt und Bürgertum (wie Anm. 18), S. 21 f., 29 u. 103.

26 Dienst, Barfüßerkirche (wie Anm. 5), S. 186; Hermann Dechent, Kirchengeschichte von Frankfurt am Main seit der Reformation, 2 Bde., Leipzig/Frankfurt am Main 1913/1921, hier Bd. 2, S. 246; Christian Welzbacher, Planungs- und Baugeschichte 1786 bis 1833, in: ders./Walter Lachner, Paulskirche, hg. von Clemens Greve und Franziska Vorhagen im Auftrag der Frankfurter Bürgerstiftung und der Cronstett- und Hynspergischen evangelischen Stiftung, Berlin 2015, S. 10–25, hier S. 14.

27 Jürgen Telschow, Geschichte der evangelischen Kirche in Frankfurt am Main. Von der Reformation bis zum Ende der Frankfurter Unabhängigkeit (1866), Hanau 2017, S. 14 u. 17.

28 Dienst, Barfüßerkirche (wie Anm. 5), S. 254; Telschow, Geschichte (wie Anm. 27), S. 408.

29 Telschow, Geschichte (wie Anm. 27), S. 47 u. 408–410.

30 Ebd., S. 408–410 u. 413.

31 Stricker, Baugeschichte (wie Anm. 19), S. 7; Roth, Stadt und Bürgertum (wie Anm. 18), S. 22.

32 Evelyn Hils, Johann Friedrich Christian Hess: Stadtbaumeister des Klassizismus in Frankfurt am Main von 1816–1845, Frankfurt am Main 1988, S. 38.

33 Bericht von Hieronymus Max von Glauburg, 15. April 1784, in: Stricker, Baugeschichte (wie Anm. 19), S. 8; vgl. dazu Welzbacher, Planungs- und Baugeschichte (wie Anm. 26), S. 17.

34 Großmann, Protestantischer Kirchenbau (wie Anm. 7), S. 7 f. Zur Entwicklung des protestantischen Kirchenraums siehe auch Harasimowicz, Longitudinal (wie Anm. 14)

35 Walter May, Raumstruktur und Bauform der Dresdner Frauenkirche, in: Dresdner Geschichtsverein (Hg.), Dresdner Hefte, H. 4: Die Dresdner Frauenkirche. Geschichte – Zerstörung – Rekonstruktion, Dresden 1992, S. 17–24, hier S. 19.

36 Siehe hierfür Wolff/Jung, Baudenkmäler (wie Anm. 16).

37 Karl Veidt, Paulskirche im Wandel der Zeit, in: Werner Becher (Hg.), Das Kreuz auf der Paulskirche. Quellen zur Kirchengeschichte der Paulskirche (1833–1953), Frankfurt am Main 1999, S. 33–64, hier S. 38.

38 Jelkmann, Sct. Paulskirche (wie Anm. 22), S. 3 u. 8.

39 Ebd., S. 7.

40 Ebd., S. 15 f.

41 Siehe dafür den Wandel der Entwürfe von breiten Longitudinalbauten zu eher vertikalstrebenden, kleineren Zentralbauten.

42 Jelkmann, Sct. Paulskirche (wie Anm. 22), S. 3, 7–11, 29 u. 80.

43 Baumeister Giuseppe Alessandro Moretti; siehe dazu ebd., S. 3–5.

44 Baumeister Johann David (?) Heimpell, zweites Projekt; siehe dazu ebd., S. 12–15.

45 Baumeister Johann David (?) Heimpell, erstes Projekt; siehe dazu ebd.

46 Ebd., S. 4–12.

47 Ebd., S. 15.

48 Hils, Hess (wie Anm. 32), S. 91.

49 Zum Ende des 18. Jahrhunderts hatte sich vielerorts im Heiligen Römischen Reich der klassizistische Baustil bereits durchgesetzt und zu zahlreichen entsprechenden Bauten auch in bürgerlichen Milieus geführt. In Frankfurt jedoch fehlten entscheidende Vertreter zur Realisierung dieser Architektur, was ein dementsprechendes Verharren auf den typischen Fachwerkbauten mit barocken Details bedeutete; siehe dazu Ludwig Schwab, Frankreich in Frankfurt. Architekturimporteure um 1800 in Frankfurt am Main, in: Zeitschrift für Kunstgeschichte 72 (2009), H. 3, S. 389–408, hier S. 389 f.

50 Der Klassizismus setzte sich zu Beginn des 19. Jahrhunderts als vorherrschender Stil der Frankfurter Bauten durch. Siehe dazu: Hils, Hess (wie Anm. 32), S. 43, 51, 56 u. 59 f.; Welzbacher, Planungs- und Baugeschichte (wie Anm. 26), S. 25. Zum Aufkommen des Klassizismus in Frankfurt siehe Schwab, Frankreich in Frankfurt (wie Anm. 49).

51 Jelkmann, Sct. Paulskirche (wie Anm. 22), S. 48 f.; Sylvie Duvernoy, Baroque Oval Churches: Innovative Geometrical Patterns in Early Modern Sacred Architecture, in: Nexus Network Journal 17 (2015), S. 425–456, hier S. 427.

52 Jelkmann, Sct. Paulskirche (wie Anm. 22), S. 18. Überzeugend dürfte auch die durch verschiedene Bauelemente gegebene deutliche Sakralität der Kirche gewirkt haben.

53 Stricker, Baugeschichte (wie Anm. 19), S. 14. Siehe dazu den bei Jelkmann, Sct. Paulskirche (wie Anm. 22), S. 23 abgebildeten Plan.

54 Das Oval, besonders das Queroval, lässt sich nur bei einer Handvoll lutherischer Kirchen finden, etwa als kleinere Dorfkirchen unter Carl Gotthard Langhans in Schlesien in Anlehnung an die Breslauer Hofkirche oder unter Fürst Leopold von Dessau wohl als Bezug auf die reformierte Kirche Oranienbaum. Zu einer eigenständigen Entwicklung des Ovals bei lutherischen Kirchen kam es jedoch nicht. Siehe dazu Dieter Großmann, Rezension von Günther Grundmann, Evangelischer Kirchenbau in Schlesien, Frankfurt am Main 1970, in: Zeitschrift für Ostforschung 21 (1972), S. 307–316, hier S. 315. Die Ursache für die geringe Verbreitung des Ovals ist in der Forschung bislang nicht ausreichend untersucht worden.

55 Hubertus Günther, S. Giovanni die Fiorentini. Der Wettbewerb von 1518 für die Florentiner Nationalkirche in Rom, in: Schweizer Ingenieur und Architekt 117 (1999), H. 21, S. 442–449, URL: http://archiv.ub.uni-heidelberg.de/artdok/volltexte/2011/1492 (23.07.2019), S. 443.

56 Jelkmann, Sct. Paulskirche (wie Anm. 22), S. 18, 21–29 u. 36 f.

57 Ebd., S. 28 f.

58 Ebd., S. 38–40.

59 Ebd., S. 33 u. 35 f.

60 Ebd., S. 38.

61 Ebd., S. 43–48.

62 Ebd., S. 50 f.

63 Ebd., S. 52–70; Stricker, Baugeschichte (wie Anm. 19), S. 18 f.

64 Jelkmann, Sct. Paulskirche (wie Anm. 22), S. 70 f.

65 Schwab, Frankreich in Frankfurt (wie Anm. 49), S. 391; Hils, Hess (wie Anm. 32), S. 28.

66 Hils, Hess (wie Anm. 32), S. 94 f.; Jelkmann, Sct. Paulskirche (wie Anm. 22), S. 70.

67 So bemerkte Johann Wolfgang Goethe bei einem Besuch der Stadt 1797 zur Paulskirche: „Die neue lutherische Hauptkirche gibt leider viel zu denken. Sie ist als Gebäude nicht verwerflich, ob sie gleich im allermodernsten Sinne gebaut ist; allein da kein Platz in der Stadt weder wirklich noch denkbar ist, auf dem sie eigentlich stehen könnte und sollte, so hat man wohl den größten Fehler begangen, daß man zu einem solchen Platz eine solche Form wählte". Zit. nach Welzbacher, Planungs- und Baugeschichte (wie Anm. 26), S. 10.

68 Jelkmann, Sct. Paulskirche (wie Anm. 22), S. 76.

69 Ebd.; Roth, Stadt und Bürgertum (wie Anm. 18), S. 14

70 Roth, Stadt und Bürgertum (wie Anm. 18), S. 12; Jelkmann, Sct. Paulskirche (wie Anm. 22), S. 76–82.

71 Stricker, Baugeschichte (wie Anm. 19), S. 24 f.

72 Ebd., S. 24–27.

73 Ebd., S. 26.

74 Ebd., S. 24–27.

75 Veidt, Paulskirche (wie Anm. 37), S. 41.

76 Stricker, Baugeschichte (wie Anm. 19), S. 29.

77 Jelkmann, Sct. Paulskirche (wie Anm. 22), S. 80; Hils, Hess (wie Anm. 32), S. 113.

78 Jelkmann, Sct. Paulskirche (wie Anm. 22), S. 80

79 Ebd., S. 80.

80 Stricker, Baugeschichte (wie Anm. 19), S. 32; Veidt, Paulskirche (wie Anm. 37), S. 42.

81 Evelyn Hils-Brockhoff/Sabine Hock, Die Paulskirche. Symbol demokratischer Freiheit und nationaler Einheit, Frankfurt am Main 1998, S. 10.

82 Jelkmann, Sct. Paulskirche (wie Anm. 22), S. 86.

83 Ebd.; Zentralarchiv der Evangelischen Kirche Hessen-Nassau, Darmstadt (ZA EKHN), Bestand 23/282.

84 Bis dahin wurde die Kirche weiterhin als Neubau der Barfüßerkirche bezeichnet. Das Konsistorium schlug jedoch im März 1832 die Umbenennung der Kirche in „Paulus"- oder „Johanneskirche" vor. Am 22./23. Mai wurde die Benennung „St. Paulskirche" „zur Erinnerung an einen der eifrigsten und verdienstvollsten Verbreiter des Evangeliums" beschlossen. Siehe dafür ZA EKHN, Bestand 23/282.

85 Ebd.; Jelkmann, Sct. Paulskirche (wie Anm. 22), S. 86.

86 ZA EKHN, Bestand 23/282.

87 Hier sind z. B. St. Bartholomäus, die Deutsch-reformierte Kirche am Kornmarkt, die Leonhardskirche (Baudetails), die Alte Brücke oder das Palais Thurn und Taxis zu nennen.

88 Zahlreiche Darstellungen der Paulskirche aus dem gleichen Betrachtungswinkel zeugen davon. Die immer noch bestehende Enge geben sie zumeist jedoch nicht wieder, sondern verfälschen die Situation sowie auch die Dimensionen des Baus. Fotografien des Baus zeigen, wie sehr bedrängt die Paulskirche auch noch lange nach ihrer Fertigstellung stand. Siehe dazu: Dieter Bartetzko, Denkmal für den Aufbau Deutschlands. Die Paulskirche in Frankfurt am Main, Königstein 1998, S. 29.

89 Wolff/Jung, Baudenkmäler (wie Anm. 16), Bd. 1, S. 289.

90 Welzbacher, Planungs- und Baugeschichte (wie Anm. 26), S. 23; Jelkmann, Sct. Paulskirche (wie Anm. 22), S. 80.

91 Wolff/Jung, Baudenkmäler (wie Anm. 16), Bd. 1, S. 294.

92 Hils-Brockhoff, Paulskirche (wie Anm. 3), S. 327.

93 Kunstchronik: Wochenschrift für Kunst und Kunstgewerbe 4/4, 3. November 1892, Leipzig/Berlin, S. 59. Der Entwurf befindet sich heute im Historischen Museum Frankfurt.

94 Mit über fünf Sekunden Nachhallzeit übertraf die Paulskirche die für ihre Epoche und Konfession übliche Hallzeit von 1,4 Sekunden deutlich. Siehe dazu: Michael Dickreiter, Grundlagen der Akustik, in: Michael Dickreiter u. a. (Hg.), Handbuch der Tonstudiotechnik, Berlin/Boston 2014, S. 1–66, hier S. 60–62.

95 Veidt, Paulskirche (wie Anm. 37), S. 50; ZA EKHN, Bestand 23/282.

96 Evelyn Hils-Brockhoff, Kunst für die Demokratie – 150 Jahre künstlerische Ausgestaltung der Paulskirche, in: Kurt Wettengl (Hg.), Das Gedächtnis der Kunst. Geschichte und Erinnerung in der Kunst der Gegenwart, Ausst.-Kat. Frankfurt am Main, Historisches Museum, Ostfildern-Ruit 2000, S. 211–220, hier S. 212.

97 Ebd.; ZA EKHN, Bestand 23/283.

98 Hils, Hess (wie Anm. 32), S. 117; Veidt, Paulskirche (wie Anm. 37), S. 56. Zum Einbau der Heizungsanlage siehe insbesondere Thomas Bauer, Ohne Heizung kein Parlament – die neuen „Wasserheizapparate" der Paulskirche 1848/49, in: Fischer, Barfüßerkirche (wie Anm. 3), S. 335–432.

99 ZA EKHN, Bestand 23/284.

100 Wolff/Jung, Baudenkmäler (wie Anm. 16), Bd. 1, S. 294; Hils-Brockhoff, Kunst für Demokratie (wie Anm. 96), S. 219, Anm. 6.

101 Hils-Brockhoff, Kunst für Demokratie (wie Anm. 96), S. 212.

102 Wolff/Jung, Baudenkmäler (wie Anm. 16), Bd. 1, S. 294.

103 Ebd.

104 Struckmeier, Paulskirche (wie Anm. 5), S. 71.

105 Welzbacher, Planungs- und Baugeschichte (wie Anm. 26), S. 11.

106 Walter Lachner, Politische Vergangenheit und Gegenwart, in: ders./Welzbacher (Hg.), Paulskirche (wie Anm. 26), S. 27–57, hier S. 51 u. 54 f. Siehe hierzu auch den Beitrag von Walter Mühlhausen im vorliegenden Band.

107 Ebd.

108 Matthias Benad, Alles für Deutschland, Deutschland für Christus. Evangelische Kirche in Frankfurt am Main 1929 – 1945, Frankfurt am Main 1985, S. 53 f. u. 74.

109 Braunberger-Myers, Paulsgemeinde (wie Anm. 4), S. 296.

110 So war beispielsweise auch der Bau des Schauspielhauses (1767–1782) von zahlreichen Streitigkeiten und Umschwüngen zwischen Bauamt, bürgerlichen Kollegien und Rat geprägt, die immer wieder die Planung und Ausführung des Gebäudes hinauszögerten. Siehe dafür Wolff/Jung, Baudenkmäler (wie Anm. 16), Bd. 1, S. 343.

111 Roth, Stadt und Bürgertum (wie Anm. 18), S. 29 u. 105 f. Selbst Gerichtsprozesse zwischen den Kontrollorganen und dem Rat waren laut Roth keine Seltenheit.

Das Selbstverständnis der deutschen Nationalstaatsbewegung im Frühjahr 1848

Frank Engehausen

Das populärste Symbol des Endes der deutschen Nationalversammlung dürfte die Vertreibung des in Stuttgart tagenden Rumpfparlaments durch württembergisches Militär am 18. Juni 1849 sein.[1] Das von diesem Symbol transportierte Narrativ ist eindeutig: Der Selbstbestimmungsanspruch des deutschen Volkes, den die in Stuttgart verbliebenen Abgeordneten der Nationalversammlung verkörperten, wurde von der Reaktion mit Waffengewalt unterdrückt. Weniger attraktiv ist ein anderes Narrativ, das sich an das Ende der deutschen Nationalversammlung knüpfen ließe, wenn man es um einige Wochen vordatiert: auf Mitte Mai 1849, als in der Reaktion auf die Ablehnung der Kaiserkrone durch den preußischen König die Lücken im Plenum der Paulskirche immer größer wurden und das Parlament durch massenhafte, teils freiwillige, teils von den Regierungen geforderte Rücktritte von Abgeordneten seine Legitimität – so sahen es jedenfalls viele Zeitgenossen – verlor.[2]

Das prägnanteste Dokument dieses Erosionsprozesses ist die kollektive Austrittserklärung von mehr als 60 Abgeordneten vom 20. Mai, die zugleich das Ende der lange Zeit tonangebenden rechtsliberalen „Casino"-Fraktion bedeutete. Die Unterzeichner, unter ihnen Prominente wie Friedrich Christoph Dahlmann, Eduard Simson, Johann Gustav Droysen, Heinrich von Gagern, Gustav Mevissen, Max Duncker, Georg Waitz und Karl Mathy, gingen in der Erklärung auf tagesaktuelle Entwicklungen innerhalb und außerhalb des Parlaments ein, die es ihnen unmöglich machten, ihm weiterhin anzugehören, nahmen aber auch grundsätzlich Selbstverständnis und Aufgaben der deutschen Nationalversammlung in den Blick: Sie habe eine „schiedsrichterliche Stellung zwischen Regierungen und Völkern" eingenommen, um eine nationalstaatliche Verfassung zustande zu bringen.[3] Dieser Vermittlungsauftrag sei nun gescheitert, so die Quintessenz der Erklärung, da die Regierungen der größten deutschen Staaten das Verfassungswerk der Paulskirche ablehnten und die wegen der Mandatsniederlegungen zur Mehrheit avancierende frühere Minderheit der Nationalversammlung im Begriffe sei, die Verfassung mit Waffengewalt durchsetzen zu wollen.

Die Diskrepanz ist offenkundig: Im Juni in Stuttgart traten diejenigen Vertreter der Nationalstaatsbewegung auf, die meinten, mit dem Zusammentritt der Nationalversammlung gut ein Jahr zuvor sei die Alleinkompetenz zur Neuregelung der deutschen Verfassungsverhältnisse auf sie übergegangen, und im Mai in Frankfurt jene, die sich frustriert aus einem Parlament zurückzogen, das aus ihrer Sicht mit seiner Vermittlungsmission an der Unnachgiebigkeit der mächtigen Fürsten und dem Übereifer des linken Flügels der Nationalstaatsbewegung gescheitert war. Es drängt sich die Frage auf, warum nach mehr als einem Jahr ihrer Existenz so unterschiedliche Auffassungen über Kompetenzen und Aufgaben der Nationalversammlung bestehen konnten. Hatte man bei ihrer Einberufung und Konstituierung versäumt, Klarheit zu schaffen, oder wurde die Frage, ob es sich um eine verfassunggebende, eine verfassungsvereinbarende oder nur Verfassungsvorschläge unterbreitende Versammlung handele, vielleicht sogar bewusst offengelassen? Diesen Fragen soll im Folgenden nachgegangen werden im Blick auf die Vor- und Konstituierungsgeschichte der deutschen Nationalversammlung bis zum Juni 1848. Das wird in drei Schritten erfolgen: Zunächst ist der Blick auf die Monate März und April und die Weichenstellungen für das Nationalparlament zu richten. Danach sollen einige wichtige Entscheidungen des Parlaments im Mai und im Juni beleuchtet werden, und drittens ist aufzuzeigen, welche Rolle die unterschiedlichen Auffassungen über die Kompetenzen des Parlaments in den Programmen der Fraktionen spielten, die sich im Sommer formierten.

Von der Heidelberger Versammlung zum Vorparlament

Die Einrichtung einer deutschen Nationalvertretung war eines der vier zentralen Anliegen der Märzrevolution in ganz Deutschland, der sogenannten Märzforderungen.[4] Anders als die drei übrigen Forderungen war sie nicht leicht zu erfüllen, da es nicht in der Macht der einzelnen Fürsten stand, eine schnelle Lösung herbeizuführen. Sie konnten zwar in ihren Ländern die Pressefreiheit einführen, die Bildung von Bürgerwehren zulassen und den Weg zu einer Justizreform mit der Einrichtung von Schwurgerichten eröffnen; die Reform der Bundesverfassung erwies sich dagegen als ein kompliziertes Problem. Dabei war die Hauptfrage

zunächst, wer die nötige Kompetenz besaß, um den Zusammentritt einer Nationalversammlung zu ermöglichen. Dem Bundestag, der dazu verfassungsrechtlich befugt gewesen wäre, sprachen weite Teile der Opposition diese Kompetenz ab, da er als Instrument der Repressionspolitik der vergangenen Jahrzehnte diskreditiert war. Ein Vertrauensvorschuss, wie ihn einzelne Fürsten trotz ihrer Unpopularität im März 1848 von der Opposition erhielten, um gesetzliche Reformen in ihren Ländern auf den Weg zu bringen, wurde dem Bundestag nicht zuteil.

Dies kam deutlich zum Ausdruck bei der Heidelberger Versammlung am 5. März 1848, die den ersten Schritt auf dem Weg zum Zusammentritt der Nationalversammlung darstellte.[5] Der Anstoß für diese Versammlung ging von einer kleinen Gruppe südwestdeutscher Liberaler aus, die in Reaktion auf die Nachricht von der Revolution in Paris ein Treffen von oppositionellen Kammerabgeordneten verschiedener deutscher Staaten anberaumten. Zu der Versammlung erschienen überwiegend prominente Oppositionsführer aus Baden, Württemberg, Hessen, der bayrischen Rheinpfalz und aus Rheinpreußen. Obwohl die Versammlung nicht den Anspruch erheben konnte, auch nur annähernd die deutsche National- und Freiheitsbewegung zu repräsentieren, wurde ein weitreichender Beschluss gefasst: nämlich die Einsetzung einer „in allen deutschen Landen nach der Volkszahl gewählten Nationalvertretung [...] sowohl zur Beseitigung der nächsten inneren und äußeren Gefahren, wie zur Entwickelung der Kraft und Blühte deutschen Nationallebens", wie es in der Abschlusserklärung hieß.[6]

Dem Bundestag wollte die Heidelberger Versammlung diese Aufgabe nicht überlassen, da „die traurigsten Erfahrungen über die Wirksamkeit der deutschen Behörde das Vertrauen zu derselben so sehr erschüttert haben, daß eine Ansprache der Bürger an sie die schlimmsten Mißklänge hervorrufen würde". Stattdessen verständigte man sich darauf, die einzelnen Regierungen „auf das Dringendste anzugehen", zum Zusammentritt einer Nationalvertretung

Hotel Badischer Hof, Tagungsort der Heidelberger Versammlung am 5. März 1848

beizutragen. Da aber offenkundig das Vertrauen in die Bereitschaft der Regierungen, dies tatsächlich zu tun, nicht sehr groß war, unternahm man in Heidelberg selbst den ersten Schritt und setzte einen siebenköpfigen Ausschuss ein, der „baldmöglichst eine vollständigere Versammlung von Männern des Vertrauens aller deutschen Volksstämme" einberufen sollte, „um diese wichtige Angelegenheit weiter zu beraten und dem Vaterlande wie den Regierungen ihre Mitwirkung anzubieten".[7] Der Weg, der auf der Heidelberger Versammlung beschritten wurde, war also ein halbrevolutionärer, indem man in eigener Initiative die Einberufung des Vorparlaments betrieb, das die Entscheidungen über die Wahlen zu einer Nationalversammlung treffen sollte, indem aber gleichzeitig die Möglichkeit der Kooperation mit den Regierungen angedeutet wurde.

Die Regierungen der Einzelstaaten ließen der Nationalbewegung in den folgenden Wochen freie Hand bei den Vorbereitungen des Vorparlaments, dem die weiteren Schritte obliegen sollten, und auch der Bundestag intervenierte nicht. Stattdessen versuchte er, die politische Unzufriedenheit einzudämmen, und ergriff selbst die Initiative zu einer Bundesreform: Am 10. März setzte er einen Ausschuss ein, der einen Verfassungsentwurf ausarbeiten sollte.[8] Analog zu der Stimmenverteilung im Engeren Rat des Bundestags bestand dieser Ausschuss aus 17 Mitgliedern, die von den berechtigten Staaten ernannt wurden. Da die Ernennungen unter dem Eindruck der Märzrevolution erfolgten, versammelte sich in diesem Siebzehnerausschuss ein Teil der liberalen politischen Elite Deutschlands: Ludwig Uhland für Württemberg, Friedrich Christoph Dahlmann für Preußen, Sylvester Jordan für Kurhessen, Friedrich Daniel Bassermann für Baden, Gustav Droysen für Holstein und Georg Gottfried Gervinus für die Freien Städte.

Sitzung des Vorparlaments in der Paulskirche

In dieser Zusammensetzung schien der Siebzehnerausschuss tatsächlich befähigt, einen Verfassungsentwurf auszuarbeiten, der auf breite Zustimmung in der National- und Freiheitsbewegung treffen würde; gleichwohl waren die Perspektiven für seine Arbeit ungünstig, da er sich erst Anfang April konstituierte, als im Vorparlament bereits die Entscheidung gefallen war, eine Nationalversammlung zu wählen. Als der Entwurf des Siebzehnerausschusses fertigge-stellt und der Öffentlichkeit präsentiert wurde, konnte er keine Wirkung mehr entfalten, da er als der Versuch des Bundes erschien, eigenmächtige Verfassungspolitik zu betreiben. Mit dem Anspruch der National- und Freiheitsbewegung, die Verfassung durch ein deutsches Parlament ausarbeiten zu lassen, vermochte der Entwurf des Siebzehnerausschusses nicht zu konkurrieren; er blieb deshalb Makulatur. Auch eine frühzeitige Verständigung auf das Prinzip der Verfassungsvereinbarung – denn darauf wäre das weitere Prozedere des Umgangs mit diesem Verfassungsentwurf wohl hinausgelaufen – misslang damit.

Für den weiteren Gang der Ereignisse wichtiger als die Selbstbehauptungsbemühungen des Bundestags waren die Beschlüsse des Vorparlaments, das am 30. März 1848 in der Frankfurter Paulskirche zusammentrat. Der auf der Heidelberger Versammlung eingesetzte Ausschuss hatte dorthin „alle früheren und gegenwärtigen Ständemitglieder und Theilnehmer an gesetzgebenden Versammlungen in allen deutschen Landen" eingeladen, ferner eine „bestimmte Anzahl anderer durch das Vertrauen des deutschen Volkes ausgezeichneter Männer, die bisher nicht Ständemitglieder waren".[9] Immerhin 574 Volksvertreter und politische Honoratioren kamen dieser Aufforderung nach; gleichwohl konnte das Vorparlament nur mit Einschränkungen beanspruchen, ein repräsentatives Organ zu sein: Zwar waren alle deutschen Länder vertreten, aber die regionale Verteilung war sehr ungleichmäßig.

Die Verhandlungen des Vorparlaments verliefen überaus kontrovers, weil man zunächst Klarheit über die eigenen Aufgaben schaffen musste. Der in Heidelberg eingesetzte Ausschuss wollte dem Vorparlament nicht nur die Vorbereitung der Wahlen zur Nationalversammlung übertragen, sondern hatte außerdem noch ein knappes Bundesreformprogramm aufgestellt, das die Grundlage für eine erste Verständigung über die zentralen Elemente der neu zu schaffenden Verfassung darstellen sollte. Diesem stellte Gustav Struve für die radikale Linke 15 Forderungen gegenüber, die von der Aufhebung der stehenden Heere über die Trennung von Staat und Kirche bis zur „Ausgleichung des Mißverhältnisses von Arbeit und Kapital" fast sämtliche Fragen berührten, die geeignet waren, zu einem tiefen Zerwürfnis zwischen den radikalen und den gemäßigten Teilnehmern des Vorparlaments zu führen.[10] Struves Antrag verursachte hitzige Diskussionen, die den Graben zwischen der gemäßigten Mehrheit und der radikalen Minderheit im Vorparlament vertieften

und dazu führten, dass die Versuche einer Verständigung über die Grundzüge der neuen politischen Ordnung unter Hinweis auf die beschränkte Kompetenz des Vorparlaments abgebrochen wurden.

Man wollte der Arbeit der Nationalversammlung nicht vorgreifen und konzentrierte sich auf die Probleme, die in direktem Zusammenhang mit der Einberufung der Nationalversammlung standen. Nachdem der Streit um Monarchie und Republik auf diese Weise beiseitegeschoben worden war, erfolgte die Einigung über die Modalitäten der Wahlen zur Nationalversammlung schnell: Nach den Vorgaben des Vorparlaments sollte das Wahlrecht allgemein sein; allerdings wurde die Wahlberechtigung an das einschränkende Merkmal der Selbständigkeit geknüpft. Handlungsspielräume beließ das Vorparlament den Einzelstaaten, indem es sich zwar grundsätzlich für die direkte Wahl aussprach, aber in nicht näher bestimmten Ausnahmefällen auch das indirekte Wahlverfahren erlaubte.[11]

Mit den Beschlüssen über die Wahlberechtigung und das Wahlverfahren war die Arbeit des Vorparlaments noch nicht erledigt, weil in Hinblick auf die Einberufung der Nationalversammlung noch weitere Probleme zu klären waren, die jeweils erneut heftige Kontroversen zwischen den beiden Flügeln hervorriefen. Zum einen war unklar, inwiefern der Bundestag an der Durchführung der Wahlen zu beteiligen sei. Ihn nicht vollständig auszuschließen, schien vor allem deshalb geboten, weil es kaum in der Macht der Freiheits- und Nationalbewegung stand, die Fürsten und ihre Regierungen zu zwingen, die Wahlen in den Einzelstaaten tatsächlich durchzuführen. Die Mitwirkung des Bundestags konnte der Renitenz reaktionärer Kräfte vielleicht vorbeugen. Das derart motivierte Interesse an einer Kooperation mit dem Bundestag kollidierte allerdings mit dessen nachhaltiger Diskreditierung in der Öffentlichkeit. Zwar hatte der Bundestag inzwischen Anstrengungen unternommen, sein Image zu verbessern; gleichwohl bestand noch erhebliches Misstrauen, das in einem Antrag des linken Abgeordneten Franz Zitz im Vorparlament zum Ausdruck kam:

Alle Bundestagsgesandten sollten entfernt werden, die an der Repressionspolitik der Vorjahre mitgewirkt hatten, bevor der Bundestag die Gründung einer konstituierenden Versammlung in die Hand nehme. Das Wort „bevor" in diesem Antrag bedeutete ein Ultimatum an den Bundestag, das ein großes Konfliktpotential barg, da kaum zu erwarten war, dass auf die Forderung des Vorparlaments hin eine „Säuberung" des Personals des Bundestags erfolgen würde, die ein öffentliches Schuldbekenntnis bedeutet hätte. Der vorgezeichneten Konfrontation mit dem Bundestag ging die gemäßigte Mehrheit des Vorparlaments dadurch aus dem Weg, dass sie in dem Antrag das Wort „bevor" durch ein „indem" ersetzte, so dass der Bundestag nun seinen Willen zu einem politischen Bruch mit der Vergangenheit demonstrieren konnte, indem er die Einberufung eines deutschen Parlaments nach den vom Vorparlament aufgestellten Prämissen betrieb.[12]

Das Verhältnis der Freiheits- und Nationalbewegung zum Bundestag wurde auch durch einen zweiten Antrag der Linken berührt, der auf die Permanenz des Vorparlaments zielte: Es sollte bis zur Zusammenkunft der Nationalversammlung weiter tagen und bis dahin die Funktion eines provisorischen Nationalparlaments übernehmen mit dem unausgesprochenen Anspruch, anstelle des Bundestags als oberstes politisches Gremium zu fungieren. Mit der Ablehnung dieses Antrags durch die gemäßigte Mehrheit, die die Arbeit des Vorparlaments als abgeschlossen betrachtete und den Radikalen kein Forum für die weitere Erörterung ihrer politischen Fernziele bieten wollte, anerkannte das Vorparlament stillschweigend den vorläufigen Fortbestand des Bundestags. Trotz seines beschädigten Ansehens erschien er den Liberalen noch als nützlich, da auf diese Weise die grundlegenden Veränderungen, die bevorstanden, als gesetzliche Reformen in Übereinstimmung mit den Vertretern der alten Ordnung präsentiert werden konnten. In einem gewissen Widerspruch zu diesem lavierenden Verhalten des Vorparlaments stand sein Beschluss über die Kompetenzen des künftigen Nationalparlaments. Diesem

nämlich sei „die Beschlußnahme über die künftige Verfassung Deutschlands einzig und allein zu überlassen" – an eine bloße Ausarbeitung eines Verfassungsentwurfs oder an eine Verfassungsvereinbarung dachte das Vorparlament in diesem – allerdings rein deklamatorischen – Akt also nicht, sondern an eine verfassunggebende Alleinkompetenz.[13]

Zusammentritt und erste Beschlüsse der Nationalversammlung

Als die Nationalversammlung am 18. Mai 1848 – noch nicht in voller Besetzung, da mancherorts die Wahlen noch nicht abgeschlossen waren – zu ihrer ersten Sitzung zusammentrat, war ihre Aufgabe klar, nämlich eine Verfassung für Deutschland auszuarbeiten. Wie weit ihre Kompetenzen reichen sollten, gerade auch in Hinblick auf die Frage, ob die von ihr auszuarbeitende Verfassung automatisch in Kraft treten würde oder ob es einer Verständigung hierüber – mit wem auch immer – bedürfe, blieb dagegen in der Schwebe; jedenfalls wurde eine Grundsatzdebatte darüber zunächst nicht geführt. Dieser Frage erst einmal konsequent auszuweichen, war indes nicht möglich, denn wann immer in Debatten das Verhältnis der Nationalversammlung zum Bundestag oder zu den einzelstaatlichen Regierungen berührt wurde, konnten Konflikte auch über das institutionelle Selbstverständnis und die eigenen Kompetenzen ausbrechen. Dies zeigte sich bereits bei der Eröffnungssitzung, als der Alterspräsident Friedrich Lang ein Begrüßungsschreiben des Bundestags an die Nationalversammlung verlas und den Abgeordneten vorschlug, ein entsprechendes Erwiderungsschreiben aufzusetzen.[14] Damit kam ein Thema auf die Tagesordnung, das sich schon im Vorparlament als überaus problematisch erwiesen hatte: nämlich das Verhältnis derer, die sich berufen fühlten, eine neue politische Ordnung zu schaffen, zu den fortbestehenden Organen der alten politischen Ordnung. Ob man dem Bundestag überhaupt antworten und ihn durch einen solchen Schritt vielleicht auf-

Heinrich von Gagern, nach einer Zeichnung von Johann Heinrich Hasselhorst, ca. 1850

werten oder man seine Begrüßungsadresse als überflüssigen Anbiederungsversuch ignorieren sollte, war ebenso strittig wie das weitere Prozedere. Zwar hatte der Fünfzigerausschuss des Vorparlaments eine vorläufige Geschäftsordnung für die Nationalversammlung ausgearbeitet, aber diese musste erst noch in Kraft gesetzt werden. So verlief die erste Sitzung tumultartig, und erst am zweiten Tag glätteten sich die Wogen, als Heinrich von Gagern zum Präsidenten der Nationalversammlung gewählt wurde.

Der prominente hessische Liberale berührte in seiner Rede nach der Wahl auch das Problem der Kompetenzen der Nationalversammlung: „Wir haben die größte Aufgabe zu erfüllen. Wir sollen schaffen eine Verfassung für Deutschland, für das gesamte Reich. Der Beruf und die Vollmacht zu dieser Schaffung, sie liegen in der Souveränität der Nation. Den Beruf und die Vollmacht, dieses Verfassungswerk zu schaffen, hat die Schwierigkeit in unsere Hände gelegt, um nicht zu sagen die Unmöglichkeit, daß es auf anderem Wege zu Stande kommen könnte. Die Schwierigkeit, eine Verständigung unter den Regierungen zu Stande zu bringen, hat das Vorparlament richtig vorgefühlt und uns den Charakter einer verfassunggebenden Versammlung vindiciert." Dies erscheint auf den ersten Blick wie ein klares Bekenntnis zur verfassunggebenden Alleinkompetenz der Nationalversammlung, die allerdings keine Selbstzuschreibung war, sondern eine Verpflichtung durch das Vorparlament. Auch fuhr von Gagern fort: „Deutschland will Eins sein, ein Reich, regiert vom Willen des Volkes, unter Mitwirkung aller seiner Gliederungen: diese Mitwirkung auch der Staatenregierungen zu erwirken, liegt mit im Beruf dieser Versammlung."[15]

Wie schwierig die Verständigung mit den Regierungen der Einzelstaaten werden könnte, zeigte kurz darauf die erste große Sachkontroverse in der Paulskirche. Ihr Ausgangspunkt war der Umstand, dass in Berlin am 22. Mai die preußische Nationalversammlung zusammentreten sollte. Nach dem Willen der preußischen Regierung sollten Abgeordnete, die sowohl ins Frankfurter als auch ins Berliner Parlament gewählt worden waren, nur eines der Mandate annehmen dürfen. Gegen die entsprechende Verordnung der preußischen Regierung erhob sich in der Paulskirche Protest. Der Kölner Abgeordnete Franz Raveaux stellte den Antrag, das Recht auf ein doppeltes Mandat festzustellen, da diesem Problem grundsätzliche Bedeutung zukomme: Das Werk der Frankfurter Nationalversammlung habe eindeutig Priorität vor der Arbeit der Landtage oder verfassunggebenden Versammlungen in den Einzelstaaten; deshalb dürfe es nicht geduldet werden, dass eine Regierung versuche, sich in die Angelegenheiten der Paulskirche einzumischen und Druck auf ihre Abgeordneten auszuüben. Als der Antrag Raveaux' am 22. Mai im Plenum beraten wurde, wandelte sich der Konflikt vollends ins Prinzipielle zu einem Streit um Zentralismus und Föderalismus in Deutschland. Weitreichende Zusatzanträge forderten zum Beispiel die Verschiebung der Verfassungsberatungen in den Einzelstaaten bis zum Abschluss des Frankfurter Verfassungswerks, da man sonst riskiere, dass in Preußen oder anderswo eine Reformpolitik durchgeführt werde, die den Grundsätzen der zukünftigen Nationalverfassung nicht entspreche.[16]

Die Bedeutung der einwöchigen Debatten, die durch den Antrag Raveaux' verursacht wurden, lag darin, dass sie die politischen Konturen innerhalb der Paulskirche sichtbar machten: das Profil der republikanischen Linken, die einen unitarischen Einheitsstaat anstrebte und keinerlei Rücksicht auf die Situation in den einzelnen Ländern nahm; das Profil der konservativen Rechten, die die föderale Struktur Deutschlands erhalten wissen wollte und das Recht der Nationalversammlung verneinte, den einzelstaatlichen Regierungen Vorschriften zu machen; schließlich das Profil des liberalen Zentrums, das einen offenen Konflikt mit den einzelstaatlichen Regierungen scheute, ohne den Anspruch auf die Vorrangstellung der Nationalversammlung aufzugeben. Dieser Taktik folgte auch der Beschluss, den das Plenum in der Paulskirche nach zähem Ringen um den Antrag Raveaux' fasste: „Die deutsche Nationalversammlung, als das aus dem Willen und den Wahlen der deutschen Nation hervorgegangene Organ zur Begründung der Einheit und politischen Freiheit Deutschlands, erklärt, daß alle Bestimmungen einzelner deutscher Verfassungen, welche mit dem von ihr zu gründenden allgemeinen Verfassungswerke nicht übereinstimmen, nur nach Maßgabe des letzteren als gültig zu betrachten sind, – ihrer bis dahin bestandenen Wirksamkeit unbeschadet."[17] Dies bedeutete, dass die einzelstaatlichen Verfassungsreformen mit Billigung der Nationalversammlung in Angriff genommen werden konnten, allerdings unter dem Vorbehalt einer nachträglichen Revision nach Maßgabe der Nationalverfassung, über deren Zustandekommen sich der Beschluss jedoch nicht eindeutig äußerte. Die Nationalversammlung sollte diese Verfassung begründen – ob es auch in ihrer Kompetenz stand, sie eigenständig in Kraft zu setzen, wurde nicht gesagt. Nicht zuletzt wegen dieser Kompromissformulierung fand der Antrag auch eine breite Mehrheit.

Nachdem in den Debatten über den Antrag Raveaux' deutlich geworden war, dass die Nationalversammlung Ansprüche gegenüber den Einzelstaaten erhob, drängte sich die Frage auf, wie sie diese Ansprüche durchsetzen sollte. Anfang Juni gingen mehrere Anträge auf Einsetzung einer Provisorischen Zentralgewalt ein, die bis zum Inkrafttreten der neuen Verfassung die Reichspolitik leiten und an die Stelle des Bundestags treten sollte. Zur Vorberatung dieser Anträge wurde am 3. Juni ein Ausschuss eingesetzt, der zwei Wochen später dem Plenum einen Gesetzesentwurf präsentierte, der ein Bundesdirektorium als Übergangsexekutive vorsah. Dieses Direktorium sollte aus drei Männern bestehen, die von den Regierungen der Einzelstaaten zu benennen waren – jeweils einer von Österreich und Preußen, der dritte von den übrigen deutschen Staaten. An der Besetzung des Direktoriums sollte die Nationalversammlung nur insofern beteiligt werden, als sie ein Zustimmungsrecht besaß, das heißt, sie konnte missliebige Kandidaten ablehnen.[18]

Die Hauptaufgaben des Bundesdirektoriums sollten nach dem Willen des Ausschusses die Leitung des Militärwesens und die völkerrechtliche Vertretung Deutschlands sein. Die Ausübung der Regierungsgewalt wurde einem Ministerium übertragen, das der Nationalversammlung verantwortlich war. Lediglich zwei Ausschussmitglieder – die Demokraten Robert Blum und Wilhelm Adolph von Trützschler – hatten diesen Vorschlag nicht gebilligt und stattdessen die Einsetzung eines nationalen Vollziehungsausschusses gefordert, der von der Nationalversammlung aus den eigenen Reihen gewählt werden sollte und der, anders als das von der Mehrheit favorisierte Direktorium, von der Nationalversammlung auch wieder abgesetzt werden konnte.[19] Versucht man diese Modelle den divergierenden Grundauffassungen über die Kompetenzen der Nationalversammlung zuzuordnen, so dachte die liberale Ausschussmehrheit offenkundig an das Vereinbarungsprinzip, während das linke Minderheitsvotum die Alleinentscheidungskompetenz zur Geltung bringen wollte.

Im Plenum wurde weder der Vorschlag der Ausschussmehrheit gebilligt noch das alternative Modell der beiden Demokraten. Gegen den Direktoriumsplan wurden Vorbehalte laut, weil eine kollektive Leitung der Zentralgewalt die Gefahr einer politischen Lähmung barg; statt dreier Direktoren favorisierte die Mehrheit der Abgeordneten eine einheitliche Spitze. Außerdem schien der Ausschussantrag die Machtansprüche der Nationalversammlung nicht gebührend zu berücksichtigen, da er ihr lediglich ein Vetorecht bei der Besetzung des Direktoriums einräumte. Die Wahl eines Präsidenten aus den Reihen der Paulskirche war für die Mehrheit ebenfalls nicht akzeptabel, weil sie einer Vorentscheidung für die definitive Einrichtung einer republikanischen Ordnung in Deutschland gleichgekommen wäre. In den einwöchigen, äußerst kontroversen Beratungen wurden verschiedene andere Modelle erörtert und verworfen. Der Schlagabtausch fand ein Ende, als Heinrich von Gagern am 24. Juni in einer berühmt gewordenen Rede einen Kompromissvorschlag vorbrachte. Er plädierte dafür, die Provisorische Zentralgewalt einem Reichsverweser zu übertragen, der von der Nationalversammlung frei zu wählen war.[20]

Damit kam von Gagern den Vorstellungen der Linken insofern entgegen, als der Souveränitätsanspruch der Nationalversammlung gewahrt blieb. Er wollte sich sowohl über den Bundestag als auch über die einzelstaatlichen Regierungen hinwegsetzen und tat damit einen „kühnen Griff", wie er selbst diesen Vorschlag nannte. Andererseits sollte das Amt des Reichsverwesers mit dem österreichischen Erzherzog Johann einem Fürsten übertragen werden, womit von Gagern

die gemäßigten Liberalen und die Konservativen zu beschwichtigen wusste, die auf diese Weise die Wahl der Provisorischen Zentralgewalt durch die Nationalversammlung nicht als Präjudiz einer republikanischen Neuordnung betrachten mussten. Auf diese Weise gelang die Einrichtung der Provisorischen Zentralgewalt trotz der vorangegangenen Kontroversen mit sehr breiter Mehrheit: mit 450 gegen 100 Stimmen.[21] Neben den Demokraten lehnten auch einige Konservative die Einsetzung des Reichsverwesers ab, da sie ein förmliches Einverständnis der einzelstaatlichen Regierungen für unentbehrlich hielten, also explizit das Vereinbarungsprinzip zur Geltung bringen wollten.

Mit dem Beschluss über die Errichtung einer Provisorischen Zentralgewalt vom 28. Juni 1848 übertrug die Nationalversammlung dem Reichsverweser die vollziehende Gewalt „in allen Angelegenheiten, welche die allgemeine Sicherheit und Wohlfahrt des deutschen Bundesstaates betreffen; die Oberleitung der gesammten bewaffneten Macht" sowie „die völkerrechtliche und handelspolitische Vertretung Deutschlands".[22] Über Krieg und Frieden mussten Nationalversammlung und Reichsverweser gemeinsam entscheiden, ebenso über Verträge mit auswärtigen Mächten. Auf die Verfassungsarbeit der Nationalversammlung sollte er dagegen keinerlei Einfluss nehmen dürfen. Wie das Verhältnis der Zentralgewalt zu den Einzelstaaten beschaffen sein sollte, blieb offen, denn der entsprechende Artikel 14 des Gesetzes war interpretationsfähig: „Die Zentralgewalt hat sich in Beziehung auf die Vollziehungsmaßregeln, soweit tunlich, mit den Bevollmächtigten der Landesregierungen in's Einvernehmen zu setzen". Mit dem Bundestag hingegen konnte es in Zukunft keine Kompetenzstreitigkeiten geben, denn Artikel 13 des Gesetzes bestimmte lapidar: „Mit dem Eintritte der Wirksamkeit der provisorischen Zentralgewalt hört das Bestehen des Bundestages auf."[23]

Die Verabschiedung des Gesetzes und die am nächsten Tag mit großer Mehrheit erfolgte Wahl Erzherzog Johanns zum Reichsverweser waren der Höhe-

Feierlicher Einzug des Reichsverwesers Erzherzog Johann in Frankfurt am Main, 11. Juli 1848

punkt in der Anfangsphase der Tätigkeit der Nationalversammlung. Sie hatte ihre Fähigkeit zum Kompromiss bewiesen und schien sich gegen die Kräfte der alten Ordnung behaupten zu können, so dass die Aussichten für die künftige Arbeit weithin als günstig empfunden wurden. Ihren symbolischen Ausdruck fanden die hohen Erwartungen in den Feierlichkeiten anlässlich des Einzugs Erzherzog Johanns in Frankfurt am 11. Juli.[24] Die Bewahrung positiver Zukunftserwartungen gelang allerdings nur, so wird man die ersten Wochen der Parlamentsarbeit bilanzieren dürfen, um den Preis der weiteren Unklarheit über die eigenen Kompetenzen. Dass die Frage, wie denn die künftige Verfassung dereinst in Wirksamkeit treten solle, weiterhin offengehalten wurde, war wohl vor allem das Verdienst – oder vielleicht auch das Verschulden – des Parlamentspräsidenten Heinrich von Gagern, dessen Fähigkeit zur Konstruktion von Kompromissformeln der Nationalversammlung über einige Klippen hinweggeholfen hatte und auch in den Folgemonaten noch über weitere hinweghelfen sollte.

Die Fraktionen der Paulskirche

Auch wenn prinzipielle Festlegungen über die Kompetenzen der Nationalversammlung durch sie selbst unterblieben, versuchten doch die Fraktionen, sich in dieser Grundsatzfrage intern zu verständigen. Als die Abgeordneten der Nationalversammlung am 18. Mai 1848 in der Frankfurter Paulskirche zusammengetreten waren, hatten diese Fraktionen noch nicht existiert. Zwar hatte sich schon in den Beratungen des Vorparlaments gezeigt, dass zwischen den radikalen Demokraten und den gemäßigten Liberalen ein tiefer Graben klaffte; aber die Formierung von festen Gruppen innerhalb des Parlaments, die gemeinsamen politischen Programmen verpflichtet waren und sich vorab über die Nominierung von Rednern und über das Abstimmungsverhalten verständigten, erfolgte erst im Laufe der politischen Arbeit der Paulskirche. Innerhalb weniger Wochen führten die ersten Grundsatzentscheidungen zu einer deutlicheren Lagerbildung in der Paulskirche, die organisatorisch in einem weitgreifenden Fraktionswesen Niederschlag fand.[25]

Den rechten Rand des politischen Spektrums markierte die Fraktion „Café Milani", in der sich vor allem preußische, österreichische und bayrische Konservative versammelten. Konservativ bedeutete allerdings nicht, dass sie den politischen Status quo des Vormärz aufrechterhalten wollten; vielmehr bekannten sie sich in ihrem Fraktionsprogramm vom 4. Juni 1848 zur Einführung konstitutioneller Ordnungen in allen Einzelstaaten, in denen den Monarchen die „Befugnis und die Mittel" genommen werden sollten, „Willkür zu üben", ohne ihnen jedoch die Kraft zu verwehren, „die rechtliche Ordnung und hierin die wahre Freiheit zu schützen". Dieses Plädoyer für eine starke Monarchie auf der Grundlage des Verfassungsstaates ging mit der nationalpolitischen Forderung einher, „die Einheit ins Leben zu rufen, ohne die berechtigten und tiefwurzelnden Existenzen seiner Glieder zu vernichten". Weit weniger deutlich als mit diesem föderalistischen Bekenntnis äußerten sich die Mitglieder des „Café Milani" dazu, wer zukünftig die Geschicke des Bundesstaates lenken sollte. In ihrem Gründungsprogramm erklärten sie die Frage, welche nähere Gestalt die Zentralgewalt im deutschen Bundesstaat erhalten solle, für zunächst offen, da über deren „zweckmäßigste Lösung sehr verschiedenartige Ansichten zulässig" seien.[26]

Einig waren die Mitglieder des „Café Milani" dagegen in Hinblick auf die Kompetenzen der Nationalversammlung, die nach ihrer Auffassung im Wesentlichen auf die Ausarbeitung einer Verfassung beschränkt sein sollten. „Zweck und Aufgabe der Nationalversammlung ist die Gründung der deutschen Verfassung", hieß es in einem zweiten Programm des „Café Milani" im September 1848, und weiter: „Dieselbe kann nur durch Vereinbarung mit den Regierungen der deutschen Einzelstaaten für diese rechtsgültig zustande kommen. Die Zustimmung der Einzelstaaten kann ausdrücklich oder stillschweigend erfolgen."[27]

Man erhob somit gar nicht den Anspruch auf eine verfassunggebende Alleinkompetenz der Nationalversammlung, sondern beabsichtigte, nach Abschluss der Verfassungsarbeit um die Zustimmung der einzelstaatlichen Regierungen nachzusuchen.

Die mit Abstand stärkste Fraktion war im rechten Zentrum der Paulskirche das „Casino", dem zeitweise mehr als ein Fünftel der Abgeordneten angehörte, während die übrigen Fraktionen jeweils deutlich weniger als zehn Prozent umfassten. Besonderes Gewicht gewann das „Casino" außerdem dadurch, dass bei der kurz nach der Eröffnung der Nationalversammlung erfolgten Wahl des Verfassungsausschusses, als die Fraktionsbildung gerade erst begonnen hatte, sehr viele seiner Mitglieder berücksichtigt wurden: Dieser wichtigste Ausschuss der Paulskirche bestand zur Hälfte aus Angehörigen des „Casino". Das im Juni 1848 aufgestellte Programm, das die Grundlage der Fraktionsbildung darstellte, war recht detailliert und beinhaltete als Leitgedanken die konstitutionelle Monarchie, die sowohl in den Einzelstaaten als auch auf Bundesebene fest verankert werden sollte, da sie am besten geeignet sei, die Freiheit des Einzelnen zu sichern. Im Vergleich mit der konservativen Rechten im „Café Milani" war das „Casino" weniger föderalistisch und forderte die Einsetzung einer starken Zentralgewalt, allerdings ohne Festlegung auf ein erbliches Reichsoberhaupt.

Ein gravierendes Problem, dem man lange auswich, stellte für die gemäßigten Liberalen der „Casino"-Fraktion die Frage dar, wie weit die Kompetenzen der Frankfurter Nationalversammlung reichten und auf welche Art die Regierungen der Einzelstaaten an der Verfassungsgebung beteiligt sein sollten. Anders als das „Café Milani" bekannte sich das „Casino" nicht offen zum Vereinbarungsprinzip; andererseits wurde für die Nationalversammlung aber auch nicht die verfassunggebende Alleinkompetenz beansprucht: „Wir wollen", schrieb der Historiker Johann Gustav Droysen Ende Mai 1848 im Einladungsschreiben zur Fraktionsgründung, „nicht den Einzelregierungen die Schwierigkei-

ten häufen und durch Mißtrauen zwingen, daß sie sich auf Gnade und Ungnade ergeben, – sondern wir, bisher Opposition, jetzt Sieger, wollen auferbauen und mit dem guten Willen der Regierenden und Regierten, mit deren möglichst guter Haltung und Ordnung ein überwölbendes neues Werk schaffen".[28] Auch das Gründungsprogramm ließ die zentrale Frage, wie die Verfassung zustande kommen solle, offen und behalf sich mit der interpretationsfähigen Aussage: „Die neue Verfassung wird nach möglichster Berücksichtigung aller Wünsche und Einwendungen der darüber zu befragenden Staaten festgestellt."[29] Zumindest einigen Regierungen sollte also das Recht zugestanden werden, die neue Verfassung zu begutachten und Einwände vorzubringen, die von der Nationalversammlung möglichst weitgehend berücksichtigt werden sollten. Der Entscheidung über den letzten Beschluss wich die Formulierung, die Verfassung werde festgestellt, aber aus.

Am linken Rand der liberalen Mitte stand die Fraktion „Württemberger Hof", deren Mitglieder wie die „Casino"-Liberalen den Fortbestand der Monarchien in den Einzelstaaten anstrebten und auch auf Bundesebene eine monarchische Ordnung etablieren wollten, die allerdings nicht konstitutionell, sondern demokratisch fundiert sein sollte: Das Reichsoberhaupt sollte auf wenige exekutive Funktionen beschränkt werden und auf die Gesetzgebung allenfalls noch mit einem aufschiebenden Veto einwirken können. Die Regierung sollte dem Parlament verantwortlich sein, das auf der Grundlage des allgemeinen Wahlrechts zu bilden war. Ein gewichtiger Unterschied zwischen dem linken und dem rechten Zentrum der Paulskirche zeigte sich in der Frage nach den Kompetenzen der Nationalversammlung, denn der „Württemberger Hof" legte sich im Gegensatz zum „Casino" programmatisch fest: „Wir wollen, daß der verfassunggebende deutsche Reichstag selbständig die allgemeine deutsche Verfassung gründe. Wir verwerfen somit die Ansicht, daß der Reichstag in dieser Beziehung auf dem Boden des Vertrags mit den Regierungen – als Orga-

Abgeordnete der Casino-Fraktion der deutschen Nationalversammlung, 1848

nen der einzelnen deutschen Staaten – stehe." Nur eine kleine Aufweichung dieses klaren Standpunkts bedeutete der Zusatz: „Wir erachten hierdurch eine Berücksichtigung der von den gedachten Regierungen an den Reichstag gebrachten und von diesem geeignet befundenen Ansichten nicht ausgeschlossen."[30] Mehr als die Prüfung von Änderungswünschen durch die Nationalversammlung wollte man also im „Württemberger Hof" nicht zulassen. Ganz ähnlich positionierte sich in dieser Prinzipienfrage auch die Fraktion „Landsberger Hof", die sich im September 1848 als Rechtsabspaltung des „Württemberger Hofs" for-

mierte und quasi die Mitte zwischen linker und rechter Mitte darstellte. In ihrem Programm hieß es: Man nehme für sich in Anspruch, „die Verfassung des deutschen Bundesstaates selbständig herzustellen und über alle in dieser Beziehung gemachten Vorschläge endgültig zu beschließen".[31]

Während die kleine Mitte und die Linksliberalen sich also prinzipiell zur Alleinkompetenz der Nationalversammlung bekannten und den Einzelstaaten immerhin das Recht zusprachen, mögliche Einwände gegen die künftige Reichsverfassung vorzubringen, bezogen die beiden demokratischen Minderheitsfraktionen eine Position, die für Modifikationen des Allein-entscheidungsrechts keinerlei Spielraum ließ – wie hätte es einen solchen auch geben können, war doch ihr staatspolitisches Ziel die deutsche Republik, die man wohl kaum in Verhandlungen mit den Regierungen der Einzelstaaten, an deren Spitzen Monarchen standen, hätte erreichen können. Die Fraktion „Deutscher Hof", in der sich die gemäßigten Demokraten zusammenschlossen, die in Anerkenntnis der eigenen Minderheitenposition im Parlament das Konzept einer parlamentarischen Monarchie nicht von vornherein ausschlossen, hielten in ihrem Programm von Anfang Juni fest: Wir „wollen, daß die Konstituierung der Verfassung Deutschlands einzig und allein der National-Versammlung überlassen bleibe", und bekräftigten dies nochmals in ihrem Statut vom Oktober: Man wolle „die Feststellung der Reichsverfassung ausschließlich durch die deutsche Nationalversammlung".[32]

Eine Verbindung zu den Linksliberalen, die den Protagonisten des „Deutschen Hofs" durchaus möglich und wünschenswert schien, kam für die radikalen Linken, die sich in der Fraktion „Donnersberg" zusammenschlossen, nicht in Frage. In ihrem Programm vom 31. Mai gingen sie davon aus, dass mit der Eröffnung der Nationalversammlung die einzelnen deutschen Staaten bereits zu einer Föderation zusammengetreten seien. Die Nationalversammlung vereinige deshalb alle Staatsgewalten in sich und sei befugt, die neuen politischen Lebensformen sofort in Wirksamkeit zu setzen. Dies sollte geschehen durch einen Vollziehungsausschuss, bestehend aus einem verantwortlichen Präsidenten und seinem verantwortlichen Ministerium und gewählt durch die Mehrheit der Nationalversammlung aus ihrer Mitte.[33] In einer motivierenden Erklärung zum ersten Parteiprogramm von Anfang Juni verschärfte die Fraktion „Donnersberg" diesen Standpunkt, indem sie alle anderen Möglichkeiten eines zukünftigen Regierungssystems schlichtweg für unrechtmäßig erklärte: „Jede andere Form der Freiheit enthält einen Verstoß der Volkssouveränität. Nur in der frei gewählten Versammlung und in der Regierung, die

aus ihr hervorgeht, kann der unumschränkte Wille des freien Volkes verwirklicht werden. Beschlösse z. B. das souveräne Volk durch seine Vertreter, die hier beisammen sind, seine Einheit, glaubte aber zu dem Zwecke einen erblichen König wählen zu müssen, so wäre das keine Vereinigung des freien Volkes, sondern eine Vereinigung aller Fürstenhüte unter einem Königshut. Aber nicht die Fürsten unter einen Hut zu bringen, ist die Aufgabe; die Aufgabe ist, das Volk zu vereinigen und zwar ohne es zu unterjochen, also das freie Volk, welches jetzt faktisch souverän ist, unverkürzt bei dieser Souveränität zu erhalten. Es wäre ein Verrat an sich selbst, wenn ein Volk in dem Augenblicke, wo es durch Revolution und Anarchie die Souveränität faktisch in der Hand hat, eine lex regia, ein Königsgesetz machte und dadurch die Souveränität an einen König verschenkte."[34] Eines expliziten Bekenntnisses zur Alleinkompetenz des Parlaments in Verfassungsfragen bedurfte es unter diesen Prämissen nicht. Alle Abstriche an diesem Prinzip kamen für die Mitglieder des „Donnersbergs" politischem Verrat an der Nation gleich.

Schluss

Blickt man vom Ende der Revolution im Mai und im Juni 1849 auf die Stellungnahmen der verschiedenen Fraktionen der Paulskirche zu den Kompetenzen der Nationalversammlung aus dem Vorjahr zurück, ergibt sich ein recht klares Bild. Die Position der Linken hat sich nicht verändert. Sie hatte zu Beginn der Arbeit der Nationalverfassung den Standpunkt vertreten, dass es deren Aufgabe sei, das Prinzip der Volkssouveränität zur Geltung zu bringen: das heißt, die Reichsverfassung nicht nur auszuarbeiten, sondern kraft eigenen Rechts in Wirksamkeit zu bringen, und sie hat diesen Anspruch auch nach der Ablehnung der Kaiserkrone durch den preußischen König vertreten. Der wunde Punkt beim Verhalten der Linken in der Endphase der Revolution war also nicht das Beharren auf der verfassunggebenden Alleinkompetenz der Nationalversammlung, sondern das Problem der

MITGLIEDER DER LINKEN DES ERSTEN DEUTSCHEN REICHSTAGS IN FRANKFURT A/M

Mitglieder der Linken

schwindenden Legitimität der Nationalversammlung in ihrer Zerfallsphase seit Mitte Mai 1849. Auf die massenhaften Austritte liberaler und konservativer Abgeordneter reagierte man mit der mehrfachen Herabsetzung des Quorums, um die Beschlussfähigkeit der Nationalversammlung aufrechtzuerhalten, und spätestens mit dem Umzug des Rumpfparlaments nach Stuttgart stellte sich die Frage, ob das verbliebene Viertel der Nationalversammlung sich überhaupt noch auf den Willen des Volkes als Souverän berufen konnte. Hinzu kam das Problem, dass zusehends unklarer wurde, welche Reichsverfassung denn in Kraft gesetzt werden sollte. Das kleindeutsche Erbkai-

sertum, auf das sich die noch vollzählige Nationalversammlung Ende März 1849 in Frankfurt verständigt hatte, war nämlich zu einer Chimäre geworden. Wollte man plakative Urteile aussprechen, so wären die nach Stuttgart übergesiedelten Linken der Nationalversammlung des Hochmuts oder der Besserwisserei zu bezichtigen, nicht aber des Prinzipienverrats.

Ein anderes Bild ergibt sich beim Blick auf die liberalen Paulskirchenabgeordneten, die sich Mitte Mai 1849 zwar nicht klammheimlich, aber doch durch die Hintertür aus der Nationalversammlung zurückzogen. Ihre bei dieser Gelegenheit vorgetragene These, dass die Nationalversammlung mit einer Vermittlungsmission zwischen Volk und Regierungen gescheitert sei, steht in markantem Gegensatz zu den Äußerungen, die aus der Anfangsphase der Revolution auch aus dem liberalen Lager überliefert sind. Das Vorparlament, in dem die Liberalen eine große Mehrheit besaßen, hatte unmissverständlich formuliert, dass „die Beschlußnahme" über die künftige Verfassung „einzig und allein" der Nationalversammlung obliege, und diese Position hatte zum Beispiel Heinrich von Gagern bei seiner Wahl zum Parlamentspräsidenten bekräftigt. Auch in den politischen Programmen, die die liberalen Fraktionen in den folgenden Wochen aufstellten, rückte man von diesem Alleinentscheidungsanspruch nicht grundsätzlich ab, sondern modifizierte ihn nur durch interpretationsoffene Zusätze, denen zufolge Stellungnahmen einzelner Regierungen zu der Verfassung in dieser oder jener Weise Berücksichtigung finden konnten oder sollten. In dieser Perspektive mag der liberale Rückzug vom Mai 1849 wie ein Prinzipienverrat erscheinen, und als solcher wurde er von der Linken wahrgenommen. Die Liberalen selbst rechtfertigten den Schritt mit realpolitischen Einsichten, und in der Tat konnte man ja argumentieren, dass sich durch die Gegenrevolution in Preußen und in Österreich die politischen Verhältnisse grundlegend geändert hatten: Das Festhalten an Prinzipien um ihrer selbst willen war nicht Sache der Liberalen.

Entschuldigungen für diesen – wie man meinen kann – eklatanten Kurswechsel der Liberalen vorzutragen, ist nicht die Aufgabe des Historikers. Eine mögliche Erklärung sei aber abschließend skizziert: nämlich, dass sie in der Anfangsphase der Revolution einer gravierenden Fehleinschätzung der politischen Gesamtsituation unterlagen. Sowohl in der Vorgeschichte der Nationalversammlung als auch in den ersten Wochen ihrer Arbeit war der Nationalbewegung der Bundestag als ihr Hauptantagonist erschienen, und zwar als ein Antagonist, der zu Widerstand nicht in der Lage war – schließlich hatte er die Beschlüsse des Vorparlaments klaglos übernommen und sich selbst aufgelöst, als die Nationalversammlung die Provisorische Zentralgewalt schuf. Dass das größte Hindernis für die Durchsetzung des Alleinentscheidungsanspruchs der Nationalversammlung die großen Einzelstaaten waren, erkannten die Liberalen erst mit Verspätung, als die Provisorische Zentralgewalt ihre ersten Versuche unternahm, eine politische Richtlinienkompetenz gegenüber den Einzelstaaten durchzusetzen: Anfang August 1848, als ein Huldigungserlass, der den Anspruch des Reichsverwesers auf Oberleitung des Militärs zum Ausdruck bringen sollte, in den deutschen Königreichen demonstrativ ignoriert wurde,[35] und noch deutlicher im September, als der Versuch, Preußen im Krieg gegen Dänemark an die Leine der Nationalversammlung zu nehmen, in einem Fiasko endete. Spätestens zu diesem Zeitpunkt ereilte die Liberalen die Angst vor der eigenen früheren Courage und rückten sie stillschweigend von dem Anspruch auf Alleinentscheidungskompetenz ab.

1 Zum Stuttgarter Rumpfparlament und seiner Auflösung vgl. Barbara Weiß, Das Stuttgarter Rumpfparlament 1849. Das Tagebuch von Emil Adolph Roßmäßler und das Selbstverständnis der Abgeordneten, Stuttgart 1999, S. 66–73.

2 Vgl. Veit Valentin, Geschichte der deutschen Revolution von 1848–1849, Bd. 2: Bis zum Ende der Volksbewegung von 1849, ND Weinheim/Berlin 1998, S. 463–469.

3 Stenographischer Bericht über die Verhandlungen der Deutschen Constituirenden Nationalversammlung zu Frankfurt am Main, hg. von Franz Wigard, 10 Bde., Frankfurt am Main/Leipzig 1848–1849, Bd. 9, S. 6697.

4 Vgl. Frank Engehausen, Die Revolution von 1848/49, Paderborn u. a. 2007, S. 25–27.

5 Vgl. Frank Engehausen/Frieder Hepp (Hg.), Auf dem Weg zur Paulskirche. Die Heidelberger Versammlung vom 5. März 1848. Begleitband zu der Ausstellung im Kurpfälzischen Museum der Stadt Heidelberg vom 5. März – 3. Mai 1998, Ubstadt-Weiher 1998.

6 Zit. nach ebd., S. 133.

7 Zit. nach ebd., S. 133 f.

8 Vgl. Ernst Rudolf Huber, Deutsche Verfassungsgeschichte seit 1789, Bd. 2: Der Kampf um Einheit und Freiheit 1830 bis 1850, Stuttgart 1960, S. 767–773.

9 Zit. nach Ernst Rudolf Huber (Hg.), Dokumente zur deutschen Verfassungsgeschichte, Bd. 1: Deutsche Verfassungsdokumente 1803–1850, Stuttgart u. a. 1978, S. 328.

10 Ebd., S. 332–334.

11 Vgl. ebd., S. 335.

12 Vgl. ebd., S. 336.

13 Ebd., S. 334.

14 Stenographischer Bericht (wie Anm. 3), Bd. 1, S. 4.

15 Ebd., S. 17.

16 Vgl. Wilhelm Ribhege, Das Parlament als Nation. Die Frankfurter Nationalversammlung 1848/49, Düsseldorf 1998, S. 28 f.

17 Stenographischer Bericht (wie Anm. 3), Bd. 1, S. 155.

18 Vgl. Ribhege, Parlament (wie Anm. 16), S. 38 f.

19 Vgl. Frank Engehausen, Robert Blum in der Nationalversammlung, in: „Für Freiheit und Fortschritt gab ich alles hin." Robert Blum (1807–1848), Visionär, Demokrat, Revolutionär, hg. vom Bundesarchiv, bearb. von Martina Jesse u. Wolfgang Michalka, Berlin 2006, S. 132–140, hier S. 135 f.

20 Stenographischer Bericht (wie Anm. 3), Bd. 1, S. 520–522.

21 Ebd., S. 616–621.

22 Ebd., S. 621.

23 Ebd., S. 622.

24 Vgl. Ralf Heikaus, Die ersten Monate der provisorischen Zentralgewalt für Deutschland (Juli bis Dezember 1848). Grundlagen der Entstehung – Aufbau und Politik des Reichsministeriums, Frankfurt am Main u. a. 1997, S. 44–47.

25 Vgl. Werner Boldt, Die Anfänge des deutschen Parteiwesens. Fraktionen, politische Vereine und Parteien in der Revolution 1848. Darstellung und Dokumentation, Paderborn 1971, S. 18–25.

26 Ebd., S. 163 f.

27 Zit. nach ebd., S. 164.

28 Zit. nach ebd., S. 171.

29 Zit. nach ebd., S. 168.

30 Zit. nach ebd., S. 181.

31 Zit. nach ebd., S. 173.

32 Zit. nach ebd., S. 184 f.

33 Vgl. ebd., S. 188 f.

34 Zit. nach ebd., S. 190.

35 Vgl. Heikaus, Zentralgewalt (wie Anm. 24), S. 94–105.

Das Ringen um Einigkeit und Recht und Freiheit

Günter Mick

Deutschland eine einheitliche Verfassung mit parlamentarischen Strukturen zu geben, das war die Aufgabe, als die Frankfurter Nationalversammlung am 18. Mai 1848 in der Paulskirche zusammentrat. Festlich geschmückt war das Gebäude, als die Abgeordneten vom Römer aus zur Tagungsstätte gingen. In der Stadt läuteten die Glocken, Kanonendonner hallte über den Römerberg. Die Stadtwehr bildete Spalier, mit begeisterten Vivat-Rufen begleiteten die Zuschauer den Zug, schwarz-rot-goldene Fahnen wehten überall. Alterspräsident Friedrich Lang aus Verden fand ernste Worte, als die Abgeordneten ihre Plätze eingenommen hatten. Von einer Versammlung sprach er, „deren Beruf es ist, ein bedeutendes Stück der Weltgeschichte zu machen, einen Abschnitt in unserer Zeit, der, so Gott will, Segen bringend von der fernsten Zukunft begrüßt wird".[1] Die Parlamentarier erhoben sich, streckten die rechte Hand in die Höhe und riefen dreimal „Die Versammlung ist konstituiert, sie lebe hoch". Stürmischer Beifall von allen Seiten.[2]

Dann brach Chaos aus. Vergebens versuchte Lang, mit seiner Glocke die Abgeordneten zur Ruhe zu bringen. Seine Bemühungen, dem Berliner Freiherrn Friedrich Wilhelm von Reden für einen Antrag Gehör zu verschaffen, gingen im Tumult unter. Professor Franz Wigard aus Dresden packte der Zorn. „Achtung der Stimme des Präsidenten! Wo soll das hinaus, wenn Sie den Präsidenten nicht mehr hören wollen?" Andere schlossen sich an. Wigard schrie in das Chaos: „Das ist ein Scandal, das ist Terrorismus!"[3] Langsam legte sich der Trubel. – Was war geschehen? Ein Schreiben des Bundestags hatte dafür gesorgt, dass von feierlichem Überschwang und würdevollem Pathos keine Rede mehr sein konnte. Der

Palais Thurn und Taxis, Sitz des Deutschen Bundes

Bundestag, das war die oberste Behörde des vom Wiener Kongress 1815 geschaffenen Deutschen Bundes von rund vierzig souveränen Fürsten und Freien Städten.[4] Ein loser Staatenbund, eine Vertretung der Regierungen, keine Repräsentation des Volkes, dessen Zweck die Erhaltung der Sicherheit und Unabhängigkeit der einzelnen deutschen Staaten war.

Der Bundestag, der im Palais Thurn und Taxis an der Großen Eschenheimer Gasse tagte, hatte also geschrieben. Er hieß die Abgeordneten willkommen, wünschte Heil und Segen „mit dem deutschen Volke in der gleichen Liebe für unser großes Vaterland vereint".[5] Der Alterspräsident schlug vor, auf dieses „Glückwunschschreiben" eine Antwort zu formulieren, und bat um Zustimmung. Doch so einfach ging das nicht. Man forderte eine Debatte darüber, Lärm entstand. Eugen von Mühlfeld, ein Rechtsanwalt aus Wien, regte an, eine Kommission zu bilden. Der Mainzer Anwalt Franz Heinrich Zitz pochte auf die Würde des Hauses: „Meine Herren, wir sind zu einer ernsten Aufgabe hier versammelt und unser Zweck kann nicht sein, Complimenten zu antworten."[6] Bravo-Rufe. August Gumbrecht aus Lüneburg vermisste ein Reglement. „[...] so werden wir nie zur Ordnung kommen."[7] Die rüden Auseinandersetzungen, das Geschrei konnte der Abgeordnete Wigard schließlich nur noch aufgebracht mit dem Wort „Terrorismus" quittieren. Schließlich vertagte sich die Versammlung auf den nächsten Vormittag. Gegen halb acht am Abend war die Sitzung beendet. Donnerstag, der 18. Mai 1848. Die erste deutsche Nationalversammlung in der Frankfurter Paulskirche hatte die Arbeit für Deutschland aufgenommen.

Die Paulskirche formiert sich

Tags darauf war die Anspannung sachlicher Konzentration gewichen. Auf der Tagesordnung stand die Wahl eines ordentlichen Präsidenten der Versammlung. Das Ergebnis war ein deutlicher Vertrauensbeweis: Von 397 Stimmen entfielen 305 auf den hessisch-darmstädtischen Staatsminister Heinrich von Gagern, „spiritus rector" der Verfassungsbewegung süddeutscher und rheinischer Liberaler, die auf dem Weg einer Vereinbarung mit den Fürsten die nationale Reform unter Mitwirkung des Volkes durch gewählte Vertreter zu erreichen suchten. Gagern, überwältigt von dem Votum, gelobte feierlich, die Interessen des gesamten deutschen Volkes zur Richtschnur seines Handelns zu machen, und sprach der Nationalversammlung „konstituierenden" Charakter zu. An seinen Intentionen ließ er keinen Zweifel: Ein einiges Deutschland, ein Reich, regiert vom Willen des Volkes. Doch er bestand auf der Mitwirkung der Regierungen, denn das „liegt mit in dem Beruf dieser Versammlung".[8] In der Nationalversammlung vereinigten sich die zu der Zeit maßgeblichen bürgerlichen Persönlichkeiten der Nation: Beamte, Professoren, Gutsbesitzer, Kaufleute, Schriftsteller, Offiziere; wenige Vertreter nur des niedrigeren Mittelstands, keine Arbeiter. Nicht Listen von Parteien, die es damals organisiert noch nicht gab, waren gewählt worden, sondern die örtlich oder regional Angesehenen. Honoratioren im eigentlichen Wortsinn. Von den insgesamt gewählten 830 Abgeordneten, die im Lauf der Zeit im Parlament vertreten waren, konnten sich gut zwei Drittel Akademiker nennen.

Der Prozess der politischen Gruppenbildung stand erst am Anfang. Es gab zunächst weder innerhalb noch außerhalb des Parlaments fest strukturierte Fraktionen und Parteien. Das Ergebnis war, dass es in den ersten Wochen und Monaten eine Flut von Petitionen, Anträgen und Wortmeldungen zu den einzelnen Tagesordnungspunkten gab, die den zügigen Fortgang der Beratungen behinderten. Am 29. Mai wusste der Sprachwissenschaftler Jacob Grimm über den Redenreichtum der Versammlung sein Herz nur noch mit dem Stoßseufzer auszuschütten, „daß, wenn das Pedantische in der Welt unerfunden geblieben wäre, der Deutsche es erfunden haben würde".[9]

Drei Hauptgruppierungen gab es in der Nationalversammlung: konservative Rechte, liberale Mitte und demokratische Linke. Das waren keine statischen Blö-

Zug des deutschen Parlaments nach der Paulskirche in Frankfurt a. M. am 18. Mai 1848.

Einzug der Abgeordneten der Nationalversammlung am 18. Mai 1848

cke, die nach dem Schema heutiger parteipolitischer Parlamentsarbeit versuchten, ihre jeweiligen Interessen durchzusetzen. Innerhalb dieser Hauptrichtungen bildeten sich zunächst lose Zusammenschlüsse von Abgeordneten, die ihre jeweiligen Überzeugungen und Strategien nicht als politische Markenzeichen in einem Parteinamen bündelten, sondern sich nach den Versammlungslokalen nannten, in denen sie tagten. Die Übergänge zwischen den „Fraktionen" waren fließend. Es kam zu Abspaltungen und neuen Vereinigungen. Austrittserklärungen häuften sich, Ersatzabgeordnete rückten nach, die „Physiognomie" der Nationalversammlung änderte sich. Von den 565 Abgeordneten, die ihren Sitz in der Paulskirche eingenommen hatten, waren bis zum Februar 1849 180 ausgeschieden, das Parlament hatte sich mithin um etwa ein Drittel erneuert.

Die demokratische Linke – „großdeutsch" eingestellt, das heißt für einen deutschen Nationalstaat unter Einschluss Österreichs plädierend – bestand in der Paulskirche aus zwei Fraktionen, einer gemäßigten und einer radikalen. Die gemäßigte Linke um den Kölner Publizisten Robert Blum und den Gießener Naturwissenschaftler Karl Vogt tagte im „Deutschen Hof", bekannte sich zur demokratischen Republik, ohne ihre Kompromissfähigkeit zur Mitte hin zu verlieren. Als es schließlich Anfang 1849 um die Entscheidung über das Reichsoberhaupt ging, schwenkten einige gemäßigte Linke ins kleindeutsch-erbkaiserliche Lager über. Die radikale Linke („Donnersberg") wollte den Weg der Revolution weitergehen. Der Trierer Ludwig Simon und der Mainzer Franz Heinrich Zitz waren ihre Führer.

Die konservative Rechte traf sich zunächst im „Steinernen Haus", später im „Café Milani". Wie die Mitte und die Linke strebte sie nach einer gesamtstaatlichen Verfassung. Jedoch sollte sich die Nationalversammlung nach den Vorstellungen der Rechten auf die Erarbeitung einer Verfassung beschränken, keine eigenen Gesetze erlassen und sich nicht „in exekutive Maßregeln" einmischen. Zu dieser Fraktion in der Paulskirche, die auf strikter Vereinbarung der

Verfassungsbestimmungen mit den Regierungen bestand, zählten unter anderen General Hans von Auerswald und Felix Fürst Lichnowsky, die bei den September-Unruhen 1848 in Frankfurt ermordet wurden.

Die liberale Mitte war die zahlenmäßig stärkste der drei Hauptgruppen. Die Mitte war jedoch von Anfang an in zwei Fraktionen gespalten: das rechte Zentrum, die „Casino"-Partei, und das linke Zentrum, das sich im „Württemberger Hof" sammelte. Im Gegensatz zu den Männern des linken Zentrums bekannten sich die Abgeordneten der rechten Mitte nicht unbedingt zum Prinzip der Volkssouveränität, zu der Forderung, allein die Nationalversammlung habe Gesamtdeutschland eine Verfassung zu geben, ohne Vereinbarung mit den Fürsten. Das rechte Zentrum setzte sich für eine starke Zentralgewalt und eine auf die Gesetzgebung beschränkte Volksvertretung ein. In seinen Reihen saßen die Abgeordneten, die im Laufe des Jahres entschieden die preußische Führung in Deutschland anstrebten und die „kleindeutsch"-erbkaiserliche Lösung zu verwirklichen suchten. Der Historiker Friedrich Dahlmann, der Rechtswissenschaftler Karl Welcker, der Rechtshistoriker Georg Waitz und Jacob Grimm gehörten zu ihnen, auch Heinrich von Gagern, der als Parlamentspräsident jedoch davon absah, sich dieser Fraktion förmlich anzuschließen.

Volkssouveränität war das oberste Prinzip des linken Zentrums, aus dem es die Forderung nach einer starken Volksvertretung ableitete, von deren Vertrauen die Exekutive abhängig sein müsse. Im Gegensatz zur Linken strebte die linke Mitte jedoch über eine starke Volksvertretung nicht die demokratische Republik an, sondern die konstitutionelle, die parlamentarisch getragene Monarchie. Nur eine Minderheit im „Württemberger Hof" befürwortete eine „kleindeutsche" Lösung, also ein preußisch geführtes Deutschland unter Ausschluss der Habsburgermonarchie, die Mehrheit trat für eine „großdeutsche" Lösung ein. Robert Mohl, Professor der Rechte in Heidelberg, sein Kollege Karl Mittermaier, der Kölner Kaufmann Franz Raveaux und der Leipziger Staatswissenschaftler Karl Biedermann zählten zunächst zum linken Zentrum. Durch Abspaltungen kamen zu diesen seit Beginn der Nationalversammlung bestehenden politischen Formationen im Lauf des Jahres noch fünf weitere Fraktionen hinzu. Innerhalb des liberalen Spektrums bildeten sich noch die Gruppen „Landsberg", „Augsburger Hof" und „Pariser Hof". Auf der linken Seite entstanden durch Umgruppierungen neu „Westendhall", auch „Linke im Frack" genannt, und „Nürnberger Hof".

In den ersten Wochen konnte sich die Nationalversammlung vor Themen kaum mehr retten, die zugleich blitzartig die Schwierigkeiten beleuchteten, vor denen sie stand. In der sechsten Sitzung vom 25. Mai präsentierte ihr eine polnische Deputation eine Eingabe mit der Forderung, „daß die Schmach der Theilung Polens von Deutschland abgewälzt und dem deutschen Volke die Pflicht auferlegt werde, den Polen ihr Vaterland wiederzugeben". Das Parlament solle schleunigst dafür sorgen, „Preußisch-Polen und Österreichisch-Polen Freiheit und nationale Selbständigkeit" zu gewähren.[10]

Am 31. Mai beschloss die Paulskirche fast einstimmig, dass alle Rechte, die eine Gesamtverfassung dem deutschen Volk gewährleisten wollte, auch nichtdeutschen Völkern auf dem Gebiet des deutschen Bundes zustehen sollten. Die Paulskirche hielt ein einiges und freies Deutschland für groß und mächtig genug, „um den in seinem Schooße erwachsenen andersredenden Stämmen in vollem Maße gewähren zu können, was Natur und Geschichte ihnen zuspricht".[11] Groß und mächtig genug, etwas gewähren zu können? Gewähren konnte die Nationalversammlung überhaupt nichts, da ihr eine Exekutive mit entsprechenden Machtmitteln fehlte.

Ein panslawistischer Kongress in Prag am 2. Juni formulierte Provozierendes. Frankfurter Beschlüsse sollten keinen slawischen Teil Deutschlands tangieren, proklamierte der Kongress radikal und warf damit den deutschen Einheitsideen den Fehdehandschuh vor die wackligen Füße. Laut erscholl in der Paulskirche darauf der Ruf nach einer Zentralgewalt, „damit

wir Truppen gegen Böhmen ziehen lassen können und damit wir denen, welche in Böhmen und Mähren gegen Deutschland in die Schranken treten, auch zeigen, daß wir bereit sind, unsern Beschlüssen die gehörige Folge zu geben".[12]

Der greise Ernst Moritz Arndt, patriotischer Kämpfer wider die Herrschaft Napoleons in Deutschland, wartete mit Vergleichen auf: Was würden die Franzosen sagen, wenn die bretonischen, baskischen, die altligurischen Volksteile wieder Bretonen, Provencalen, keine Franzosen sein wollten? Für den alten Freiheitskämpfer gab es da kein Zögern und Zaudern. „[…] was ein Jahrtausend zu uns gehört hat und ein Theil von uns gewesen ist, muß ferner zu uns gehören, wenn wir nicht zusammenfallen wollen".[13] Der Wiener Publizist Alfred Wiesner, ein Mann der äußersten Linken, forderte, das Parlament solle das Manifest der Slawen rundheraus verwerfen und erklären, „daß Deutschland nun und nimmermehr dulden wird, daß man einen Fußbreit deutscher Erde davon losreiße".[14] Unterdessen schlug in Prag der österreichische Feldmarschall Fürst Windischgrätz den Slawenaufstand nieder. Die habsburgische Regierung in Wien beantwortete der Versammlung in Frankfurt die Machtfrage – im Alleingang.

Die Schaffung einer provisorischen Zentralgewalt

Ganz untätig blieb man in dieser Frage in der Paulskirche freilich nicht. Am 19. Juni, morgens kurz nach 9 Uhr, rief Präsident Heinrich von Gagern den so bedeutsamen Tagesordnungspunkt auf: die Bildung einer provisorischen Zentralgewalt für Deutschland. 223 Redner hatten sich gemeldet, als der Präsident die Diskussion freigab. Grundsätzliches stand mit zwei sehr unterschiedlichen „Systemen" zur Debatte. Das erste „System" ordnete alle Überlegungen dem Grundsatz der Volkssouveränität unter und sah in der Nationalversammlung die alleinige Basis der Exekutive. Verantwortlichkeit gegenüber dem Parlament galt diesem von Seiten der Linken favorisierten Vorschlag als oberstes Prinzip. Er nahm also keine Rücksicht auf die Rechte der deutschen Regierungen. Das zweite „System", das von der Mehrheit befürwortet wurde, sah ein dreiköpfiges Bundesdirektorium vor, das die deutschen Regierungen vorschlagen und ernennen sollten, wenn die Nationalversammlung ohne Diskussion zugestimmt habe.

Massive Attacken in der Redeschlacht von links gegen dieses Ansinnen, die Regierungen das „Direktorium" ernennen zu lassen. Ausgerechnet jene Regierungen, die sich seit rund dreißig Jahren, seit dem Wiener Kongress in antiliberaler, antinationaler Politik gefallen hätten. Dieses Verfahren wurde als Schlag gegen die Souveränität der Paulskirche gewertet. Von Mitte-rechts heftiger Widerspruch. Der Mannheimer Friedrich Bassermann wurde laut: „Wir haben keine *tabula rasa* in Deutschland, wir haben gegebene Verhältnisse, und es gilt zu reformiren, nicht zu revolutioniren."[15] Eine auf demokratischen Grundlagen beruhende konstitutionelle Monarchie propagierten Redner von dieser Seite der Versammlung als einen Mittelweg zwischen Absolutismus und Anarchie.

Robert Blum verhehlte nicht, dass er für den Gesamtstaat die Republik anstrebte, und brachte dieses Argument ein: „Wollen Sie der Anarchie entgegentreten, Sie können es nur durch den innigen Anschluß an die Revolution und ihren bisherigen Gang. Das Directorium aber ist kein Anschluß daran, es ist Widerstand, es ist Reaction, es ist Contrerevolution".[16] Karl Welcker drehte den Spieß um: Eine Republik ohne republikanische Tugend und Bildung gehe „einem traurigen Zustand entgegen" und werde „in unseren Tagen [...] zur Soldatenherrschaft" führen.[17] Schonungslos deutete der Rechtsgelehrte auf die Schwachstellen der Nationalversammlung: kein Geld, keine Regierung, keine Armee, keine Vollzugsbeamten. All das aber gab es in Wien, in Berlin, Dresden, München, in Städten, wo nicht nur Fürsten wohnten, sondern, wie Welcker hervorhob, auch eine Bevölkerung, „die nicht haben will, dass diese Regierungen [...] verschwinden".[18] Ein Vermittlungsantrag durchbrach die Redeschlacht:

Ein Präsident, von der Nationalversammlung gewählt, solle die provisorische Zentralgewalt übernehmen.

Am sechsten Verhandlungstag, dem 24. Juni, meldete Parlamentspräsident von Gagern sich zu Wort, fasste die Debatte zusammen und erntete erste Bravo-Rufe, als er feststellte, dass der bisherige Deutsche Bundestag im Palais Thurn und Taxis neben einer neuen gesetzgebenden und einer neuen vollziehenden Gewalt nicht mehr bestehen könne. Dann die entscheidende Frage: Wer sollte diese Zentralgewalt schaffen? Gagern unterschied den Standpunkt des Rechts und den Standpunkt der Zweckmäßigkeit. Er bedauerte, den Regierungen prinzipiell jede Mitwirkung absprechen zu müssen. Aber der Standpunkt der Zweckmäßigkeit führte ihn zu einer eindeutigen Position: „Meine Herren! Ich tue einen kühnen Griff und sage Ihnen, wir müssen die provisorische Zentralgewalt selbst schaffen."[19] Ein Jubelschrei durchzog das Rund der Paulskirche. Der Präsident schlug vor, die Zentralgewalt einem „Reichsverweser" mit verantwortlichen Ministern zu übertragen. Und weiter: Aus der „höchsten Sphäre" müsse dieser „Reichsverweser" kommen, weil es keinen Privatmann gebe, der unter den gegebenen Umständen dieses Amt übernehmen könne.[20] Zwei Tage später, am 28. Juni, erfolgte die Abstimmung über von Gagerns Antrag „Der Reichsverweser wird von der Nationalversammlung frei gewählt". 403 Abgeordnete stimmten mit Ja, mit Nein 135. Riesiger Beifall.[21]

Gleich am folgenden Tag schritt man zur Wahl des Reichsverwesers. Namentlich aufgerufen, nannte jeder Abgeordnete von seinem Platz aus laut den Kandidaten seiner Wahl. Für Johann, Erzherzog von Österreich, entschieden sich 436 Parlamentarier, 52 nannten Heinrich von Gagern, 32 den zur Linken zählenden Mainzer Adam von Itzstein. „Ich proclamire hiermit Johann, Erzherzog von Österreich, zum Reichsverweser über Deutschland!"[22] Dreimaliges Hoch schallte nach diesem Ruf des Präsidenten durch die Paulskirche, von draußen hörte man Glockenläuten und Kanonendonner. Zwei Stunden später machte sich eine sieben-

Erzherzog Johann von Österreich, Reichsverweser, 1830

köpfige Delegation auf nach Wien, um Johann offiziell über den Ruf der deutschen Nationalversammlung in Kenntnis zu setzen. Der 66 Jahre alte Johann, sechster Sohn Kaiser Leopolds II., der 1790 in Frankfurt gekrönt worden war, fühlte sich geehrt, dankte mit den Worten: „Glauben Sie, aus diesem Tag wird großes Heil für Deutschland entstehen."

Am Abend des 11. Juli traf der Erzherzog, der mit der Tochter eines steyrischen Postmeisters verheiratet war, unter dem Jubel der Bürgerschaft in Frankfurt ein. – Unter dem Druck Napoleons hatte der letzte römisch-deutsche Kaiser Franz II. 1806 die Kaiserkrone niedergelegt. 42 Jahre später stand nun wieder an des Reiches Spitze ein Habsburger. Gagerns „kühner Griff" schien ein voller Erfolg zu sein. Der Grundsatz der Wahl des Reichsverwesers durch die Frankfurter Nationalversammlung beschwichtigte viele Bedenken der Anhänger der Volkssouveränität. Die Wahl eines Fürsten versöhnte die Monarchisten mit der selbstbewussten Vorgehensweise des Parlaments.

Die „Grundrechte des deutschen Volkes"

Nun widmete sich das Parlament in leidenschaftlichen Debatten bis in den Herbst hinein den „Grundrechten des deutschen Volkes".[23] Diese Grundrechte sollten den bürgerlichen Rechtsstaat garantieren. Erstmals in der deutschen Geschichte wurde ein einheitliches Reichsbürgerrecht geschaffen. Ständische Vorrechte sollten durch die allgemeine Gleichheit vor dem Gesetz abgelöst werden. „Der Adel als Stand ist aufgehoben. [...] Die Deutschen sind vor dem Gesetze gleich", legte der Paragraph 7 fest.

Vor allem ging es der Nationalversammlung darum, die Rechte des Einzelnen gegenüber dem Staat festzuschreiben. Das Parlament fixierte sehr Grundsätzliches. „Die Freiheit der Person ist unverletzlich", bestimmte der Paragraph 8. Die Todesstrafe, die Strafen des Prangers, der Brandmarkung und der körperlichen Züchtigung wurden abgeschafft. „Die Wohnung ist unverletzlich", definierte der Paragraph 10. Das Briefgeheimnis wurde gewährleistet. Paragraph 13 dekretierte: „Jeder Deutsche hat das Recht, durch Wort, Schrift, Druck und bildliche Darstellung seine Meinung frei zu äußern." Die Pressefreiheit durfte „unter keinen Umständen und in keiner Weise [...] beschränkt, suspendiert oder aufgehoben werden".

Jedem Deutschen wurde Glaubens- und Gewissensfreiheit zugebilligt. „Die Wissenschaft und ihre Lehre ist frei", steht im Paragraphen 22. „Das Eigentum ist unverletzlich", wird weiter formuliert. Und, im Paragraphen 29: „Die Deutschen haben das Recht, sich friedlich und ohne Waffen zu versammeln; einer besonderen Erlaubniß dazu bedarf es nicht." Zudem: Die Deutschen hätten das Recht, Vereine zu bilden; dieses Recht solle durch keine „vorbeugende Maßregel" beschränkt werden.

Ein Blick ins Grundgesetz der Bundesrepublik Deutschland offenbart, welch bleibende Wirkungen die Arbeit, die Gedanken der Abgeordneten in der Nationalversammlung von 1848 auf diesem so bedeutsamen Feld hatten.[24]

Die Schleswig-Holstein-Krise

Noch während der Debatten über die Grundrechte kam es jedoch zu einer für das Schicksal der Nationalversammlung entscheidenden Krise. Die Herzogtümer Schleswig und Holstein hatten sich der deutschen Revolution angeschlossen und sich gegen ihren Herrscher, den dänischen König, erhoben, weil dieser das im Unterschied zu Holstein nicht zum Deutschen Bund gehörende Schleswig dem dänischen Nationalstaat einverleiben wollte. Die revolutionäre provisorische Regierung der Herzogtümer ersuchte den Bundestag im Palais Thurn und Taxis um militärische Hilfe, die sie unter preußischem Oberkommando erhielt.

Das Paulskirchen-Parlament nahm sich des Kampfes der Schleswig-Holsteiner mit großer Begeisterung an, weil er gleichsam zum Symbol für das Streben nach deutscher Einheit und damit zu einer Prestigefrage für die Nationalversammlung wurde. Der zuständige parlamentarische Ausschuss stellte dazu fest: „Die deutsche Nationalversammlung erklärt, daß die schleswigsche Sache als Angelegenheit der deutschen Nation zu dem Bereich ihrer Wirksamkeit gehört und verlangt, daß bei dem Abschluß des Friedens mit der Krone Dänemark das Recht der Herzogtümer Schleswig und Holstein und die Ehre Deutschlands gewahrt werde."[25] Voller Pathos knüpfte der Bonner Historiker Friedrich Christoph Dahlmann den Konflikt an die „heilige Aufgabe, [die] Verfassungsgründung für ganz Deutschland". Bedenken, das europäische Gleichgewicht werde erschüttert, wenn Schleswig, mit Holstein vereinigt, zum Deutschen Bund komme, wischte Dahlmann beiseite. Beifall trug ihn bei den Worten: „Denn allerdings wird das bisherige Gleichgewicht von Europa verschoben, wenn unser Deutsch-

land aus einem schwachen, versunkenen Gemeinwesen, aus einer im Ausland gering geschätzten Genossenschaft zur Würde, Ehre und Größe hinaufsteigt."[26]

Der Wiener Anton von Schmerling unterstützte voll und ganz den Ausschussbericht. Um es dem preußischen General von Wrangel zu ermöglichen, „siegreich vorwärts zu gehen", wollte er alle Vorkehrungen treffen lassen.[27] Jacob Grimm postulierte, die Nationalversammlung solle „laut" erklären, sich niemals die Einmischung eines fremden Volkes gefallen zu lassen.[28] Doch obwohl die Bundestruppen unter preußischem Kommando Erfolge erzielten, schloss Preußen auf englischen und russischen Druck hin am 26. August 1848 den Waffenstillstandsvertrag von Malmö, dessen Bestimmungen weitgehend zu Lasten der Bewegung in Schleswig-Holstein gingen. Preußen verwarf damit die nationale Idee zugunsten seiner Interessen als europäische Macht.

Diese erste außenpolitische Krise ließ die Probleme offenkundig werden, vor denen die Paulskirche stand. Die Wahl der provisorischen Zentralgewalt mit dem Reichsverweser an der Spitze hatte für kurze Zeit den Eindruck erweckt, als liege die Macht tatsächlich in Frankfurt. Der Kampf um Schleswig-Holstein offenbarte indes die realen Machtverhältnisse. Gleichwohl musste die Nationalversammlung eine Entscheidung über das eigenmächtige Vorgehen Preußens fällen. Denn von Annahme oder Ablehnung des Waffenstillstands durch die Paulskirche hing nicht nur das Schicksal Schleswig-Holsteins ab, sondern letztlich das ganz Deutschlands. Dabei bedeutete Annahme den Sieg Preußens über die deutsche Nationalbewegung, den Sieg eines Monarchen, des preußischen Königs, über das gesamtdeutsche Parlament.

Nach der turbulentesten Debatte seit ihrem Bestehen lehnte die Nationalversammlung zunächst den Waffenstillstand ab. Einige Tage später, am 16. September, revidierte sie jedoch diese Entscheidung mit 257 gegen 236 Stimmen und fügte sich in die Kraft des Faktischen. Sie hatte damit ihre Ohnmacht ge-

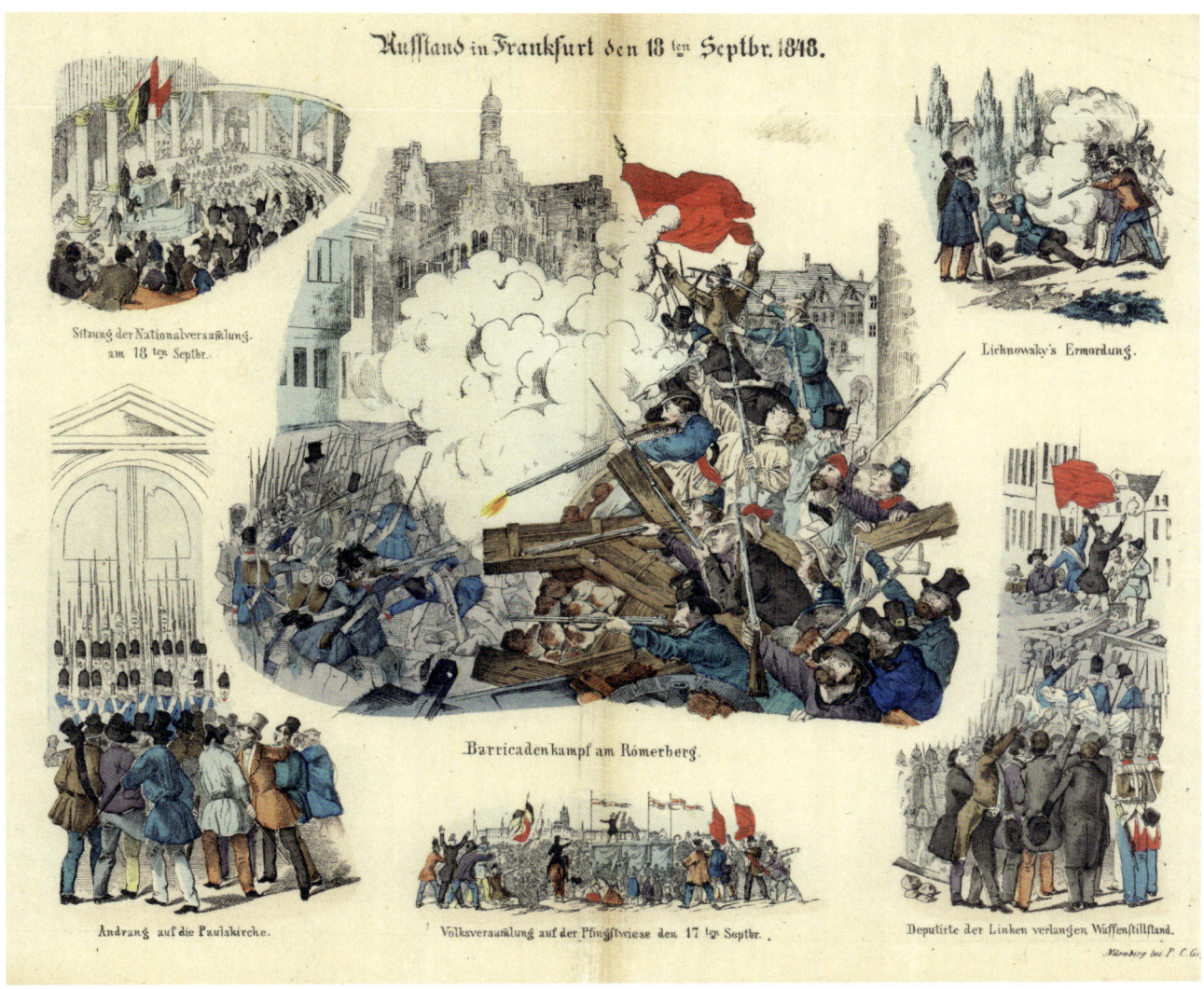

Aufstand am 18. September 1848, Farblithographie

genüber den bestehenden Gewalten dokumentiert. Um neun Uhr abends leerte sich die Paulskirche unter düsterem Schweigen. Draußen wurden die Abgeordneten von aufgebrachtem Volk angepöbelt. Der alte Turnvater Jahn, der den Waffenstillstand befürwortet hatte, musste sich vor Handgreiflichkeiten in Sicherheit bringen.

Anderntags fanden sich etwa zwanzigtausend Menschen auf der Pfingstweide im Nordosten Frank-

furts zu einer Volksversammlung ein. Radikal-demokratische Agitatoren forderten die Ausrufung der Republik, die Sprengung der Nationalversammlung. Unruhen brachen aus, in der Stadt wurden Barrikaden errichtet. Am nächsten Tag gerieten zwei Abgeordnete, Felix Fürst von Lichnowsky und General Hans von Auerswald, Mitglieder der konservativen Rechten, die sich für „Malmö" ausgesprochen hatten, auf einem Erkundungsritt in die aufgebrachte Menge, wurden er-

Ermordung des Fürsten Lichnowsky und des Generals von Auerswald zu Frankfurt a. M. am 18. September 1848

kannt, verfolgt und in einer verwinkelten Gartenanlage an der Bornheimer Heide jenseits der Stadttore gestellt und ermordet. Den General töteten die Aufrührer sofort mit einem Säbelhieb auf den Kopf, Lichnowsky ergriff man, zerschlug ihm Arme und Beine, schoss auf ihn wie auf eine Scheibe. Noch am selben Abend, dem 18. September, verhängte Erzherzog Johann über die Stadt den Belagerungszustand, das Kriegsrecht trat in Kraft. Der Reichsverweser suspendierte alle Vereine und verfügte die allgemeine Entwaffnung. Preußi-

sche und österreichische Truppen schlugen die Unruhen nieder.

Der Aufruhr blieb nicht auf die Stadt des deutschen Parlaments beschränkt. Es brodelte vielerorts bedrohlich. In Baden riefen Gustav Struve und Friedrich Hecker mit einem Trupp bewaffneter Gesinnungsgenossen zur „Revolutionierung Deutschlands" auf. Sie nahmen Lörrach, proklamierten die deutsche Republik. Vier Tage später machten badische Truppen dem aufständischen Spuk ein Ende. Zuvor schon hatte Feldmarschall Graf Radetzky mit dem Sieg von Custozza die habsburgische Herrschaft in der aufständischen Lombardei wiederhergestellt.

Nun war das Vielvölkerreich der Habsburger zum Gegenangriff übergegangen. Wien setzte konsequent die restriktive, restaurative Politik seines früheren Staatskanzlers Clemens Metternich gegen Freiheits- und liberale Verfassungsbewegungen fort. Metternich hatte gewusst, welche Konsequenzen ein Nachgeben gegenüber solchen Bewegungen im Habsburgerreich haben musste. Dann ging es nicht mehr nur um deutschen Nationalismus, sondern auch um italienischen, tschechischen, ungarischen, polnischen.

In Wien meuterten nun unter dem Einfluss der in der österreichischen Hauptstadt starken radikalen Linken Truppen, als sie an die Grenze Ungarns ziehen sollten. Aus Meuterei wurde Aufstand. Kriegsminister Graf Latour fiel den Aufrührern in die Hände, wurde grausam misshandelt und dann an einer Laterne aufgehängt. Der Kaiser verließ mit seinem Hof Wien, zog sich nach Olmütz unter den Schutz regierungstreuer Truppen zurück und rief von dort zum Kampf gegen die Revolutionäre auf.

Das Ringen um die Verfassung – „großdeutsch" oder „kleindeutsch"?

Während Feldmarschall Fürst Windischgrätz mit seinen Truppen Wien einkreiste und den Belagerungszustand über die Stadt verhängte, nahm in Frankfurt am Donnerstag, dem 19. Oktober 1848, das Parlament die Beratungen über die deutsche Reichsverfassung auf. Erste und wichtigste Entscheidung war die Frage der territorialen Abgrenzung des neuen deutschen Nationalstaats. Die Mehrheit des Parlaments bekannte sich zu Beginn der Debatten zu einer „großdeutschen" Lösung, die das Gebiet des bisherigen Deutschen Bundes und dazu das Herzogtum Schleswig und die preußischen Ostprovinzen umfassen sollte. Der Verfassungsentwurf sah weiter vor: Kein Teil des deutschen Reichs darf mit nicht-deutschen Ländern zu einem Staat vereinigt sein. Hat ein deutsches Land mit einem nicht-deutschen Land dasselbe Staatsoberhaupt, so ist das Verhältnis zwischen beiden Ländern nach den Grundsätzen der reinen Personalunion zu ordnen. – Hochbrisant waren diese Sätze. Denn das bedeutete: Trennung der deutschen von den nicht-deutschen Ländern Österreichs, wenn nur dessen deutsche Gebiete sich mit dem übrigen Deutschland zu einem Bundesstaat vereinigen durften. Teilung der Habsburgermonarchie hieß das. Dagegen erhob sich heftiger Einspruch in der Parlamentsdebatte. Durch einen solch „gewaltsamen Riss" werde Österreich genötigt, sich selbst zu zertrümmern. Die Nationalversammlung würde es der österreichischen Monarchie zur Aufgabe machen, sich selbst zu vernichten. Man beschwor die Gefahr eines Ausscheidens Österreichs. Die „moralische Kraft" von 15 Millionen Österreichern gehe verloren, das Handelsgebiet. Verloren gehe damit auch der unmittelbare Einfluss Deutschlands auf Italien, die Lombardei, Venedig. Einzelne Redner hoben Österreichs Aufgabe als Vermittler von Bildung und Kultur in Richtung Osten hervor, seine bedeutende Stellung, die das Gleichgewicht in Europa erhalte.

Der Wiener Abgeordnete Alfred von Arneth mahnte eindringlich, über die Konsequenzen nachzudenken, die sich aus einer Trennung der nicht-deutschen Provinzen von den deutschen ergäben. Er befürchtete das Entstehen neuer selbständiger Reiche an der deutschen Ostgrenze. Nur durch Ungarn führe der Weg zu den Donauländern, und Deutschland müsse diesen Weg schon deswegen behaupten, um Übergriffen Russlands entgegentreten zu können. Sein Landsmann Alfred Wiesner gab erregt zu bedenken, dass Deutschland in der Vergangenheit schon viele Gebietsverluste habe verschmerzen müssen: Elsass, Lothringen, Burgund, die Schweiz, Holland, Belgien – alle hätten einmal zum deutschen Reich gehört. Erbost wandte er sich an seine Parlamentskollegen: „[...] und nach so großen Verlusten [...] hat man noch den Mut, die österreichischen Lande in eine Position zu bringen, daß sie aus der Mitte der deutschen Bundesstaaten ausscheiden müssen?"[29] Das Gegenargument lieferte der Historiker Georg Waitz, der überzeugt war, dass die österreichische Monarchie auf Dauer ohnehin nicht mehr bestehen könne. Von links erklärte der Gießener Naturwissenschaftler Karl Vogt, der Verfassungsvorschlag biete die Gewähr, dem Prinzip der nationalen Befreiung gerecht zu werden. Daher halte er jede Nationalität innerhalb des Habsburgerreichs für berechtigt, sich aus der Gesamtmonarchie zu lösen.

Am 27. Oktober kam es zur Abstimmung. „Kein Teil des deutschen Reiches darf mit nichtdeutschen Ländern zu einem Staat vereinigt sein." Angenommen mit 340 gegen 76 Stimmen.[30] „Hat ein deutsches Land mit einem nichtdeutschen Land dasselbe Staatsoberhaupt, so ist das Verhältnis zwischen beiden Ländern nach den Grundsätzen der reinen Personalunion zu ordnen." Die namentliche Abstimmung: 316 Ja, 90 Nein.[31] Von den 115 österreichischen Abgeordneten stimmten 41 gegen diesen Paragraphen. Die große Mehrheit der Nationalversammlung aber befürwortete die Neugestaltung Österreichs durch eine Personalunion, um auf diese Weise dem Anschluss der deutschen Länder der Habsburgermonarchie an das Deutsche Reich den Weg zu ebnen.

Nur wenige Stunden vor dieser Abstimmung hatte Windischgrätz den Angriff auf Wien befohlen. Die Frankfurter provisorische Zentralgewalt entsandte zwei Kommissare nach Wien, um dort vermittelnd Einfluss zu nehmen. Windischgrätz aber machte in seinem Kriegslager, wohin die beiden sich zunächst begeben hatten, keine großen Umstände. Schroff lehnte er jede Einmischung aus Frankfurt ab. Nicht im Auftrag der Paulskirche, sondern als Delegation der linken Opposition waren zuvor schon einige Abgeordnete mit Robert Blum an der Spitze in Wien eingetroffen. Mit der Wiener Bevölkerung „zu stehen und zu fallen", versprachen sie. Blum nahm am Kampf gegen die Truppen von Windischgrätz teil und wurde wenige Tage nach der Besetzung der Stadt verhaftet. Ein Standgericht verurteilte den Abgeordneten der Paulskirche

zum Tode. Am 9. November um 7.30 Uhr wurde Robert Blum in der Brigittenau standrechtlich erschossen. Zar Nikolaus I. verlieh Windischgrätz für die Erstürmung Wiens das Großkreuz des Andreas mit Diamanten. Franz Grillparzer dichtete:

Wem, Windischgrätz, vergleich ich dich?
Um nicht nach Bildern fern zu haschen.
Mir bist du der alte Metternich,
Nur, statt in Strümpfen, in Gamaschen.[32]

Die deutsche Nationalversammlung in Frankfurt legte feierlich „Verwahrung" gegen die Bluttat ein, in der sie eine tiefgreifende Verletzung der dem Parlament schuldigen Achtung sah.

Wien verfolgte indessen weiter seine machtpolitischen Wege und zeigte dem Frankfurter Parlament kompromisslos die kalte Schulter. Vor dem Reichstag zu Kremsier trug Felix Fürst zu Schwarzenberg, neuer Chef des österreichischen Kabinetts, am 27. November sein Programm vor. „Nicht im Zerreißen der Monarchie liegt die Größe, nicht in ihrer Schwächung die Kräftigung Deutschlands", dozierte Schwarzenberg. Und präzisierte: „Österreichs Fortbestand in staatlicher Einheit ist ein deutsches wie europäisches Bedürfnis." Eine klare Absage an alle „großdeutschen" Hoffnungen, die sich auf jene besagten Paragraphen der Reichsverfassung stützten. Schwarzenbergs politische Losung lautete Großösterreich. Die Abgeordneten in der Paulskirche sahen, wie Friedrich Dahlmann vermerkte, den Boden unter ihren Füßen schwanken.

Die kalte Dynamik dieser Entwicklung setzte das Parlament in Frankfurt unter Druck. In Wien bestieg am 2. Dezember Franz Joseph den Kaiserthron. Der Achtzehnjährige, der sich als Kaiser von Gottes Gnaden sah, ließ in seiner Thronrede keinen Spielraum für die „großdeutschen" Pläne der Nationalversammlung. Nach Schwarzenbergs Kremsier-Coup lautete die Parole: Einheit des gesamten Habsburgerreichs. Anton Ritter von Schmerling, der als Chef des Frankfurter provisorischen Reichsministeriums der „großdeutschen" Reichsidee huldigte, sah sich von der österreichischen Regierung desavouiert. Er trat am 15. Dezember zurück.

In Frankfurt deutete sich ein dramatischer Kurswechsel an. Am 17. Dezember ernannte der Reichsverweser den bisherigen Parlamentspräsidenten von Gagern zum neuen Kabinettschef. Heinrich von Gagern fackelte nicht lange. Vor der Nationalversammlung analysierte er das Programm von Kremsier und zog daraus scharfe Schlussfolgerungen: „Österreich wird […] als in den zu errichtenden deutschen Bundesstaat nicht eintretend zu betrachten sein."[33] Die Verfassung des deutschen Bundesstaats könne mithin nicht Gegenstand von Verhandlungen mit Wien sein. – Aufgeregtheit unter vielen Abgeordneten, Empörung darüber, einen Teil Deutschlands aus Deutschland hinauszuwerfen. In der Paulskirche begann ein „Kleindeutschland" unter preußischer Führung Konturen anzunehmen.

In Berlin sinnierte der preußische König Friedrich Wilhelm IV. unterdessen in einem Brief an den Londoner Gesandten Josias von Bunsen über die Annahme der deutschen Kaiserwürde, falls die Paulskirche sie ihm antrüge. Die Krone, die die Ottonen, die Hohenstaufen, die Habsburger getragen hätten, könne natürlich ein Hohenzoller tragen. Sie ehre ihn überschwänglich und mit tausendjährigem Glanz. Die Krone der Paulskirche aber sei ernstlich keine Krone, sie sei verunehrt mit ihrem Ludergeruch der Revolution von 1848. Friedrich Wilhelm formuliert seinen Abscheu: „Einen solchen imaginären Reif, aus Dreck und Letten [Lehm] gebacken, soll ein legitimer König von Gottes Gnaden und nun gar der König von Preußen sich geben lassen, der *den* Segen hat, wenn auch nicht die älteste, doch die edelste Krone, die Niemandem gestohlen ist, zu tragen. […] Ich sage Ihnen rundheraus: Soll die tausendjährige Krone deutscher Nation, die 42 Jahre geruht hat, wieder einmal vergeben werden, so bin ich es und meinesgleichen, die sie vergeben werden. Und wehe dem, der sich anmaßt, was ihm nicht zukommt."[34]

In Frankfurt beschäftigte man sich ebenfalls mit der Frage nach dem künftigen Reichsoberhaupt. Nach intensiven Debatten kam es am 19. Januar 1849 zur Abstimmung. Zunächst über den republikanischen Denkansatz: „Die Ausübung der Reichsgewalt wird einem Reichsoberhaupt übertragen. Wählbar ist jeder Deutsche." Mit 339 gegen 122 Stimmen verwarf die Paulskirche diesen Antrag.[35] Dann kam die parlamentarische Initiative an die Reihe, die eine – konstitutionelle – Monarchie anstrebte. „Die Würde des Reichsoberhauptes wird einem der regierenden deutschen Fürsten übertragen." Mit 258 gegen 211 Stimmen hielt die deutsche Nationalversammlung diese Lösung für gut und richtig.[36] Die Abgeordneten auf der Rechten und im Zentrum reagierten mit stürmischem Beifall, die Linke machte zischend ihrem Unwillen Luft, hatte aber ihrerseits nur wenige Tage später wieder Grund zur Zufriedenheit: „Diese Würde ist erblich im Hause des Fürsten, dem sie übertragen wurde." – Abgelehnt mit 263 gegen 211 Stimmen.[37] Dann die letzte Entscheidung. „Das Reichsoberhaupt führt den Titel ‚Kaiser der Deutschen'." 214 Abgeordnete sagten Ja, 205 Nein.[38] Neun Stimmen Mehrheit nur. Auf der Linken räkelte sich Heiterkeit.

Die Entscheidung über das Wahlgesetz am 2. März bescherte der Linken im Parlament dann einen unerwarteten Triumph. Das von dieser Seite verfochtene Prinzip allgemeiner, gleicher, geheimer und direkter Wahlen errang in der Paulskirche den Sieg. Die früher dem rechten Zentrum verbundenen „Großdeutschen" hatten mit einer neuen Fraktion („Pariser Hof") unter Schmerlings Führung der Linken zur Mehrheit verholfen, um sie auf diese Weise als Bundesgenossen zur Durchsetzung „großdeutscher" Ziele zu gewinnen. Anhänger einer Zentralgewalt unter preußischer Führung formierten sich mit einer eigenen Sammlungsbewegung im „Weidenbusch". Die Paulskirche erlebte nun die letzte große Neuformierung der Parteien – in „Großdeutsche" und „Kleindeutsche".

Wien aber blieb hart. Am 4. März setzte Kaiser Franz Joseph einseitig eine Verfassung für sein Reich in Kraft. Die oktroyierte Verfassung verwies alle Überlegungen, Wien werde sich wohl doch Deutschland zuliebe auf eine Trennung seiner deutschen von den nicht-deutschen Gebieten einlassen, ins Reich der Illusionen. In der Nationalversammlung holte der Freiburger Staatsrechtler Karl Welcker zum Gegenschlag aus. Der Abgeordnete, der aus tiefster „großdeutscher" Überzeugung bisher jedem das Recht bestritten hatte, das deutsche Vaterland zu zerstückeln, vollzog nun eine radikale Kehrtwendung. Acht Tage nachdem Großdeutschland den Wiener Würgegriff endgültig zu spüren bekommen hatte, brachte er diesen Antrag ein: Die „erbliche Kaiserwürde wird Sr. Majestät dem König von Preußen übertragen".[39] Ungläubiges Stimmengewirr in der Paulskirche. Karl Welcker? Es kommt zu sehr grundsätzlichen, heftigen Auseinandersetzungen darüber, was nun für die Nationalversammlung, für Deutschland auf dem Spiel steht.

Am 23. März 1849 erfolgte die zweite Lesung der Reichsverfassung, territoriale Abgrenzung des neuen deutschen Nationalstaats: Das deutsche Reich besteht aus dem Gebiet des bisherigen Deutschen Bundes. „Hat ein deutsches Land mit einem nichtdeutschen Lande dasselbe Staatsoberhaupt, so *soll* das deutsche Land eine von dem nichtdeutschen Lande getrennte, eigene Verfassung, Regierung und Verwaltung haben."[40] Österreichs Ausschluss aus dem deutschen Reich Frankfurter Machart war damit besiegelt. Einer Trennung zwischen ihren deutschen und nichtdeutschen Ländern stimmte die österreichische Regierung in Wien nicht zu.

Vier Tage später, bei der zweiten Lesung „Das Reichsoberhaupt" knisterte es in der Paulskirche geradezu vor Spannung. Es blieb dabei, diese Würde einem der regierenden deutschen Fürsten zu übertragen. Und dann: „Diese Würde ist erblich im Hause des Fürsten, dem sie übertragen wird." Im Januar war diese Festlegung noch verworfen worden. Nun stimmten die Abgeordneten mit denkbar knapper Mehrheit – 267 gegen 263 – dafür.[41] Ein Raunen zog durchs Haus. Nicht mehr in namentlicher Abstimmung be

stätigte das Parlament dann noch den Passus, das Reichsoberhaupt trage den Titel „Kaiser der Deutschen".[42] Am Abend, die Abgeordneten erhoben sich schon, erheischte ein dringlicher Antrag noch einmal Aufmerksamkeit: „Das Wahlgesetz, wie aus erster Lesung hervorgegangen, wird unverändert angenommen."[43] Der Vorgang konnte kaum kürzer sein: Die Dringlichkeit wurde anerkannt, man schritt direkt zur Abstimmung. Eine große Mehrheit auf allen Seiten erhob sich, das demokratische Wahlgesetz hatte die Paulskirche passiert. Aus den Reihen der linken Seite des Hauses hatte es das Plazet für einen „kleindeutschen" Erbkaiser gegeben, die Erbkaiserlichen schluckten dafür das allgemeine, gleiche und geheime Wahlrecht. Auf diesen Kompromiss hatten sich zuvor der nunmehrige Reichminsterpräsident Heinrich von Gagern und Heinrich Simon, der Führer der gemäßigten Demokraten, im sogenannten Gagern-Simon-Pakt geeinigt.

Tags darauf, am 28. März 1849, 12 Uhr mittags, harrte die Paulskirche des feierlichen Aktes. Der Verfassungsausschuss hatte das Verfahren festgelegt: Die Wahl des Kaisers sofort zu vollziehen und im Namen der Nationalversammlung öffentlich zu verkünden. Der gewählte Kaiser sollte von einer Delegation des Parlaments „eingeladen" werden, die Wahl auf der Grundlage der Reichsverfassung anzunehmen. In alphabetischer Reihenfolge gaben die Abgeordneten ihr Votum ab. Die Aussage „wählt nicht" wechselte sich ab mit dem Bekenntnis „Friedrich Wilhelm IV., König von Preußen". Der Präsident gab das Ergebnis bekannt. 290 Abgeordnete hatten den Preußen zum Kaiser gewählt, 248 sich der Stimme enthalten. „Gott sei mit Deutschland und seinem neugewählten Kaiser!", rief der Präsident, ein dreifaches „Hoch" erscholl in der Paulskirche.[44]

Scheitern und Ende der Paulskirche

Von Frankfurt aus begab sich eine Deputation nach Berlin, wo man sie am 3. April 1849 im Rittersaal des königlichen Schlosses mit festlichem Gepränge empfing. Präsident Eduard Simson sprach ehrerbietige Worte und erklärte, dass die von der Nationalversammlung beschlossene Reichsverfassung die erbliche Kaiserwürde für den preußischen König begründe. Friedrich Wilhelm formuliert erst eine freundliche, anerkennende Erwiderung. Doch dann das klare Nein. Der Preußenkönig lehnt es ab, sich auf die Frankfurter Offerte einzulassen „ohne das freie Einverständnis der gekrönten Häupter, der Fürsten und der freien Städte Deutschlands". Den Regierungen der einzelnen deutschen Staaten obliege es, darüber zu beraten, ob die von der Nationalversammlung beschlossene Verfassung „dem Einzelnen wie dem Ganzen frommt". – Eine Kaiserkrone, allein aus dem Verfassungswerk der Paulskirche gefertigt, wollte Friedrich Wilhelm nicht haben.

Bestürzt verließ die Delegation das Schloss. In Frankfurt herrschte Ratlosigkeit. Spontane Vorschläge, wie dem Berliner Schicksalsschlag zu begegnen sei, mischten sich mit Vorwürfen gegen den Preußenkönig. Das Wort „Abfertigung" fiel. Ein Antrag schälte sich heraus: Die Nationalversammlung möge feierlich vor der deutschen Nation erklären, an der beschlossenen Reichsverfassung sowie an dem Wahlgesetz „unwandelbar festzuhalten". Der Stuttgarter Moritz Mohl schwäbelte: „Wenn Sie beschließen wollen, daß die Verfassung mit dem Erbkaiser und gleichwohl auch ohne den Erbkaiser bestehen soll, so beschließen Sie in Gottes Namen diesen Unsinn."[45] Doch die Versammlung beschloss „diesen Unsinn". Dreißig Abgeordnete gaben daraufhin zu Protokoll: „Wir halten es für unlogisch und unpraktisch, an einem Kaisertum ohne Kaiser festzuhalten."[46]

Das Ende zeichnete sich ab. Während mehrere vor allem kleinere Einzelstaaten der Nationalversammlung durchaus ihre Solidarität bekundeten, machten nicht nur Wien und Berlin, sondern auch München massiv Front gegen Frankfurt. Das Königreich Bayern verwahrte sich gegen den Ausschluss Österreichs, gegen die Zentralisierung der Regierungsgewalt mit

einem preußischen Erbkaisertum. Zudem sei der Versammlung niemals das Recht zugestanden worden, die Verfassung einseitig ohne Zustimmung der Regierungen festzustellen.

Furcht packte die Nationalversammlung, Furcht vor äußerer Bedrängnis und innerer Aushöhlung. Die Versammlung geriet zunehmend in den Sog außerparlamentarischer Strömungen. Von links wurde in der Paulskirche allgemeine Volksbewaffnung gefordert, um die Versammlung zu beschützen und die Reichsverfassung gegen die Fürsten zu verteidigen. Am Mittwoch, dem 9. Mai, marschierten Abteilungen preußischer und österreichischer Truppen in den Straßen um die Paulskirche auf. Es kam zu Ausschreitungen zwischen Soldaten und Bürgern. Am 14. Mai untersagte Friedrich Wilhelm IV. den preußischen Abgeordneten, weiterhin an den Verhandlungen in der Paulskirche teilzunehmen. Die königliche Regierung in Hannover folgte diesem Schritt: Die Paulskirche bedrohe das Vaterland inzwischen mit Bürgerkrieg. Das Königreich Sachsen schloss sich an.

Der Paulskirche rutschte immer mehr der Boden weg. Am 20. Mai kam es zu einem Massenaustritt aus der Nationalversammlung. Die Linke war nun fast schon unter sich. Überlegungen, den Tagungsort zu verlegen, kursierten. An Straßenecken in Frankfurt waren Anschläge mit Bitten um milde Gaben für diejenigen Abgeordneten zu lesen, denen die Tagegelder entzogen worden waren. Zehn Tage später war es dann so weit: Das Rumpfparlament entschied sich für den Umzug nach Stuttgart, um nicht mehr zwischen „verfassungsfeindlichen" Truppen sitzen zu müssen. Das Präsidium solle Stuttgart den Umzug annoncieren. So beschlossen am 30. Mai, 2.05 Uhr mittags. Die Sitzung war geschlossen. – In der Paulskirche hatte die erste deutsche Nationalversammlung getagt.

Das endgültige Aus war nur noch eine Frage von Tagen, nachdem sich 104 Abgeordnete am 6. Juni im Saal der württembergischen Abgeordnetenkammer eingefunden hatten. Die königliche Regierung reagierte äußerst ungehalten, untersagte die weitere

Benutzung der Abgeordnetenkammer. Der Frankfurter Parlamentstorso, chaotischem Radikalismus verfallen, tagte nun im Saal des Fritze'schen Reithauses. Die königlich preußische forderte die königlich württembergische Regierung auf, dem „Unwesen jener aufrührerischen Versammlung" unverzüglich ein Ende zu bereiten.

Am 18. Juni leistete Militär ganze Arbeit. Um eine neuerliche Sitzung zu verhindern, schlugen Soldaten im Reithaus Bänke und Tische zu Kleinholz. Dem Protestmarsch von Abgeordneten verstellten Truppen den Weg. Ein Offizier kommandierte, die Trommel zu rühren. Aus einer Seitenstraße sprengte königliche Kavallerie mit gezogenem Säbel heran. Das Kommando „haut zu!" wurde gebrüllt. – Die letzten Abgeordneten der deutschen Nationalversammlung stoben auseinander. Am 19. Juni ordnete die Stuttgarter Regierung die Ausweisung aller nicht-württembergischen Abgeordneten an.

Resümee

„Herberge deutscher Hoffnungen und Schaubühne deutscher Tragik und Unvollkommenheit": Mit diesen Worten hat der erste Bundespräsident Theodor Heuss die Paulskirche charakterisiert. Große Hoffnungen hatten auf ihr geruht, als sie Tagungsstätte der ersten deutschen Nationalversammlung wurde. Es war die Hoffnung, zu nationalstaatlicher Einheit zu finden, das System eines lockeren Staatenbundes, den der Wiener Kongress 1815 geschaffen hatte, zu überwinden. Die Deutschen sollten eine politische Gemeinschaft werden.

Nicht minder ging es aber auch darum, freiheitliche Verfassungsrechte durchzusetzen, mit denen besonders das selbstbewusst gewordene liberale Bürgertum glaubte, monarchisch-autoritäre Macht auf dem Weg friedlicher Reform einschränken zu können. Die Macht der Realitäten ließ die Hoffnungen, die in die Paulskirche gesetzt wurden, jedoch recht schnell schwinden. Die Souveränität, auf die die Nationalversammlung bei der Verwirklichung ihrer Ziele so sehr pochte, erwies sich bald als Worthülse. Die beiden deutschen Großmächte Österreich und Preußen ließen keine Zweifel daran, dass ihre partikularen Eigeninteressen stärker waren als die Neigung, sich einer deutschen Verfassung Frankfurter Machart zu beugen.

Der Versuch der Paulskirche, einen Nationalstaat auf demokratischem, liberalem Grund zu bauen, ist gescheitert. In Anbetracht der geschichtlichen Entwicklung Deutschlands war das Ziel, zu Einheit und Freiheit gleichzeitig zu gelangen, wohl zu hoch gesteckt. Indes wäre die „kleindeutsche" Reichsgründung Bismarcks 1871 ohne die Paulskirche wohl kaum denkbar gewesen. Und für die Verfassung der Weimarer Republik war die der Paulskirche ebenso Vorbild wie für das Grundgesetz der Bundesrepublik Deutschland. – Nach wie vor ein stolzes Werk nationalen, freiheitlichen Bewusstseins.

1 Stenographischer Bericht über die Verhandlungen der Deutschen Constituirenden Nationalversammlung zu Frankfurt am Main, hg. von Franz Wigard, 10 Bde., Frankfurt am Main/Leipzig 1848–1849, hier Bd. 1, S. 4.
2 Ebd.
3 Ebd., S. 8.
4 Die genaue Zahl der Mitglieder schwankte im Laufe der Zeit aufgrund von staatsrechtlichen Veränderungen und Erbfällen.
5 Stenographischer Bericht (wie Anm. 1), Bd. 1, S. 4.
6 Ebd.
7 Ebd.
8 Sitzung vom 19. Mai 1848, ebd., S. 17.
9 Sitzung vom 29. Mai 1848, ebd., S. 166.
10 Sitzung vom 25. Mai 1848, ebd., S. 84.
11 Sitzung vom 31. Mai 1848, ebd., S. 183.
12 So der Abgeordnete Maximilian Glaß aus Landau in der Sitzung vom 7. Juni 1848, ebd., S. 236 f.
13 Sitzung vom 5. Juni 1848, ebd., S. 215.
14 Sitzung vom 7. Juni 1848, ebd., S. 237.
15 Sitzung vom 19. Juni 1848, ebd., S. 381.
16 Sitzung vom 20. Juni 1848, ebd., S. 403.
17 Ebd., S. 410.
18 Ebd., S. 412.
19 Sitzung vom 24. Juli 1848, ebd., S. 521.
20 Ebd., S. 522.
21 Sitzung vom 28. Juni 1848, ebd., S. 598–602.
22 Sitzung vom 29. Juni 1848, ebd., S. 628–638.
23 Zit. nach der Beschlussfassung vom 22. Dezember 1848, ebd., Bd. 6, S. 4301–4304.
24 Vgl. hierzu den Beitrag von Dieter Hein im vorliegenden Band.
25 Sitzung vom 9. Juni 1848, Stenographischer Bericht (wie Anm. 1), Bd. 1, S. 269.
26 Ebd., S. 274.
27 Ebd., S. 276.
28 Ebd., S. 289.
29 Sitzung vom 20. Oktober 1848, ebd., Bd. 4, S. 2785.
30 Sitzung vom 27. Oktober 1848, ebd., S. 2918–2923.
31 Ebd., S. 2933–2936.
32 Zit. nach http://www.zeno.org/Literatur/M/Grillparzer,+Franz/Gedichte/Epigramme/1848/%5BWem,+Windischgr%C3%A4tz,+vergleich+ich+dich%5D (11.5.2020).
33 Sitzung vom 18. Dezember 1848, Stenographischer Bericht (wie Anm. 1), Bd. 6, S. 4233.
34 Brief vom 13. Dezember 1848, zit. nach Hagen Schulze, Der Weg zum Nationalstaat. Die deutsche Nationalbewegung vom 18. Jahrhundert bis zur Reichsgründung, S. 162 ff.
35 Sitzung vom 19. Januar 1848, Stenographischer Bericht (wie Anm. 1), Bd. 7, S. 4800–4802.
36 Ebd., S. 4802–4805.
37 Ebd., S. 4853.
38 Sitzung vom 25. Januar 1849, ebd., S. 4872 f.
39 Sitzung vom 12. März 1849, ebd., Bd. 8, S. 5666.
40 Sitzung vom 23. März 1849, ebd., S. 5964 (Hervorhebung G. M.).
41 Sitzung vom 27. März 1849, ebd., S. 6064.
42 Ebd., S. 6065.
43 Ebd., S. 6070.
44 Ebd., S. 6084–6093.
45 Sitzung vom 11. April 1849, ebd., Bd. 8, S. 6134.
46 Ebd., S. 6144.

Das Werk der Paulskirche
Scheitern und Nachwirkung

Dieter Hein

Daran kann kein Zweifel bestehen: Die im März 1848 beginnende Revolution ist im Sommer 1849 gescheitert. Weder der nationale Verfassungsstaat noch eine freiheitliche Gesellschaft gleichberechtigter Bürger, die beiden Hauptziele der revolutionären Erhebung, konnten 1848/49 durchgesetzt und verwirklicht werden. Der fundamentale Systemwechsel blieb aus.[1] Aber ist deshalb die Paulskirche in ihrer ursprünglichen Gestalt eines Gotteshauses, das der verfassunggebenden deutschen Nationalversammlung als Tagungsort diente, das Symbol einer gescheiterten Demokratie? Eine solche Aussage enthält offenkundig eine Fülle von weitreichenden historischen Vorannahmen, Einordnungen und Urteilen, die der kritischen Überprüfung unterworfen werden sollten: hinsichtlich dessen, was die Abgeordneten der deutschen Nationalversammlung erstrebt und geleistet haben, mit Blick auf den Charakter und das Ausmaß ihres Scheiterns und schließlich bezogen auf die Nachwirkungen der Revolution und insbesondere mit der Frage nach den Spuren, die das Werk der Paulskirche in der deutschen Geschichte hinterlassen hat.

Fragen wir also zunächst nach dem Werk der Paulskirche. Es liegt nahe, dieses Werk mit der „Verfassung des Deutschen Reiches" gleichzusetzen, die

die Nationalversammlung am 27. März 1849 mit knapper Mehrheit verabschiedet hatte und die nach ihrem Rechtsverständnis mit der offiziellen Verkündung am darauffolgenden Tag in Kraft getreten war. Doch schon hier liegen die Dinge bei genauerem Hinsehen komplizierter. Wie bei jeder Verfassungsgebung war auch 1848/49 das Beratungsergebnis und die nachfolgende Deutung der beschlossenen Verfassung in hohem Maße abhängig von der Vorgeschichte der Verfassungsstiftung und der damit verbundenen Frage nach den politischen und staatsrechtlichen Quellen der verfassunggebenden Gewalt. Ähnlich starke Einflüsse gingen von dem spezifischen Verlauf der Verfassungsberatungen in der Nationalversammlung und von der politischen Praxis der Nationalversammlung sowie der von ihr eingesetzten Reichsexekutive aus, sprich: von dem Verständnis der Gewichtsverteilung in der künftigen politischen Ordnung, das die Abgeordneten selbst mit ihrem Handeln entwickelten und damit für die Zukunft vorgaben. Drei Aspekte sind in diesem Zusammenhang besonders zu beachten.

Erstens ging die Paulskirchenversammlung nicht aus einer Vereinbarung mit den alten Gewalten hervor, wie die Liberalen ursprünglich auf ihre Fahnen geschrieben hatten, sondern aus revolutionärem, neues

Debatte der Frankfurter Nationalversammlung in der Paulskirche 1848

Recht schaffendem Handeln.[2] Die Rolle des Bundestags, des obersten Organs des Deutschen Bundes, beschränkte sich hingegen darauf, die zuvor in den revolutionären Gremien gefassten Beschlüsse nachträglich zu ratifizieren. Dieser letztlich der Idee der Volkssouveränität folgenden Linie blieb die Nationalversammlung auch nach ihrem Zusammentreten und während der ganzen Zeit ihres Wirkens treu. Stets bekannte sich eine breite Mehrheit von den Liberalen bis hin zu den gemäßigten Demokraten dazu, die politische Entscheidung in der Nationalversammlung zu suchen und ihr als der einzig legitimen Sprecherin der Nation die unbeschränkte Kompetenz in den Verfassungsfragen zuzuschreiben. Für die Demokraten, zu erheblichen Teilen Republikaner und unbedingte Verfechter der Volkssouveränität, lag dies nahe. Die Liberalen aber standen vor einem nahezu unlösbaren Dilemma: Als Anhänger der Monarchie, die als wichtiger politischer Stabilitätsfaktor erhalten werden sollte, aus Furcht vor einer zu starken Radikalisierung der Revolution und in dem Wissen um die nach wie vor starke Stellung der alten Gewalten durften sie den Draht zu den Fürsten und ihren Regierungen nicht abreißen lassen. Doch ohne die enge Kooperation mit den Demokraten – und dieses Argument gab letztlich den Ausschlag – war es nicht möglich, den notwendigen revolutionären Druck zu erzeugen, mit dem die einzelstaatlichen Monarchien in den neuen Nationalstaat gezwungen werden konnten. Vor allem nach der Krise um den Waffenstillstand von Malmö im September 1848, die die exekutive Schwäche und relative Machtlosigkeit der Paulskirche offenbart hatte, konnten Liberale wie Demokraten nur noch auf ein Machtmittel setzen, auf die erfolgreiche Verabschiedung einer Verfassung.

Zweitens trat im Verlauf der Verfassungsberatungen, die mit einer knappen Mehrheit für die Liberalen begonnen hatten, eine fundamentale Verschiebung der ursprünglichen Kräfteverhältnisse ein.[3] Denn alle Entscheidungen in den eigentlichen Verfassungsfragen gerieten im November und Dezember 1848 in den Sog der damaligen Kernfrage deutscher Nationalstaatlichkeit, in das Ringen zwischen den Anhängern der kleindeutschen und der großdeutschen Lösung. Nachdem sich die Liberalen wie auch die meisten anderen Fraktionen über diese Kernfrage gespalten hatten, musste die Bildung einer neuen Mehrheit für die Verfassung zwangsläufig erheblich weiter nach links ausgreifen. Die letzten notwendigen Stimmen für die kleindeutsche, preußisch geführte Erbmonarchie sicherte erst der Simon-Gagern-Pakt[4] vom 26. März 1849, in dem die Demokraten den Liberalen im Gegenzug ein nur beschränktes Vetorecht des Kaisers und das allgemeine Wahlrecht abrangen.

Schließlich ist drittens darauf hinzuweisen, dass die Nationalversammlung bereits zu Beginn ihrer Beratungen den Willen bekundet hatte, sich nicht auf die Verfassungsschöpfung zu beschränken, sondern sich als politisches Zentralorgan des neuen Reiches, als ein nationales Parlament mit weitreichenden Gestaltungsbefugnissen zu verstehen und den Nationalstaat konkret und unmittelbar zu begründen, indem sie ihm eine provisorische Exekutive mit einem Reichsverweser an der Spitze gab. Damit fiel nicht nur eine Vorentscheidung zugunsten einer konstitutionellen Monarchie. Vielmehr bot sich der Nationalversammlung

so auch mehrfach die Gelegenheit, in ihrer politischen Praxis[5] zu demonstrieren, dass sie das Verhältnis von Monarch, Regierung und Volksvertretung im Sinne einer parlamentarischen Regierungsweise verstanden wissen wollte, bei der die Zusammensetzung der Regierung stets eng an die parlamentarischen Mehrheitsverhältnisse gebunden war. Ebenso praktizierte die Nationalversammlung in ihrer Binnenstruktur, in den sich rasch bildenden Fraktionen und in der Schlüsselstellung, die diese bei allen wichtigen Entscheidungen und auch in der Zusammenarbeit mit dem Reichsministerium einnahmen, ein höchst modernes politisches System, in dem das Parlament ganz ins Zentrum gerückt war.[6] Und das alles spielte sich zudem auf einer grundlegend gewandelten politischen Bühne ab.[7] Die Märzrevolution hatte mit der Liberalisierung des Presse-, Vereins- und Versammlungsrechts einen ungeheuren Politisierungs- und Mobilisierungsschub ausgelöst. Auch im Mittelpunkt dieses sich breit entfaltenden politischen Lebens stand das Nationalparlament. Auf die Paulskirche konzentrierten sich, wie allein Zehntausende von Petitionen belegen, die politischen und sozialen Erwartungen breiter Bevölkerungsschichten.[8] Nichts spricht dafür, dass sich die Volksvertretung nach der Durchsetzung der Reichsverfassung, nach einem Sieg der Revolution, noch einmal aus dieser politischen Schlüsselstellung hätte verdrängen lassen.

Im Ergebnis aller drei Faktoren fiel das Werk der Paulskirche, das ebenso aus dem Verfassungstext wie aus der von der Nationalversammlung entscheidend geprägten Verfassungspraxis bestand, deutlich revolutionärer, linker, demokratischer und moderner aus, als dies aufgrund der Mehrheitsverhältnisse und politischen Konstellationen beim ersten Zusammentreten der Nationalversammlung zu erwarten gewesen wäre.

Das Werk der Paulskirche – zentrale Elemente

Nicht am Anfang des Verfassungstextes[9], wohl aber am Beginn der Beratungen stand der Grundrechtsteil

– wegen der herausragenden politischen Bedeutung, die die Nationalversammlung ihm beimaß, mit Vorrang behandelt und am 28. Dezember 1848 vorab verkündet und in Kraft gesetzt. Den Kern des Grundrechtskataloges[10] bildete die Sicherung unveräußerlicher Freiheitsrechte des Individuums nach dem Vorbild der amerikanischen Unabhängigkeitserklärung von 1776 und der französischen Menschenrechtserklärung von 1789. Zu ihnen zählten die Unverletzlichkeit der Person ebenso wie die Meinungs- und Pressefreiheit, die Glaubens- und Gewissensfreiheit, das Demonstrationsrecht und die Vereinigungsfreiheit. Unter dem noch frischen Eindruck der vormärzlichen Verfolgung waren diese Rechte in besonderer Klarheit formuliert und mit großer Rechtswirkung ausgestattet – das hat, wir werden noch darauf zurückkommen, vorbildhaft nicht zuletzt auf das Grundgesetz der Bundesrepublik gewirkt. Für die Zeitgenossen ebenso wichtig war jedoch die gesellschaftsverändernde Kraft der Grundrechte. Die Garantie der individuellen Freiheit, der staatsbürgerlichen Gleichheit und des privaten Eigentums griff tief in die bestehende Gesellschaft ein und warf zugleich erhebliche soziale Probleme auf. Denn sie richtete sich nicht nur gegen Privilegien des Adels oder der Kirche. Vielmehr löste die Aussicht auf Freizügigkeit und Gewerbefreiheit im kleinen und mittleren Bürgertum der Städte massive Existenzängste aus. Widerstand regte sich auch gegen die Emanzipation der Juden. Bei der Gestaltung der Gewerbeverfassung versuchte die Paulskirchenmehrheit den Sorgen ihrer Anhängerschaft wenigstens teilweise entgegenzukommen. Ein Recht auf Arbeit und staatliche Arbeitsbeschaffungsmaßnahmen, wie aus Kreisen des Handwerks und der Arbeiterschaft vielfach gefordert, lehnten die Liberalen jedoch ab. Sie erhofften die Überwindung der sozialen Not vor allem von einem umfassenden Recht auf Bildung, auch für Unbemittelte, und setzten im Übrigen auf die Selbstheilungskräfte der neuen bürgerlichen Gesellschaft.

Der Nationalstaat der Paulskirchenverfassung war als konstitutionelle Monarchie gedacht.[11] An seiner Spitze sollte ein „Kaiser der Deutschen" stehen, freilich kein Herrscher von Gottes Gnaden, auch nicht erwählt von seinesgleichen, von den deutschen Fürsten, und nicht einmal ein Monarch, der auf seine Prärogative auf dem Wege der Vereinbarung mit dem Volke verzichtet hatte, sondern ein Kaiser „von Volkes Gnaden", der seine Krone der Nationalversammlung verdankte. Als erblicher Monarch war der Kaiser allerdings der weiteren Disposition der Volksvertretung entzogen. Er galt, wie es der liberalen konstitutionellen Theorie des 19. Jahrhunderts entsprach, als unverletzlich und politisch unverantwortlich. Regieren konnte er nur indirekt, durch das von ihm zu ernennende Reichsministerium, das zugleich die politische Verantwortung für jede Handlung des Monarchen zu übernehmen hatte. Die kaiserliche Regierungsgewalt war weit bemessen; ausdrücklich erstreckte sie sich auf alle Reichsangelegenheiten, die nicht qua Verfassung anderen Reichsorganen zugewiesen waren.

Dieser Exekutive stand als Volksvertretung ein in zwei Kammern geteilter Reichstag gegenüber: ein nach dem allgemeinen, gleichen und direkten Wahlrecht gewähltes Volkshaus und ein Staatenhaus, dessen Abgeordnete je zur Hälfte von den Landtagen zu wählen beziehungsweise von den Regierungen der Einzelstaaten zu ernennen waren. Beide Kammern waren in der Gesetzgebung und bei Verfassungsänderungen, im Wesentlichen auch bei der Etatfestsetzung völlig gleichberechtigt. Zugleich war ihr Verhältnis zur Exekutive durch ein hohes Maß an politischer Eigenständigkeit gekennzeichnet. Beide Häuser regelten ihre eigenen Angelegenheiten weitgehend selbst. Das kaiserliche Recht, den Reichstag zu berufen und zu vertagen, war, um Missbrauch vorzubeugen, wie er im Vormärz üblich war und heutzutage wieder in Mode zu kommen droht, verfassungsmäßig genau umgrenzt. Aufgelöst werden konnte lediglich das Volkshaus. Vor allem aber konnte sich der Reichstag sowohl bei einfachen als auch bei verfassungsändernden Gesetzen sogar gegen den erklärten Willen von Kaiser und Re-

„Die Grundrechte des Deutschen Volkes", Lithographie von Adolf Schroedter, Mainz 1848

gierung durchsetzen, indem er in drei aufeinanderfolgenden Sitzungsperioden auf seinen Beschlüssen beharrte.

Dieses nur suspensive Veto besiegelte – zusammen mit der scharfen Waffe des Haushaltsrechts und dem legislativen Initiativrecht – ein prinzipielles Ungleichgewicht zwischen monarchischer Exekutive und parlamentarischer Legislative. Obwohl die Paulskirchenverfassung keine Bestimmungen über ein parlamentarisches Misstrauensvotum enthielt, sondern nur das zeittypische Instrument der Ministeranklage[12] kannte, war so garantiert, dass ein längeres Regieren gegen die Parlamentsmehrheit de facto unmöglich war.

Abgerundet wurde diese Konstruktion einer parlamentarisch dominierten Reichsgewalt durch eine bundesstaatliche Ordnung, die die Einzelstaaten – und zumal Preußen – nicht in ihrer historisch gewachsenen Staatsmacht und Staatspersönlichkeit ungeteilt zur Geltung kommen ließ. Das begann mit dem Staatenhaus, das mehr föderalistisch konstruierte Parlamentskammer als Ländervertretung war. Es setzte sich damit fort, dass der Reichsrat, der aus instruierten Vertretern der einzelstaatlichen Regierungen zusammengesetzt sein sollte und so deren Sprachrohr und Instrument in der Reichspolitik gewesen wäre, in letzter Minute aus dem Verfassungstext gestrichen wurde. Und es fand seinen Abschluss in der Kompetenzverteilung zwischen Reich und Einzelstaaten, die die legislativen Befugnisse beim Reich konzentrierte, die administrative Ausführung aber weitgehend den Ländern überließ – das wurde im Übrigen von nun an das spezifisch deutsche Modell eines Bundesstaates. Weitere Kompetenzen konnte das Reich durch verfassungsänderndes Gesetz an sich ziehen, und selbst die Kernelemente einer einzelstaatlichen Verfassung wurden von Seiten des Reiches vorgegeben. So war absehbar, dass sich der Schwerpunkt des politischen Handelns langfristig auf die Reichsgewalt verlagert hätte und den Ländern nur der „Rang höherer Selbstverwaltungskörper" verblieben wäre.

Nimmt man noch hinzu, dass der Grundrechtsteil sich nicht auf den Schutz individueller Freiheitsrechte beschränkte, sondern neben den Assoziationen und Genossenschaften vor allem die Selbstverwaltung der Gemeinden umfassend absicherte, so scheint ein pronjonciertes Gegenbild zu dem monarchisch-bürokratischen Obrigkeitsstaat auf, gegen den sich die Revolution gerichtet hatte: ein ganz von der Gesellschaft her gedachtes Staatsmodell, bei dem Individuum und Staat nicht unverbunden neben- oder gar gegeneinander standen, sondern auf mehreren Ebenen durch eine Fülle intermediärer Instanzen, zu denen die Vereine und die Gemeinden ebenso zählten wie Provinzen und Einzelstaaten, verbunden und vermittelt waren. Über allem thronte dann die Nation als krönender Abschluss eines durch und durch partizipatorisch konzipierten Staates.

Unübersehbar trug diese Verfassungskonstruktion in der Konsequenz, mit der sie letztlich ausgeführt war, stark idealistische Züge. Sie war gewissermaßen für eine postrevolutionäre Ordnung entworfen, in der es keinen Zweifel mehr an den grundlegend veränderten Machtverhältnissen, an der Überwindung des monarchisch-bürokratischen Obrigkeitsstaates gab. Sie belastete ihren Staatsentwurf nicht mit Kompromissen, jedenfalls nicht in Richtung der alten Gewalten, und wies insofern keinen Weg für den Übergang von der alten in die neue Ordnung. Das war, wenn man so will, ihre Schwäche: Sie war zu revolutionär, um sich angesichts der Kräfteverteilung von 1849 durchsetzen zu können. Sie forderte den Widerstand der Monarchen und der sie tragenden Kräfte in den Einzelstaaten geradezu heraus. Aber das machte eben zugleich auch ihre Stärke aus: In vielen Gestaltungselementen und in den in sie eingeflossenen praktischen Erfahrungen hatte sie das Potential, vorbildhaft für eine künftige konstitutionelle Ordnung aus dem Geiste der Volkssouveränität zu wirken.

Das Scheitern der Revolution

Trotz des absehbaren gegenrevolutionären Widerstands versammelte sich in der Reichsverfassungskampagne[13] im Frühjahr 1849 noch einmal eine breite Unterstützungsfront von den Liberalen über die verschiedenen demokratischen Strömungen bis hin zur radikalen Linken hinter dem Banner der Verfassung. Immerhin 29 von 39 deutschen Einzelstaaten erkannten im April die Reichsverfassung an. Für kurze Zeit sah es so aus, als werde die Nationalversammlung den Kampf aufnehmen und sich an die Spitze der Bewegung stellen. Gestützt auf ihre Überzeugung, dass die Verfassung unmittelbar geltendes Recht sei, forderte die Paulskirche am 4. Mai alle staatlichen Institutionen und „das gesamte deutsche Volk" auf, dieses Recht zur Geltung zu bringen. Demonstrativ schrieb sie für den 15. Juli Parlamentswahlen aus. Doch als in den Verweigererstaaten mit Preußen an der Spitze der offene Kampf gegen die Reichsverfassung begann, Landesparlamente aufgelöst, Bürgerwehren entwaffnet und Truppen mobil gemacht wurden, Maßnahmen, die wiederum vor allem in Sachsen, in der bayerischen Pfalz und in Baden erste gewaltsame Erhebungen auslösten, brach die konstitutionelle Einheitsfront schnell auseinander. Für die Mehrheit der Bürger und ihrer politischen Repräsentanten war jene Grenze überschritten, über die sie nicht gehen wollten. Von einer Ordnung, die auf dem Wege der Gewalt erkämpft wurde, war aus ihrer Sicht nichts Gutes zu erwarten. Nur eine radikale Minderheit focht die Reichsverfassungskampagne gegen die preußischen Truppen, die jetzt überall zum Einsatz kamen, bis zu ihrem bitteren Ende durch. So endete die Revolution schließlich wie in vielen anderen europäischen Ländern auch in Deutschland durch den Einsatz brutaler Gewalt, mit Hunderten von Toten und zahlreichen Hinrichtungen.

Die Revolution war also gescheitert. Die Gründe waren vielfältig: Die gesamteuropäische Konstellation spielte dabei ebenso eine Rolle wie die Nationalitätenkonflikte oder die krisenhaft zugespitzte ökonomische Entwicklung während des Revolutionsjahres. Die Niederlage der revolutionären Bewegung wurde gewiss auch durch innere Widersprüche, durch Konflikte in den eigenen Reihen und durch eigene Fehler mitverursacht. Aber letztlich war sie nicht, wie gerade die deutsche Geschichtswissenschaft im Banne der Bismarck'schen Reichsgründung lange Zeit gelehrt hat, selbstverschuldet. In erster Linie waren die Gegenkräfte zu stark gewesen, hatten sich die konservativen Bollwerke Preußen und Österreich nach der vorübergehenden Erschütterung im März 1848 überraschend schnell reorganisiert und modernisiert und sich so schließlich als unüberwindlich erwiesen.

Worin besteht nun das Scheitern der Revolution? Zunächst einmal in der Niederlage der revolutionären Erhebung selbst. Der erstrebte Systemwechsel blieb aus. Stattdessen triumphierte die Gegenrevolution mit politischen Verfolgungen, Todesurteilen und Zuchthausstrafen. Zehntausende gingen ins Exil. Das Trauma der Niederlage legte sich als dunkler Schatten über das politische Handeln nach der Revolution und auch das Wirken der nachfolgenden Generation. Heinrich Heine hat diese fatale Wirkung einer gescheiterten Revolution schon 1840 in die Worte gefasst: „Eine Revolution ist ein Unglück, aber ein noch größeres Unglück ist eine verunglückte Revolution."[14]

Eine solche Sicht erfasst aber nur einen – wenn auch zentralen – Teilaspekt der historischen Wirkung der Revolution. Denn daneben ist unübersehbar, dass das Rad der Geschichte 1849 nicht auf die Zeit vor der Revolution zurückgedreht wurde. Preußen blieb Verfassungsstaat mit weitgehend gesicherten Grundrechten und einer gewählten Volksvertretung. Die Agrarreformen – für die nach wie vor mehrheitlich auf dem Lande lebende Bevölkerung das brennendste Problem – konnten durch die Revolution endlich zum Abschluss gebracht werden. Überhaupt trat ein Reformstau, wie er für die vorrevolutionäre Epoche charakteristisch gewesen war, nach 1849 nicht mehr ein.

Über die Revolutionszeit hinaus wirkten ferner das rege politische Leben, die Presse, die Vereine, die Partei- und Fraktionsbildungen. Es flaute zwar durch die reaktionäre Wende zunächst ab, blühte aber seit 1859 umso stärker wieder auf. Und ein nicht zu unterschätzender Einfluss ging schließlich von dem nationalpolitischen Streben der Revolution aus: allgemein im Sinne eines Schubes in Richtung auf einen Nationalstaat, den nun auch eine konservative, aus der Perspektive der Einzelstaaten und ihrer Monarchien denkende Politik mittel- und langfristig nicht mehr ignorieren konnte. Aber ebenso konkret durch die in den Beratungen der Frankfurter Nationalversammlung durchdiskutierten Kernprobleme deutscher Nationalstaatlichkeit und die letztlich gefällte Entscheidung für die kleindeutsche Option. Auch gescheiterte Revolutionen können also fundamentale Erfolge vorweisen und dauerhafte Veränderungen bewirken.

Gilt dies auch für das Werk der Paulskirchenversammlung im engeren Sinne, für die von ihr ausgearbeitete Reichsverfassung? Dieser Frage soll nun noch in einem längeren letzten Abschnitt – konzentriert auf die Hauptstationen 1871, 1919 und 1949 – nachgegangen werden.[15]

Der Einfluss der Paulskirche auf spätere Verfassungsgebungen

Blicken wir zunächst auf die sogenannte Bismarck'sche Reichsverfassung von 1871, entworfen in den wesentlichen Bestimmungen bereits für den Norddeutschen Bund von 1867.[16] Die Konstitution trägt den Namen Bismarcks insofern zu Recht, als sie in ihrem Kern auf die Überlegungen und Vorgaben des preußischen Ministerpräsidenten zurückgeht, sein ureigenstes Werk war.[17] Insofern kann es nicht überraschen, dass sie in vielfacher Hinsicht geradezu ein Gegenentwurf zur Paulskirchenverfassung von 1849 ist. Das beginnt bereits mit dem Fehlen eines Grundrechtskataloges, auf den mit dem Argument verzichtet wurde, dass die Grundrechte bereits in den einzel-staatlichen Verfassungen gesichert seien. Aber damit verzichtete das neue Reich eben auch auf einen wichtigen Schritt zur nationalen Einheit, der für die Abgeordneten der Paulskirche zentral gewesen war, nämlich die Nation als eine Gemeinschaft von mit gleichen Rechten ausgestatteten Individuen zu konstruieren, anders formuliert: das deutsche Volk nicht primär als eine Abstammungs- oder auch als eine Kulturgemeinschaft, sondern als eine freiheitliche Rechtsgemeinschaft zu definieren.

Noch deutlicher ist die gezielte Abwendung von der Paulskirchenverfassung in der Gestaltung des Verhältnisses von Exekutive und Legislative und in der Instrumentalisierung der bundesstaatlichen Ordnung gegen das nationale Parlament zu fassen. Vor allem der Bundesrat, seither in Deutschland ein Organ aus instruierten Länderdelegierten, war nicht nur eine Vertretung der Einzelstaaten und mit dem Reichstag gleichberechtigtes Organ der Legislative, sondern zugleich eine Art Kollektivregierung mit dem Reichskanzler als Vorsitzendem an der Spitze. Die ganze Konstruktion diente – abgesehen von der Sicherung der preußischen Hegemonie – primär dazu, die Beziehungen zwischen Exekutive und Legislative zu verunklaren und eine direkte, unmittelbar greifbare Verantwortlichkeit der Regierung gegenüber dem Parlament, eine parlamentarische Regierungsweise, wie sie die Nationalversammlung 1848/49 praktiziert hatte, auszuschließen oder doch zumindest stark zu behindern. Hinzu kam noch – ein zentraler Punkt – die Sonderstellung des Militärs, das nur dem Kaiser unterstand und auf das sogar der Reichskanzler nur indirekt Einfluss nehmen konnte.

Und dennoch konnte und wollte auch Bismarck nicht in jeder Hinsicht hinter die Standards des Jahres 1849 zurückfallen: Zur allgemeinen Überraschung entschied er sich – durchaus taktischen Überlegungen folgend – nicht für das preußische Dreiklassenwahlrecht, sondern für das allgemeine, gleiche Wahlrecht der Paulskirche. Zudem steckten in den Rechten des Reichstags, der so sorgsam von der vollen Macht fern-

Erste Sitzung des konstituierenden Reichstags des Norddeutschen Bundes am 24. Februar 1867

gehalten wurde, aber gegen dessen Willen kein Gesetz und kein Haushalt verabschiedet werden konnte, Entwicklungsmöglichkeiten. Sein Einfluss stieg in dem Maße, in dem Umfang und Bedeutung der Reichsgesetzgebung zunahmen und in dem es ihm gelang, gerade auch mit Hilfe des allgemeinen Wahlrechts, seine Präsenz in der Öffentlichkeit als politisches Forum der Nation auszubauen.[18] Insgesamt aber blieb das Kaiserreich bis zu seinem Ende 1918 ein eigentümliches Zwittergebilde[19]: einerseits jene Art von Obrigkeitsstaat, den die Revolutionäre von 1848/49 überwinden wollten, und andererseits doch von den Demokratisierungs- und Modernisierungsprozessen geprägt, denen der liberale Konstitutionalismus den Weg geöffnet hatte.

Erst mit dem Sturz der Monarchie in der Revolution 1918/19 bot sich dann erneut die Chance, bei der Gestaltung der staatlichen Ordnung stärker an

Eröffnung der Nationalversammlung in Weimar am 6. Februar 1919

das Werk der Paulskirche anzuknüpfen. Die Rahmenbedingungen dafür schienen günstig zu sein. Mit der Ausarbeitung eines Verfassungsentwurfs wurde Hugo Preuß[20], ein linksliberaler Staatsrechtslehrer und Politiker, beauftragt, und auch der Vorsitz im Verfassungsausschuss der Weimarer Nationalversammlung lag in den Händen eines prominenten Linksliberalen, des Württembergers Conrad Haußmann.[21] In den Reden vor der Weimarer Nationalversammlung fehlte es vor allem von linksliberaler, aber auch von sozialdemokratischer Seite nicht an Bekenntnissen zu den Idealen von 1848 und an der erklärten Absicht, auch in den konkreten Verfassungsartikeln vieles von dem aufzunehmen, was 1848/49 entworfen und 1871 nur partiell verwirklicht worden war.[22] Tatsächlich finden sich in einzelnen Artikeln der Weimarer Reichsverfassung teils wörtliche Übernahmen, doch in den leitenden Gedanken und in der Gesamtkonstruktion stand das Werk von Weimar letztlich eher in erheblicher Distanz zur Reichsverfassung von 1849.

Das gilt besonders für den Grundrechtsteil.[23] Aus zahlreichen Äußerungen gerade auch linksliberaler Abgeordneter lässt sich entnehmen, dass das Verständnis für die existenzielle Bedeutung freiheitssichernder Grundrechte 1919 kaum mehr vorhanden war. Mit dem Argument, dass ein großer Teil der Grundrechte bereits in der einfachen Gesetzgebung der Einzelstaaten gesichert sei, sah der erste Verfassungsentwurf von Hugo Preuß überhaupt keinen Grundrechtsteil vor. Erst auf Drängen Friedrich Eberts und anderer Sozialdemokraten nahm Preuß in seine überarbeitete Vorlage Grundrechtsartikel auf, um sich dann von seinem Parteifreund Walter Schücking anhören zu müssen, hier seien „doch nur die ältesten Ladenhüter aus dem Jahre 1848" zu finden.[24] Hinter dieser Kritik stand zwar die durchaus anerkennenswerte Absicht, ein neues, zeitgemäßes Grundrechtsverständnis zu formulieren, das die aktuelle Lebenswirklichkeit berücksichtigen müsse und soziale Rechte in der Verfassung verankere. Aber im Ergebnis traten neben die klassischen Grundrechte nun viele unverbindliche Programmsätze, die zudem durch den Zwang zu Kompromissen innerhalb der Weimarer Koalition zu einem bunten Katalog aufgebläht wurden. Hingegen wurde die verfassungsmäßige Gewährleistung und rechtliche Wirkung der freiheitssichernden Grundrechte erheblich eingeschränkt.[25] Volksnähe um den Preis der Rechtsverbindlichkeit – so kann man das Resultat der Weimarer Grundrechtsdebatten knapp zusammenfassen.

Für das Verhältnis von Parlament und Regierung[26] gab es schon seit den Oktoberreformen 1918, mit denen kurz vor dem Sturz der Monarchie die Bindung des Reichskanzlers an das Vertrauen des Reichstags eingeführt worden war, keinen Zweifel mehr daran, dass das Regieren künftig im Einklang mit dem politischen Willen der Parlamentsmehrheit erfolgen solle. Mit der Weimarer Reichsverfassung, die dieses Verhältnis noch klarer regelte und die Ländervertretung als störendes Element ausschaltete, rückte die Volksvertretung endgültig in das Zentrum der politischen Macht. Aufgrund des reinen Verhältniswahlrechts und des neuen Frauenwahlrechts konnte der Reichstag jetzt für sich beanspruchen, den Volkswillen unverfälscht zum Ausdruck zu bringen. Insoweit konnte die Weimarer Nationalversammlung sich in einer Entwicklungslinie mit der Paulskirche sehen, die aber dann durch die Bismarck'sche Verfassungskonstruktion erheblich gehemmt und verzögert worden war. Doch dabei blieben die Weimarer Abgeordneten bekanntlich nicht stehen: Mit dem ebenfalls vom Volk direkt zu wählenden Reichspräsidenten und seinen umfassenden Befugnissen gegenüber Reichsregierung und Reichstag sowie dem Notverordnungsrecht schufen sie eine dualistische Konstruktion von Exekutive und Legislative, die das Fortbestehen fundamentaler antiparlamentarischer Vorbehalte erkennen ließ.[27] Auch die weiteren plebiszitären Elemente, Volksbegehren und Volksentscheid, waren eher geeignet, die parlamentarische Demokratie zu schwächen, als sie zu stärken. So steht die Weimarer Verfassung in ihrem institutionellen Teil, obwohl formal betrachtet eine durchgebildete, ja geradezu rein ausgeführte demokratische Ordnung, weit mehr in der Traditionslinie des monarchischen Obrigkeitsstaates als in der von 1848/49.

Wiederum eine ganz andere Konstellation findet sich in den Beratungen des Parlamentarischen Rates über das Grundgesetz 1948/49.[28] Hier verbanden sich der kritisch reflektierte Bezug auf die deutschen verfassungspolitischen Traditionen mit dem Bestreben, Lehren aus dem Scheitern der ersten deutschen Demokratie zu ziehen, und der entschiedenen Abgrenzung von der jüngsten Vergangenheit der nationalsozialistischen Diktatur.[29] Sicherlich haben das 1948 anstehende 100-jährige Jubiläum der Revolution und der Wiederaufbau der Paulskirche nicht unerheblich dazu beigetragen, bei der historischen Orientierung das hellste Licht auf die Frankfurter Nationalversammlung und ihr Werk fallen zu lassen.[30] In den Beratungen des Parlamentarischen Rates wurde häufig auf das Jubiläum Bezug genommen, waren doch sogar einige Abgeordnete mit dem späteren Bundespräsidenten Theodor Heuss an der Spitze als Autoren von erst jüngst erschienenen Büchern über 1848/49 hervorgetreten.[31] Gerade Heuss und die FDP bekannten sich dabei ausdrücklich zu einer liberalen Variante der Sonderwegsthese, indem sie die verhängnisvolle, vermeintlich vom demokratischen Normalweg des Westens abweichende deutsche Sonderentwicklung mit dem Scheitern der 1848er Revolution beginnen ließen. Hier sei die deutsche Geschichte, wie es Thomas Dehler formulierte, „in den falschen Seitenpfad" abgebogen, hier ließen sich mithin die Konzepte finden, mit denen die Demokratie in Deutschland auf ein festes und dauerhaftes Fundament gestellt werden könne.[32]

In der Tat wurde in den Grundgesetzberatungen eine Fülle von Vorschlägen eingebracht, die ausdrücklich auf die Paulskirchenverfassung Bezug nahmen und die teilweise auch Eingang in das Grundgesetz gefunden haben. Am unmittelbarsten deutlich war dieser Rückgriff in dem Antrag der FDP, die Ländervertretung nach dem Muster des Staatenhauses von 1849, also als eine je zur Hälfte von den Landtagen gewählte und von den Regierungen ernannte Vertretung, zu gestalten und damit ein echtes Zweikammersystem zu schaffen.[33] Trotz zeitweise günstiger Aussichten für die Realisierung dieses Vorschlags setzte sich jedoch am Ende wieder das Bundesratsmodell durch, das die Länder, wie vor allem von Seiten der Union gewünscht, stärker als Rechtspersönlichkeiten zur Geltung brachte und auch den Sozialdemokraten entgegenkam, die die Zentralstellung des Parlaments nicht zu sehr durch eine gleichberechtigte Länderkammer begrenzen wollten. Zugleich spiegelte sich in der Entscheidung sowohl die herausragende Kraft verfassungsrechtlicher Kontinuität als auch das hohe Gewicht der Länder im Gründungsprozess der Bundesrepublik Deutschland.[34]

Hingegen lassen sich hinsichtlich der Gestaltung des Verhältnisses von Parlament und Regierung nur in einem höchst allgemeinen Sinne Parallelen zwischen Frankfurt 1848/49 und Bonn 1948/49 ziehen. Gemeinsam war beiden Verfassungsgebern der Wille, dem Parlament den maßgeblichen Einfluss auf Regierungsbildung und Regierungshandeln zu sichern; das hob sie von jenen von 1871 und 1919 ab. Ansonsten aber prägte die Debatten im Parlamentarischen Rat ein völlig anderer Problemhorizont wie auch ein anderer politischer Erfahrungshintergrund als bei dem Versuch der Paulskirche, erstmals auf nationaler Ebene ein parlamentarisches Regierungssystem zu entwerfen. Die leitende Idee war nicht mehr, das Parlament gegenüber einer übermächtigen monarchischen Exekutive zu stärken, sondern nach den Erfahrungen mit der Weimarer Verfassung, mit heterogenen Mehrheiten, Minderheitsregierungen, Notverordnungspraxis und Präsidialkabinetten, das parlamentarische Regierungssystem mit seiner engen Bindung der Regierung an das Vertrauen der Parlamentsmehrheit so auszugestalten, dass eine Flucht des Parlaments vor der politischen Verantwortung ausgeschlossen war und dass somit auch keine antidemokratisch gesinnte Exekutive in das entstehende Machtvakuum hineinstoßen konnte. Die Lösung von 1949 ist bekanntlich die Kanzlerdemokratie, ein sorgsam austariertes Machtgefüge von Staatsoberhaupt, Regierung und Parlament, das jedoch bewusst jegliche dualistische Konstruktion wie noch im Kaiserreich und in der Weimarer Republik vermeidet, auf plebiszitäre Elemente verzichtet und der repräsentativen Demokratie mit dem Parlament im Mittelpunkt den absoluten Vorrang einräumt.[35]

Im eigentlichen Sinne wegweisend für das Grundgesetz war die Paulskirchenverfassung jedoch beim Grundrechtsteil.[36] Offenkundig hatte die Erfahrung mit der nationalsozialistischen Diktatur die Sinne der Mitglieder des Parlamentarischen Rates für die zeitlose Bedeutung und stetige Bedrohtheit von Freiheitsrechten und Rechtsstaatlichkeit wieder geschärft, die bei den Verfassungsgebern von 1871 und 1919 eher in den Hintergrund getreten war. Darin zeigte sich eine tiefe innere Verwandtschaft zu den Abgeordneten der Frankfurter Nationalversammlung und zu ei-

Beratung des Parlamentarischen Rates über das Grundgesetz in Bonn 1948/49

nem Grundrechtsverständnis, das deren Erfahrungen mit dem vormärzlichen Repressionssystem widerspiegelte.

Hier wie dort findet sich daher – im Grundgesetz sogar an besonders prominenter Stelle am Anfang des Verfassungstextes – der Katalog der klassischen Grundrechte, mit denen die persönliche Freiheit und Gleichheit der Individuen und deren freie öffentliche, religiöse und politische Betätigung gegen staatliche Übergriffe gesichert werden soll. In weiser Selbstbescheidung hat der Verfassungsgeber 1949 ebenfalls – anders als 1919 – auf weitere, eher programmatische Rechtssätze verzichtet und damit einer Verwässerung des Grundrechtsverständnisses vorgebeugt. Auch hinsichtlich der Grundrechtswirkung und des Schutzes der Grundrechte folgt das Grundgesetz in vielem dem Vorbild von 1849: Nur wenige Gesetzesvorbehalte schränken die gewährten Rechte ein, die zudem eine unmittelbare Rechtswirkung entfalten sollen. Allerdings kennt das Grundgesetz im Unterschied zur Paulskirchenverfassung, die noch von einem stärkeren Grundvertrauen in die Verfassungstreue des parlamentarischen Gesetzgebers durchzogen ist, eine Reihe von dezidierten Klarstellungen zur Grundrechtssicherung, beispielsweise die ausdrückliche Bindung von Gesetzgeber, Verwaltung und Rechtsprechung an die Grundrechte und die Bestimmung, dass ein Grundrecht in keinem Fall in seinem Wesensgehalt angetastet werden darf. Hinzu kam in der Verfassung von 1849 noch das Recht der Verfassungsbeschwerde beim Reichsgericht, das in der Bundesrepublik gesetzlich erst 1951 eingeführt und sogar erst 1968 in das Grundgesetz aufgenommen wurde.

Der Überblick lässt deutlich werden, dass die historische Vorbildwirkung der von der Frankfurter Nationalversammlung 1849 verabschiedeten Reichsverfassung im Einzelnen sowohl nach Rechtsmaterien als auch im Zeitablauf sehr differenziert gesehen werden muss. Allgemein kann jedoch festgehalten werden: Die Paulskirchenverfassung als erste umfassende gesamtstaatliche Konstitution modernen Typs in Deutschland war – trotz einzelner Bezugnahmen auf die Verfassungen anderer Staaten und die vormärzliche Verfassungsentwicklung – weit weniger epigonal als die späteren deutschen Verfassungen.[37] Der Frankfurter Nationalversammlung kommt das herausragende Verdienst zu, für die vielen grundlegenden verfassungsrechtlichen Fragen, die sich im Zuge der Schaffung eines nationalen Verfassungsstaates in Deutschland stellten, originäre Lösungen erarbeitet zu haben, die für die weitere deutsche Verfassungsgeschichte teilweise Vorbild waren, immer aber eine elementare Entscheidungsorientierung boten.

Johann Gustav Droysen[38], Mitglied der liberalen „Casino"-Fraktion und Protokollführer des Verfassungsausschusses der Nationalversammlung, hat im Oktober 1849 die Überzeugung der Abgeordneten, mit der Reichsverfassung ungeachtet des vorläufigen Scheiterns eine historische Leistung von dauerhafter Ausstrahlung und Wirkung vollbracht zu haben, in die Worte gefasst: „Ist auch dem, was wir in ernster und mühevoller Arbeit vollendet, keine unmittelbare Wirksamkeit zu Theil geworden, so wird doch der große politische Gedanke, den wir zuerst in klaren, scharfen gediegenen Formen auszuprägen, in den praktischen Einzelheiten seiner Anwendung und Umschränkung durchzuarbeiten beflissen waren, nicht aufhören, das Leben der Nation zu bewegen und wenn es sein muß zu erschüttern, bis ihm endlich der volle Sieg geworden, das Reich deutscher Nation erstanden ist."[39] Und wir haben allen Grund, uns an diese Vorgeschichte und Traditionslinie unserer heutigen demokratischen Ordnung zu erinnern.

1. Allgemein hierzu Dieter Hein, Die Revolution von 1848/49, 6., durchges. u. akt. Aufl., München 2019, bes. S. 133–138.

2. Dazu im Einzelnen ders., „Self-Government der Nation". Exekutive und Legislative in der deutschen Reichsverfassung von 1849, in: Executive and Legislative Powers in the Constitutions of 1848–49, hg. von Horst Dippel, Berlin 1999, S. 163–184, bes. S. 167–168. Vgl. auch die konzise Analyse von Ernst Rudolf Huber, Deutsche Verfassungsgeschichte seit 1789, Bd. 2, ND d. 2., verb. Aufl., Stuttgart u. a. 1975, S. 620–622, 775 f. u. 782 f.

3. Vgl. u. a. Thomas Nipperdey, Deutsche Geschichte 1800–1866. Bürgerwelt und starker Staat, München 1983, S. 652–661.

4. Die Absprache trafen Heinrich von Gagern als führender Kopf der Liberalen sowie Heinrich Simon als Vertreter der in der Fraktion Westendhall zusammengeschlossenen gemäßigten Demokraten.

5. Vgl. hierzu vor allem Manfred Botzenhart, Deutscher Parlamentarismus in der Revolutionszeit 1848–1850, Düsseldorf 1977, S. 163–192.

6. Dazu ebd., S. 415–441; sowie Dieter Langewiesche, Die Anfänge der deutschen Parteien. Partei, Fraktion und Verein in der Revolution von 1848/49, in: Geschichte und Gesellschaft 4 (1978), S. 324–361.

7. Vgl. die Überblicke bei Wolfram Siemann, Die deutsche Revolution von 1848/49, Frankfurt am Main 1985, bes. S. 90–124; Hein, Revolution (wie Anm. 1), S. 54–70; Rüdiger Hachtmann, Epochenschwelle zur Moderne. Einführung in die Revolution von 1848/49, Tübingen 2002, S. 70–123.

8. Vgl. Heinrich Best, Interessenpolitik und nationale Integration 1848/49. Handelspolitische Konflikte im frühindustriellen Deutschland, Göttingen 1980.

9. Der Verfassungstext ist abgedr. in: Ernst Rudolf Huber (Hg.), Dokumente zur deutschen Verfassungsgeschichte, Bd. 1, 3., neubearb. u. verm. Aufl., Stuttgart u. a. 1978, S. 375–396. Vgl. dazu vor allem ders., Verfassungsgeschichte (wie Anm. 2), bes. S. 773–782 u. 821–831; Dieter Grimm, Deutsche Verfassungsgeschichte 1776–1866. Vom Beginn des modernen Verfassungsstaats bis zur Auflösung des deutschen Bundes, Frankfurt am Main 1988, S. 194–204; Hans Boldt, Deutsche Verfassungsgeschichte. Politische Strukturen und ihr Wandel, Bd. 2: Von 1806 bis zur Gegenwart, München 1990, S. 150–156; Hans Fenske, Die Verfassung des Deutschen Reiches vom 28. März 1849. Entstehung, Inhalt, Wirkungen, in: Zeitschrift des Vereins für hessische Geschichte 90 (1984/85), S. 253–312.

10. Vgl. bes. die ausführliche Analyse von Jörg-Detlef Kühne, Die Reichsverfassung der Paulskirche. Vorbild und Verwirklichung im späteren deutschen Rechtsleben, 2., überarb. u. um ein Nachwort erg. Aufl., Neuwied 1998; sowie Hein, Revolution (wie Anm. 1), S. 99–109. Ferner Heinrich Scholler (Hg.), Die Grundrechtsdiskussion in der Paulskirche. Eine Dokumentation, 2. Aufl., Darmstadt 1982.

11. Hierzu ausführlich Hein, Self-Government (wie Anm. 2), bes. S. 13–22.

12. Darunter versteht man das Recht des Parlaments, einen Minister für seine Handlungen oder Unterlassungen im Amt vor dem Reichsgericht anzuklagen und somit zur Verantwortung zu ziehen (Ministerverantwortlichkeit).

13. Dazu Hein, Revolution (wie Anm. 1), S. 123–133.

14. Heinrich Heine, Ludwig Börne. Eine Denkschrift, in: Heinrich Heine. Historisch-kritische Gesamtausgabe der Werke, hg. von Manfred Windfuhr, Bd. 11: Ludwig Börne. Eine Denkschrift und Kleinere politische Schriften, bearb. von Helmut Koopmann, Hamburg 1978, S. 9–132, hier S. 74.

15. Allgemein zum Folgenden, wenn auch teilweise mit signifikant abweichenden Wertungen, Kühne, Reichsverfassung (wie Anm. 10).

16. Instruktive Analysen der Verfassung vor allem bei Thomas Nipperdey, Deutsche Geschichte 1866–1918, Bd. 2: Machtstaat vor der Demokratie, München 1992, S. 85–109; Harm-Hinrich Brandt, Deutsche Geschichte 1850–1870. Entscheidung über die Nation, Stuttgart u. a. 1999, S. 187–194; sowie Wolfgang J. Mommsen, Die Verfassung des Deutschen Reiches von 1871 als dilatorischer Herrschaftskompromiß, in: Innenpolitische Probleme des Bismarck-Reiches, hg. von Otto Pflanze, München/Wien 1983, S. 195–216.

17. Dazu vor allem Lothar Gall, Bismarck. Der weiße Revolutionär, Frankfurt am Main/Berlin/Wien 1980, S. 383–391.

18. Vgl. aus der Fülle der neueren Literatur nur Margaret Lavinia Anderson, Lehrjahre der Demokratie. Wahlen und politische Kultur im Deutschen Kaiserreich, Stuttgart 2009.

19. Zu den nach wie vor anhaltenden Debatten bes. Sven Oliver Müller/Cornelius Torp (Hg.), Das Deutsche Kaiserreich in der Kontroverse, Göttingen 2009.

20. Zu Preuß jetzt grundlegend Michael Dreyer, Hugo Preuß. Biografie eines Demokraten, Stuttgart 2018.

21. Vgl. auch die nach wie vor zentrale Studie von Ernst Portner, Die Verfassungspolitik der Liberalen 1919. Ein Beitrag zur Deutung der Weimarer Reichsverfassung, Bonn 1973.

22. Vgl. Ludwig Richter, Die Nachwirkungen der Frankfurter Verfassungsdebatten von 1848/49 auf die Beratungen der Nationalversammlung 1919 über die Weimarer Verfassung, in: 1848. Revolution in Europa. Verlauf, politische Programme, Folgen und Wirkungen, hg. von Heiner Timmermann, Berlin 1999, S. 441–466.

23. Vgl. neben der genannten Literatur bes. Kühne, Reichsverfassung (wie Anm. 10), S. 136–142.

24. Zit. nach ebd., 137.

25. Dazu näher ebd., S. 184–194. Vgl. ferner Horst Dreier, Grundrechtsrepublik Weimar, in: ders./Christian Waldhoff (Hg.), Das Wagnis Demokratie. Eine Anatomie der Weimarer Reichsverfassung, München 2018, S. 175–194, der trotz seines vehementen Plädoyers für die „Grundrechtsrepublik Weimar" nicht umhinkommt, in seiner Zusammenfassung zu konstatieren, dass „die Bedeutung der Grundrechte in Weimar derjenigen in der Bundesrepublik nicht annähernd gleich[komme]" (ebd., S. 192).

26. Vgl. zuletzt Gertrude Lübbe-Wolff, Das Demokratiekonzept der Weimarer Reichsverfassung, in: Dreier/Waldhoff (Hg.), Wagnis der Demokratie (wie Anm. 25), S. 111–149.

[27] So die pointierte Zusammenfassung des Forschungsstandes bei Eberhard Kolb/Dirk Schumann, Die Weimarer Republik, 8., überarb. u. erw. Aufl., München 2013, S. 180 f.

[28] Einen Überblick gibt Erhard H. M. Lange, Die Würde des Menschen ist unantastbar. Der Parlamentarische Rat und das Grundgesetz, Heidelberg 1993. Die beste strukturelle Analyse der Grundgesetzberatungen bietet nach wie vor Karlheinz Niclauß, Demokratiegründung in Westdeutschland. Die Entstehung der Bundesrepublik Deutschland, München 1974, bzw. die erweiterte Neubearbeitung ders., Der Weg zum Grundgesetz. Demokratie-gründung in Westdeutschland 1945–1949, Paderborn u. a. 1998. Nach wie vor wertvoll Peter Häberle (Hg.), Entstehungsgeschichte der Artikel des Grundgesetzes. Neuausgabe des Jahrbuchs des öffentlichen Rechts der Gegenwart, Tübingen 2010.

[29] Vgl. Friedrich Karl Fromme, Von der Weimarer Verfassung zum Bonner Grundgesetz. Die verfassungspolitischen Folgerungen des Parlamentarischen Rates aus Weimarer Republik und natio-nalsozialistischer Diktatur, Tübingen 1962, und zuletzt zusammen-fassend Christian Waldhoff, Folgen – Lehren – Rezeptionen. Zum Nachleben des Verfassungswerks von Weimar, in: Dreier/Wald-hoff (Hg.), Wagnis der Demokratie (wie Anm. 25), S. 289–315.

[30] Zu den Jubiläumsfeiern von 1948 ausführlich Claudia Klemm, Erinnert – umstritten – gefeiert. Die Revolution von 1848/49 in der deutschen Gedenkkultur, Göttingen 2007, bes. S. 407–490.

[31] Theodor Heuss, 1848. Werk und Erbe, Stuttgart 1948. Vgl. Küh-ne, Reichsverfassung (wie Anm. 10), S. 144 f.

[32] Dieter Hein, Der Abzweig in den falschen Seitenpfad? Die Revolu-tion von 1848/49 und die deutsche Geschichte, in: Deutsch-land – ein Land ohne revolutionäre Traditionen? Revolutionen im Deutschland des 19. und 20. Jahrhunderts im Lichte neuerer geistes- und kulturgeschichtlicher Erkenntnisse, hg. von Riccardo Bavaj u. Florentine Fritzen, Frankfurt am Main 2005, S. 13–27, hier S. 13. Vgl. allg. auch Erhard H. M. Lange, Politischer Liberalis-mus und verfassungspolitische Grundentscheidungen nach dem Kriege, in: Politischer Liberalismus in der Bundesrepublik, hg. von Lothar Albertin, Göttingen 1980, S. 48–91, bes. S. 74 f.

[33] Ebd., S. 68 f.

[34] Niclauß, Weg zum Grundgesetz (wie Anm. 28), S. 212–231.

[35] Ebd., bes. S. 176–192; Adolf M. Birke, Das konstruktive Mißtrau-ensvotum in den Verfassungsverhandlungen der Länder und des Bundes, in: Zeitschrift für Parlamentsfragen 8 (1977), S. 77–92.

[36] Niclauß, Weg zum Grundgesetz (wie Anm. 28), S. 249–272.

[37] Kühne, Reichsverfassung (wie Anm. 10), S. 149.

[38] Vgl. die Biographie von Wilfried Nippel, Johann Gustav Droysen. Ein Leben zwischen Wissenschaft und Politik, München 2008.

[39] So schließt das Vorwort zu Johann Gustav Droysen (Hg.), Die Verhandlungen des Verfassungs-Ausschusses der deutschen Nationalversammlung, 1. Theil, Leipzig 1849, S. VI.

Eine Verfassung, aber für wen?
Nationskonzepte innerhalb und außerhalb der Paulskirche

Andreas Fahrmeir

Als 1988, im 140. Jubiläumsjahr der Revolution, ein Nachdruck der Protokolle der Debatten der Nationalversammlung in der Paulskirche erschien, geschah dies unter dem Titel „Reden für die deutsche Nation".[1] Dieser Titel lässt sich unterschiedlich interpretieren. Wurde hier geredet, damit es eine deutsche Nation geben würde? Oder dienten die rhetorischen Leistungen vor allem dazu, eine politische Form für eine deutsche Nation zu schaffen? Oder wurde damit das Publikum beschrieben, an das sich die Reden richteten, also die „Nation" außerhalb der Paulskirche?

Das Werk hätte auch ganz anders heißen können: Reden für die Freiheit, Reden für die Verfassung, Reden für das Vaterland oder Reden für die Revolution. Die Titelwahl weist mithin vor allem auf die zentrale Rolle hin, welche die „deutsche Frage"[2] für die zeitgenössische Betrachtung der Paulskirchenversammlung spielte. In den ausgehenden 1980er Jahren schien die Zielsetzung, einen deutschen Nationalstaat zu schaffen, als Kern des revolutionären Projekts.[3] Gewiss war damit in keiner Weise bestritten, dass die Konturierung einer deutschen Nation Entscheidungen erforderte und zu Weichenstellungen führte, die auch anders hätten ausfallen können – etwa zwischen der „großdeutschen" und der „kleindeutschen" Lösung, also einem deutschen Nationalstaat mit oder ohne die deutschsprachigen Territorien Österreichs. Angesichts der Wiedervereinigung von Bundesrepublik und DDR zu einem deutschen Nationalstaat, der sich weitaus besser in eine europäische Ordnung einfügte als das kleindeutsche Kaiserreich oder gar das großdeutsche „Dritte Reich", erschien der Versuch der Paulskirche, einen demokratischen, liberalen *und* nationalen Staat zu schaffen, als eine damals tragischerweise nicht durchgesetzte Option der deutschen Geschichte[4] – vielleicht die letzte Möglichkeit, ein Abgleiten in den damals ebenfalls intensiv diskutierten „deutschen Sonderweg"[5] zu verhindern.

Seither hat sich das Bild kompliziert. Dazu haben die stärkere Betonung alternativer Nationskonzepte jenseits vom oder unterhalb des „deutschen" Nationalstaats ebenso beigetragen[6] wie ein skeptischerer Blick auf die potentiell destruktive Wirkung konkurrierender nationaler Ansprüche, die nicht oder nicht mehr in einer europäischen Idee aufgehoben werden können[7] und gerade in Zeiten des wachsenden Nationalismus und nationaler Sezessionsbewegungen wie in Schottland oder Katalonien das Projekt einer europäischen Einigung zu gefährden drohen, dem derzeit aus naheliegenden Gründen besondere politische und historiographische Aufmerksamkeit gilt.[8] Diese veränderte Perspektive hat dazu beigetragen, dass das destruktive Potential, das dem deutschen Nationalismus bereits im frühen 19. Jahrhundert innegewohnt habe, nun (wieder) stärker betont wird.[9]

Das lässt es lohnend erscheinen, auch den Blick auf die Debatten der Paulskirche anders zu akzentuieren. Den Ausgangspunkt dafür liefert die eher technische Frage, für wen die Paulskirche eigentlich eine Verfassung ausarbeiten sollte. Daran wird sich anhand einiger Beispiele die Frage anschließen, wie die Versammlung mit Personen umging, die Gruppen vertraten, die besondere Schwierigkeiten hatten, sich mit einem *deutschen* Nationalstaat zu identifizieren. Abschließend wird nach den Ambivalenzen der in der Paulskirche artikulierten Nationskonzepten gefragt.

Der Deutsche Bund als Geltungsbereich der Paulskirchenverfassung

Mit Blick auf den Geltungsbereich der Verfassung, über die 1848/49 in der Frankfurter Paulskirche debattiert wurde, lohnt es sich, einen Punkt zu betonen: Die Paulskirchenversammlung war nur teilweise eine revolutionäre, das heißt spontan und unter vollständiger Zurückweisung der bisherigen politischen Ordnung zustande gekommene Veranstaltung. Gewiss wäre sie ohne den Druck der gewaltsamen oder mit der Androhung von Gewalt verbundenen Demonstrationen des März 1848 nie einberufen worden. Gleichwohl kam sie ebenso zustande wie andere Versammlungen, die im Jahr 1848 mit der Ausarbeitung einer Verfassung betraut wurden: auf Einladung einer legitimen Obrigkeit, die bereits vor der Revolution von 1848 existierte. In den Einzelstaaten waren das die Monarchen, die auf den Druck der Straße reagierten, indem sie ihre ersten Minister entließen, ihre Kabinette auswechselten und Wahlen zu Versammlungen anberaumten, deren Mitglieder mit der „Vereinbarung"[10] einer Verfassung mit der Krone beauftragt waren.[11] Bei diesen einzelstaatlichen parla

mentarischen Versammlungen war 1848 selbstverständlich, dass sie innerhalb von Staaten und Herrschaftsgebieten operierten, die bereits bestanden, und dass es ihre Aufgabe sein würde, für diese Staaten Verfassungen auszuarbeiten oder zu verändern – etwa für das Königreich Preußen oder für Teile des Habsburgerreichs.

Im Fall der Frankfurter Nationalversammlung war der Deutsche Bund die legitime Obrigkeit, welche zur Wahl einer verfassunggebenden parlamentarischen Versammlung einlud: Die Frankfurter Nationalversammlung stellte die auf äußeren Druck zustande gekommene Ergänzung der Frankfurter Bundesversammlung als Vertretung der Monarchen durch ein Parlament als Vertretung der Bevölkerung dar. Das war eine Veränderung der Bundesverfassung, die im Zuge der Debatten über die Struktur des Deutschen Bundes immer wieder diskutiert wurde, und zwar vor wie nach 1848.[12] Auch in diesem Fall war die geographische Ausdehnung ihrer Autorität offensichtlich: Sie erstreckte sich auf das Gebiet der Institution, die sie einberufen hatte, also des Deutschen Bundes.

Auf den meisten Karten, die Mitteleuropa zwischen 1815 und 1866 zeigen, wird die Grenze des Deutschen Bundes durch eine dicke Linie hervorgehoben und damit implizit in die Vorgeschichte deutscher Staaten eingeordnet – sie markiert scheinbar klar die äußere Grenze Deutschlands.[13] Allerdings hatte die Bundesgrenze für die Lebenspraxis eine eher geringe Bedeutung, vor allem dann, wenn sie – wie in Preußen, Österreich und den Niederlanden sowie (je nach Interpretation) auch in Dänemark – mitten durch ein Staatsgebiet verlief. Denn die Prozesse, die zur Intensivierung von Staatlichkeit im 19. Jahrhundert beitrugen, spielten sich innerhalb der Grenzen einzelner Staaten ab, nicht innerhalb der Grenzen des Deutschen Bundes: Man merkte recht deutlich, ob man die Grenzen Preußens, Österreichs oder der Niederlande überquerte; man merkte nicht unbedingt, wo oder ob man den Deutschen Bund betrat oder verließ.[14] Am 11. April 1848 verschoben sich die Grenzen des Deutschen

Die Grenzen des Deutschen Bundes 1820   Die Grenze des Deutschen Bundes ab April 1848

Bundes an die preußischen Außengrenzen[15]; für die Niederlande und Österreich wurden die Grenzen des Bundes aber nicht den Staatsgrenzen angepasst, und um den Verlauf der Grenze zwischen Dänemark und dem Deutschen Bund wurde im Verlauf des Jahres bekanntlich politisch und militärisch intensiv gerungen.[16]

Der Deutsche Bund war eine 1815 im Zuge der Verhandlungen des Wiener Kongresses geschaffene völkerrechtliche Institution besonderer Art.[17] Er war kein Staat, denn die Fürsten und freien Städte, die ihm angehörten, blieben im Rahmen ihrer sehr unterschiedlichen außenpolitischen Möglichkeiten souverän. Er war aber auch kein bloßer ständiger Gesandtenkongress, denn er konnte ausländische Diplomaten akkreditieren und Regelungen beschließen, durch die seine Mitgliedsstaaten gebunden waren. Sein Zweck war gemäß Artikel 2 der Bundesakte die „Erhaltung der äußeren und inneren Sicherheit Deutschlands und der Unabhängigkeit und Unverletzbarkeit der einzelnen

deutschen Staaten".[18] Er sollte somit vor allem dazu dienen, die zahlreichen kleinen Staaten in Mitteleuropa – 1815 waren das über 40 gewesen, 1848 lag die Zahl wegen verschiedener Erbfälle etwas niedriger – vor einem möglichen Angriff zu schützen. Dazu trat die Aufgabe, das zu ersetzen, was mit dem Untergang des Heiligen Römischen Reichs 1806 verschwunden war, aber als weiterhin sinnvoll wahrgenommen wurde: eine gewisse Rechtsvereinheitlichung, eine Einheitlichkeit der Rechtsprechung, die durch Appellationsinstanzen sichergestellt wurde, die Möglichkeit der rechtlichen Konfliktlösung bei Streitigkeiten zwischen Staaten, welche helfen sollte, Kriege in Deutschland zu verhindern, und einige Standardisierungen, beispielsweise im Bereich des Presse- und Universitätswesens. Da der Deutsche Bund somit dazu gedacht war, eine aus historischen Entwicklungen folgende deutsche Verfassungsfrage zu lösen, war es nicht überraschend, dass die Grenzen des Deutschen Bundes sich nicht an den

Grenzen bestehender Staaten, sondern an den Grenzen des ehemaligen Heiligen Römischen Reichs deutscher Nation orientierten. Die einzige Ausnahme war der Grenzverlauf im Nordwesten, denn mit der Gründung des Königreichs der Niederlande, von dem sich in Folge der belgischen Revolution von 1830 das Königreich Belgien abspaltete, waren die habsburgischen Niederlande vollends souverän geworden und aus dem Reichsverband ausgeschieden. Dass diese Grenze aber nicht immer klar definiert war, zeigt das Beispiel von „Neutral Moresnet", ein 1816 geschaffenes Territorium, das zu zwei Staaten gleichzeitig gehörte.[19]

Es war offensichtlich, dass sich die Grenzen des Deutschen Bundes nicht mit den Grenzen einer Nation deckten, auch nicht mit jenen einer deutschen Nation. Zwar behauptete Wilhelm von Humboldt bei der Eröffnung der Deutschen Bundesversammlung 1816, dieser vereinige „Länder […] deren Bewohner durch gemeinsame Abstammung, Sprache, Andenken, und eine ehemalige ehrwürdige Verfassung unauflösbar verbunden sind".[20] Aber schon die auf eine ähnliche Identifikation von Deutschem Bund und deutscher Nation zusteuernde Rede des österreichischen Vertreters sah die Stärke der deutschen Nation eher in „der litterarischen, der Kunst- und praktischen Lebensbildung" als in einer gemeinsamen Verfassung, wenn er auch diese für die Zukunft nicht ausschloss.[21]

Wie dem auch sei: Blickt man auf die praktische Politik des Deutschen Bundes vor 1848, so wird deutlich, dass sich die konkrete Ausgestaltung seiner institutionellen Ordnung spätestens seit 1819 auf die Repression oppositioneller Tendenzen und die Einhegung einzelstaatlicher Verfassungen und ihres Entwicklungspotentials konzentrierte. Das bedeutete zugleich, dass eine grundlegende Veränderung der politischen Lage in den Einzelstaaten eine Veränderung auf der Ebene des Deutschen Bundes voraussetzte – unabhängig davon, ob diese Veränderung die Form eines Nationalstaats annehmen sollte oder nur die Form einer Liberalisierung und Parlamentarisierung

des Deutschen Bundes. Die wachsende Opposition gegen die reaktionäre Ordnung des Deutschen Bundes trug freilich bereits in den späten 1830er und frühen 1840er Jahren dazu bei, dass dieser sich stärker darum bemühte, die innere Stabilität zu sichern, indem er sich Teile der Forderungen und Visionen der Nationalbewegung zu eigen machte. So wurde darüber nachgedacht, Züge einer „nationalen" Identifikation mit der Institution zu generieren, indem der Deutsche Bund nationale Denkmäler erwarb und der Öffentlichkeit zugänglich machte; der Versuch, mit dem Weimarer Goethe-Haus den Anfang zu machen, blieb allerdings erfolglos. Dazu trat die Idee, die Hoheitszeichen des Deutschen Bundes im öffentlichen Raum stärker sichtbar zu machen – bislang prangte der Bundesadler nur auf den Kanonen in den Bundesfestungen.[22] Gerade die Rheinkrise von 1840[23] bot einen Anlass, die Sicherheitsarchitektur Deutschlands zum nationalen Bezugspunkt zu machen.[24]

Dennoch kam der Schritt, nach einem breiten Wahlrecht Abgeordnete zu wählen, die über die zukünftige Konstitution des Deutschen Bundes bzw. Reichs sprechen sollten, überraschend – und sie war in der Tat ein revolutionärer Bruch. Die Bindung der Nationalversammlung an den erst im Sommer 1848 zugunsten der provisorischen Zentralgewalt aufgelösten Deutschen Bund hatte freilich Folgen. Denn erstens war die Paulskirchenversammlung durch ihre Vorgeschichte primär darauf verwiesen, ihre verfassunggebenden Maßnahmen auf jene Kompetenzbereiche zu konzentrieren, die der Deutsche Bund bereits vor 1848 für sich beansprucht hatte. Das konnte, je nachdem welche Vision der politischen Zukunft man entwickelte, entweder im Namen der Deutschen Nation, im Namen der vertretenen Wahlkreise, mit Blick auf noch zu bestimmende Grenzen oder im Namen der in einem künftigen deutschen Staat aufgehobenen oder zu einem künftigen deutschen Staat zusammengeschlossenen Königreiche oder Republiken geschehen.

Zweitens waren die Grenzen der Gebiete, in denen gewählt wurde, durch die Grenzen des Deutschen Bundes auch dort vorgegeben, wo die primäre Zugehörigkeit zu Deutschland nicht unbedingt selbstverständlich war. Das betraf Gebiete, die von der dänischen oder der niederländischen Krone regiert wurden, und es betraf Gebiete, die zwar Teile Preußens oder des Habsburgreichs waren, in denen aber vor allem polnisch, tschechisch oder italienisch gesprochen wurde. Während „polnische" Wahlkreise in der Absicht Abgeordnete nach Frankfurt sandten, dort für die Übertragung ihrer Gebiete an einen polnischen Nationalstaat zu werben, entschieden sich mehrere Wahlkreise in Böhmen bereits im Vorfeld dazu, keine Vertreter nach Frankfurt zu schicken und damit von vornherein eine „deutsche" politische Autorität über sich zurückzuweisen; sie sahen ihre Zukunft mehrheitlich im Habsburgreich, nicht aber in einem deutschen Nationalstaat.[25] Wie stellt sich die Paulskirche also dar, wenn man den Blick vor allem auf die Erfahrungen von Abgeordneten vom Rand richtet – wobei hier der Süden und Westen, nicht der besser bekannte Osten und Norden im Mittelpunkt stehen sollen?

Am Rand: Erfahrungen von Abgeordneten nicht nur deutscher Nationalität

Der Wahlkreis Mezzolombardo im Norden von Trient entsandte Carlo Esterle[26] nach Frankfurt. Ebenso wie Mainz, Trier oder Köln war Trento im Heiligen Römischen Reich ein Fürstbistum gewesen. Mit der Säkularisation ging es zunächst an Bayern, dann an das Königreich Italien und schließlich auf dem Wiener Kongress an das Kaiserreich Österreich über, dem es bis zum Ende des Ersten Weltkriegs angehörte. Esterle, der 1818[27] oder (so die Mehrheitsmeinung) 1819 geboren worden war, hatte in Padua Medizin studiert und 1844 eine Bildungsreise durch Europa unternommen, bevor er eine Stelle als Gynäkologe am Hospital für Findelkinder in Trient annahm. In Frankfurt trat er vor allem in zwei Zusammenhängen auf: wenn seine fachliche Expertise gefragt war und wenn es um Gleichheitsfragen ging. So sprach er sich als Mediziner gegen die Einrichtung homöopathischer Abteilungen an öffentlichen Krankenhäusern aus, da das System „als ein noch nicht hinlänglich bewährtes und begründetes zu betrachten sei". Es an Anstalten einzuführen, die vor allem von den ärmeren Schichten der Bevölkerung genutzt würden (weil diese keine Alternative hatten), bedeute, „das leidende und mittellose Volk noch zu neuen Experimenten" zu verurteilen.[28] Als Anhänger einer egalitären Demokratie wandte er sich leidenschaftlich gegen den Vorschlag, die Zahl der Abgeordneten Tirols von den eigentlich aufgrund der Bevölkerung gebotenen 17 auf 14 zu vermindern – ein Vorschlag, der einerseits mit den Zahlen der Bundesmatrikel, andererseits mit dem Hinweis begründet wurde, es sei doch gleichgültig, wie viele Abgeordnete Tirol (oder eine andere Region) entsende, denn entscheidend sei die Vertretung der deutschen Nation als Ganzes.[29] Er war ein Gegner des Plans, bescholtenen Personen in großem Stil das Wahlrecht zu entziehen, denn ein Konflikt mit der Strafjustiz sage prinzipiell kaum etwas über den Charakter aus – damit bezog er sich nicht nur auf die Manipulation von Strafverfahren aus politischen Gründen, sondern vertrat auch die Tradition des Nachdenkens über Verbrechen und Strafe seit der italienischen Aufklärung.[30] Esterle versuchte schließlich im April 1849 noch, die Verhältnisse im österreichisch besetzten Mailand auf die Tagesordnung zu bringen, was die Mehrheit der Abgeordneten in der inzwischen stark geschrumpften Veranstaltung freilich mit prozeduralen Schachzügen verhinderte.[31]

Schließlich trat er – wider Willen – als Angehöriger einer Gruppe auf, die rasch erfuhr, dass sie aus der Sicht der Mehrheit der Versammlung kein besonderes Gehör verdiente, da sie nicht ganz zur deutschen Nation gehörte. So bedankte er sich ironisch bei einem Abgeordneten „für die besondere Aufmerksamkeit, die er den Abgeordneten aus dem italienischen Tyrol zu schenken beliebt" – dieser hatte den Vorwurf erhoben, zwei Kollegen Esterles bezögen in Frankfurt und Wien doppelte Diäten, etwas, das er

Giovanni Battista a Prato; Büste von Andrea Malfatti
auf dem Friedhof Monumentale di Trento

den Abgeordneten aus dem deutschsprachigen Tirol
nicht unterstellte, obgleich diese ebenfalls in zwei Versammlungen in Frankfurt und Innsbruck gewählt worden waren.[32] Nach 1849 kehrte Esterle zunächst auf
seinen Posten zurück und konzentrierte sich stark auf
seine medizinischen Interessen. Ende der 1850er
Jahre floh er mit einer Reihe anderer Trentiner, die
sich für die italienische Einigung eingesetzt hatten, zunächst nach Mailand, bevor er in Novara im Königreich
Sardinien eine neue Stelle fand; dort starb er 1862 an
einer Infektion, die er sich bei einer Operation zuge-
zogen hatte.

Einer der beiden Abgeordneten, denen unter-
stellt worden war, doppelte Diäten zu beziehen, war
der Vertreter Roveretos, Giovanni Battista a Prato[33].

Der 1812 geborene Angehörige einer lokalen Adels-
familie entschied sich gegen die für ihn vorgesehene
Karriere im Militär und beschloss stattdessen, Geistlicher zu werden, wobei er einen Teil seiner Ausbil-
dung in Wien absolvierte, wo er auch vier Jahre als
Kaplan tätig war; zum Zeitpunkt seiner Wahl 1848 war
er Geistlicher und Religionslehrer am Gymnasium in
Rovereto. Am 14. August 1848 argumentierte Prato
für den Antrag, den italienischsprachigen Gebieten im
Süden Tirols den Austritt aus dem Deutschen Bund
zu gewähren. Die Berichterstattung des zuständigen
völkerrechtlichen Ausschusses dazu war negativ, denn
„so viel Gewicht in unseren Tagen auf die Feststellung
politischer Grenzen nach Völkern und Sprachen gelegt wird, dürfen doch die Deutschen nicht mit über-
eilter Großmuth ihre Grenzen auf allen Seiten veren-
gen lassen, während kein einziges anderes Volk sich
zu ähnlichen Abtretungen versteht".[34] Das Elsass, Kur-
land und Livland erhalte man nicht zurück, die Niederlande und die Schweiz verweigerten den Beitritt, daher könne man die Italiener Tirols nicht ziehen lassen.[35]
Entsprechend wurde Prato, der seine Rede mit dem
Hinweis begann: „Ich bin gebürtig aus Trento, ver-
trete aber Rovereto", sofort durch „Stimmen" belehrt:
„In Deutschland sagt man Trient".[36] Bereits im Vorfeld
war gefordert worden, die Vertreter des Antrags wegen Illoyalität aus der Versammlung auszuschließen,
statt sich mit ihrem Wunsch nach Unabhängigkeit zu
befassen; daraufhin modifizierten sie ihr Anliegen und
erbaten nur noch die Garantie einer autonomen, italienischsprachigen Verwaltung (was wiederum Abgeordnete Deutsch-Tirols zum heftigen Widerspruch veranlasste[37]). In seiner Rede verwies Prato auf Sprache
und Geschichte ebenso wie auf die Absurdität der
historischen Argumente für eine Zugehörigkeit des
Trentino zu Deutschland, die letztlich darauf hinaus-
liefen, dass die Region einmal zum mittelalterlichen
römisch-deutschen Reich gehört habe. Um dieses
Prinzip umzusetzen, müsse man freilich „ein ganz son-
derbares Deutschland zusammenflicken", denn zu diesem Reich gehörten einmal ganz Frankreich und weite

Carl Vogt, Lithographie von Valentin Schertle, 1848

Teile Italiens.[38] Wie der Berliner Abgeordnete Carl Nauwerck bemerkte, dominierte aber in der Versammlung die Tendenz, „daß man für Nationalität schwärmt, aber leider nur für seine eigene".[39] Entsprechend hob der Abgeordnete für Neuheus bei Salzburg, Franz Xaver Kohlparzer hervor, jemand, der in Russland oder Frankreich vergleichbare Forderungen erhebe, werde mit der Knute gezüchtigt oder ins Irrenhaus gesperrt – Maßnahmen, die ihm offenbar nicht allzu überzogen erschienen.[40] Prato verließ die Frankfurter Nationalversammlung im Dezember 1848, um sich stärker in Österreich zu engagieren; nach dem Ende der Revolution wurde er kurz inhaftiert, verlor die kirchliche Lehrbefugnis und damit seinen Posten. Nach einer Tätigkeit

als Hauslehrer bei einer befreundeten Familie wurde er vor allem in den 1860er Jahren Vorreiter eines modernen Journalismus im Trentino.

Allerdings erhielt Pratos Position auch Unterstützung, nicht nur von Nauwerck, sondern auch von dem Abgeordneten für Gießen, Carl Vogt.[41] Vogt, ein 1817 geborener Neffe des in die USA emigrierten radikalen Burschenschaftlers Karl Follen[42], war bereits während seines Medizinstudiums 1835 aus politischen Gründen in die Schweiz emigriert, wo er sich einen Namen als Zoologe machte. Seine Wahl zum Abgeordneten verdankte er dieser Biographie in Verbindung mit der Tatsache, dass er just 1847 einen Ruf auf eine Professur für Zoologie nach Gießen angenommen hatte.

Vogt sah die nationale Frage anders als die Mehrheit: Erstens sei es unsinnig, die Bedürfnisse einer großen Nation denen einer kleinen vorzuziehen. Er protestiere dagegen, „daß man die Liebe zur Nationalität und die Achtung vor seiner eigenen Nationalität nach dem Scheffelmaße messen will". Schließlich herrsche in „Reuß-Greitz-Schleitz-Lobenstein [...] ebensoviel Liebe zur deutschen Nationalität wie in Preußen – ich protestire feierlich im Namen der vielen kleineren deutschen Nationen, die etwas weniger als eine halbe Million zählen", gegen die Diskriminierung nach Größe. Zweitens habe Prato in der Sache doch ganz offensichtlich recht: „ich [Vogt] möchte nur wissen, ob man das Welschtyrol etwa deswegen *Welschtyrol* nennt, weil es von Deutschen bewohnt ist?" Die wenigen deutschen Kellner, Gastwirte und Beamte, die man dort antreffen könne, taugten doch wohl kaum als Beleg. „Bei Posen hatten wir wenigstens eine Bevölkerung von einer halben Million, die man schützen sollte" – aber nach der für Trient bemühten Logik müsse man doch dann auch Mailand und Rom beanspruchen, wo mehr Deutsche zu finden seien als in Rovereto.[43]

Der Verweis auf Posen bezog sich auf die in der Literatur intensiver behandelte „Polendebatte" Ende Juli 1848, bei der die Ansprüche auf einen polnischen Nationalstaat gegen die territorialen, ökonomischen und militärisch-strategischen Interessen der deutschen Nation abgewogen wurden. Auch in diesem Fall setzte sich die Mehrheit der Versammlung für eine Beibehaltung der bisherigen Grenzen und damit eine Absage an die Interessen der polnischen Nation auf nationale Selbstbestimmung ein, zumindest, was die nach den polnischen Teilungen und den Napoleonischen Kriegen zu Preußen oder Österreich geschlagenen Gebiete betraf. Die Argumente waren ähnlich wie im Fall „Welschtyrols" – der Verweis auf die Überlegenheit „deutscher" Institutionen und Wirtschaftspraktiken verband sich mit dem Verweis auf historische Grenzen, Großmachtansprüchen und dem Wunsch, die ortsansässige deutsche Bevölkerung zu schützen oder gar zu privilegieren.[44] Allerdings war das Ergebnis insofern überraschend, als seit der polnischen Revolution von 1830 enge Verbindungen zwischen polnischen Exilanten und der liberalen Opposition in den deutschen Staaten bestanden hatten: Beim Hambacher Fest von 1832 waren polnische Fahnen prominent sichtbar gewesen, und noch die öffentliche Reaktion auf den gescheiterten Aufstandsversuch in der seit 1815 freien Stadt Krakau 1846, der ebenfalls die Gründung eines polnischen Staates zum Ziel hatte und über den seit 1847 in Berlin in einem Mammutprozess vor Gericht verhandelt wurde, war zumindest in der liberalen Presse überwiegend positiv gewesen.[45]

In den Debatten der Nationalversammlung zeichnete sich somit ein klares Muster ab: Sie befürwortete prinzipiell die Gründung eines deutschen Reichs mit maximaler Ausdehnung, das keine Territorien an andere Nationen abgeben sollte. Sie verstand Freiheit in diesem Zusammenhang mehrheitlich eher als Zugang zu politischen Grundrechten – Wahlrecht, Pressefreiheit, Versammlungsfreiheit, die zwar universell gedacht, aber deutschsprachig imaginiert wurden – als die Freiheit, eigene sprachliche, kulturelle oder politische Präferenzen festzulegen. Entsprechend hing der Umgang mit Abgeordneten, die nationale Minderheiten repräsentierten, für die Mehrheit der Versammlung davon ab, ob sie bereit waren, sich vorbehaltlos in

einen deutschen Nationalstaat in diesem Sinne einzufügen. Entsprechend lehnte die Versammlung die Bestrebungen des Trentino nach Autonomie oder gar Unabhängigkeit ebenso deutlich ab wie sie einen Antrag aus Limburg, die Provinz solle nur noch zu Deutschland, nicht mehr zu den Niederlanden gehören, unterstützte.[46]

Die Begründungen, welche die Majorität anführte, waren immer ähnlich: Sie kombinierten einseitig gelesene historische Evidenz mit strategischen Argumenten und der behaupteten Überlegenheit deutscher Institutionen, und zwar sowohl jener in den Einzelstaaten als auch jener, welche die Versammlung erst erschaffen wollte.

Politisch war diese Wendung der Paulskirchenversammlung, auf die Günter Wollstein bereits 1977 hingewiesen hat,[47] einigermaßen überraschend. Schließlich kursierten vor 1848 eine Reihe von Entwürfen zu einem Europa der Nationen, die davon ausgingen, gerade die durch das Nationalitätsprinzip veränderten Grenzen würden für die Zukunft Frieden und Freiheit sichern; es sei vor allem das Festhalten an den bestehenden, 1815 eingeführten Grenzen, welches das Risiko kriegerischer Konflikte erhöhe.[48] Die neueste ausführliche Studie zum Thema, Brian Vicks „Defining Germany", argumentiert, die Mehrheit der Abgeordneten hätten ihre Präferenz für den Primat des Deutschtums in einer Art Vulgärdialektik damit begründet, dass sich dieses auf „deutschem" Boden früher oder später ohnehin durchsetzen müsse. Es stelle daher – mittelfristig gesehen – gar keinen Zwang dar, anderen Nationen ihre Selbstbestimmungsrechte nicht zu gewähren, sondern nehme das ohnehin absehbare Ende der Geschichte lediglich vorweg.[49] Wenn selbst unter den Befürwortern radikalen politischen Wandels solche Ideen dominierten, überrascht es wenig, dass diejenigen, die andere Nationskonzepte favorisierten, damit zwar wenig anfangen, aber auch nur wenig dagegen unternehmen konnten. Auch die Zukunft Vogts lag wieder in einer kleineren Nation, nämlich der Schweiz, in die er nach der Revolution zurückkehrte, um dort eine zweite wissenschaftliche und politische Karriere zu beginnen.

Eine Nation – oder viele Nationen?

Vor diesem Hintergrund lohnt es, eine Formulierung Vogts genauer in den Blick zu nehmen. Was meinte er eigentlich, wenn er von den „vielen kleineren deutschen Nationen, die etwas weniger als eine halbe Million zählen", sprach?[50]

Der Abbé Sieyès definierte 1789 eine Nation als Gruppe, die unter denselben Gesetzen lebt und von derselben Legislative vertreten wird; er griff dabei eine kanonische Definition des Begriffs auf, die allerdings auch noch auf die gemeinsame Sprache verwiesen hatte.[51] Nationen bezeichneten daneben landsmannschaftliche Verbände im Sinne der „Nationen" an Universitäten, die vielleicht eine gemeinsame Sprache nutzten, ohne deswegen die einzigen Mitglieder dieser Sprachgruppe zu sein. Das Wort „Nation" konnte Gruppen beschreiben, die größer oder kleiner waren: die Meißener „Nation" an der Universität Leipzig oder die kaukasische „Nation" im Werk des Göttinger Anthropologen Johann Friedrich Blumenbach.[52] Nationen konnten sich primär auf Staaten beziehen, wenn etwa „Nationalkokarden" in den jeweiligen Landesfarben definiert wurden. Oder sie konnten die Grenzen von Staaten überschreiten, wenn etwa von einer deutschen Nation die Rede war.[53] Dabei wechselte nicht nur die implizite Definition einer „Nation" – als eher politisch orientierte oder sprachlich/kulturell orientierte Gruppe –, sondern auch der Fokus. Eine Nation konnte eher für die Beantwortung politischer Fragen oder in kulturellen Kontexten oder in beidem von Relevanz sein, wenn etwa über das am Hut zu tragende Accessoire der Nationalkokarde die politische Zugehörigkeit zu einem Staat ins Bewusstsein gerufen und damit die Identität als Staatsbürger einer Nation geschaffen oder verstärkt werden sollte.[54]

Diese Unbestimmtheit des Begriffs macht es plausibel, warum die Betonung der Nation als Kategorie und die Festlegung konkreter Grenzen 1815 in keiner unauflöslichen Spannung standen: Schließlich war es völlig normal, ja geradezu unvermeidbar, dass fast jeder größere Herrschaftsbereich mehrere „Nationen" umfasste. Das galt für die österreichischen Kron- und Erblande genauso wie für Ungarn oder Preußen, für das Vereinigte Königreich genauso wie für die Schweiz, für Dänemark ebenso wie für den norwegisch-schwedischen Herrschaftsbereich.[55] Und es war für den Deutschen Bund kein dramatisches Problem, solange es niemanden gab, der versuchte, Nation und politische Grenzen in eins zu setzen, ohne dass vorher klar gewesen wäre, was überhaupt eine Nation sein sollte oder konnte – womit wir beim Problem der prinzipiellen politischen Positionierung der Nationalbewegung wären, über das in diesem Band an anderer Stelle gehandelt wird.[56] Solange der Deutsche Bund als transnationale Einrichtung gesehen wurde, die gewissermaßen einen deutschen Schwerpunkt hatte, war das keine prinzipielle Herausforderung, denn selbst die deutsche Nationalbewegung konzedierte meist, die deutsche Nation (oder das deutsche Volk) sei im Vergleich mit anderen Nationen durch eine besondere interne Pluralität gekennzeichnet, da sie – so die gängige Formulierung – aus mehreren Stämmen bestehe, über deren Zahl, Abgrenzung und Verwandtschaft wiederum intensiv nachgedacht und gestritten werden konnte.[57]

Der Fokus auf das Reden über die „deutsche" Nation in der Paulskirche droht daher, den Blick darauf zu verstellen, dass die deutsche Nationalvertretung mit den Vertretungen der Einzelstaaten konkurrierte, in denen – so die Implikation von Vogts Formulierung – die einzelstaatlichen Nationen vertreten waren und wo parallel eigene Visionen einer konstitutionellen Ordnung entwickelt wurden. Die große Frage der Abschaffung der Feudallasten gehörte ebenso in diesen Zusammenhang wie andere eher innenpolitische Bereiche wie die Polizei, das Armenrecht oder die Sozialpolitik, die bereits vor 1848 nicht in den Zuständigkeitsbereich des Deutschen Bundes gehört hatten. In der politischen Praxis konnte diese einzelstaatliche konstitutionelle Ordnung nicht nur leichter durchgesetzt werden, da die einzelnen Staaten – anders als der Deutsche Bund und damit die Paulskirche – über eigene Verwaltungen, Steuereinnahmen, Schulen, Universitäten usw. verfügten. Sie besaßen auch eine konkurrierende Legitimität, die ihrerseits auf eine „nationale Identität" zurückgeführt werden konnte, die unterhalb oder parallel zur deutschen nationalen Identität existierte. John Breuilly hat daher seit den 1980er Jahren bezweifelt, ob die Priorität der deutschen nationalen Frage für die politisch handelnde Öffentlichkeit hinreichend evident war, um die Aufmerksamkeit von der einzelstaatlichen Ebene auf die deutschnationale Ebene zu lenken. Allerdings hätten die Abgeordneten der Paulskirche angenommen, dass die gesamtstaatliche Ebene wichtiger sei als die einzelstaatliche, und die Historiographie sei ihnen darin meist gefolgt – ohne zu beachten, dass diese Annahme zum Scheitern der Frankfurter Nationalversammlung beigetragen haben könnte.[58] So gelesen, war der Einwand Vogts gegen die Missachtung der legitimen Ansprüche der kleinen Nation der Welschtiroler (die er wohlweislich nicht mit den Italienern insgesamt gleichsetzte) auch eine Warnung dagegen, die Interessen der kleinen Nationen im Deutschen Bund zu sehr unter vermeintlich gemeinsame deutsche Interessen zu subsumieren – wiewohl Vogt selbst als letzter Außenminister der provisorischen Zentralgewalt zeitweilig genau solche Interessen zu wahren versuchte.

Auch nach 1850 bestanden verschiedene Perspektiven auf nationale Fragen in und um Deutschland. Klar war allenfalls, dass die Frage der Nationalität eine komplexe Gemengelage aus staatlicher Ordnung, kultureller Homogenisierung, sprachlicher Einheit und Identitätswahrnehmung betraf, über deren Grundlage und Möglichkeiten genauer nachgedacht oder sogar geforscht werden musste.[59] Klar schien auch, dass das Vertrauen auf den historischen Prozess in dieser Beziehung nicht ausreichte, um konkrete Ziele zu erreichen. Einzelstaatliche Regierungen, zumindest jene der größeren Staaten, setzten fortan auf eine innere Nationsbildung, die auch dazu dienen sollte, die Stabilität des jeweiligen Einzelstaates zu vergrößern: durch eine Nationaltracht, Nationalfeste, Nationalmuseen etwa; die „bayerische" Lederhose ist der bis heute sichtbare Ausdruck eines solchen Programms. Bayern stach dabei hervor, weil es an der „nationalen" Terminologie festhielt – andere Staaten wie Württemberg, Sachsen oder Hannover sprachen von Vaterländern, meinten aber dasselbe und förderten es durch billigere Zugfahrten zu den Nationalmuseen, Volksfeste, Denkmäler, Schulbücher – das ganze Programm der staatlichen Identitätsbildung.[60]

Dagegen war eine deutsche Nationsbildung nach dem Scheitern der Paulskirche entweder auf zivilgesellschaftliche Organisationen verwiesen, sobald diese wieder erlaubt waren. Oder sie konnte sich seit den 1860er Jahren verstärkt der Unterstützung des Deutschen Bundes sicher sein, auf dessen Veranstaltungen nun wieder schwarz-rot-goldene Fahnen wehten wie einst 1848 – ohne dass damit freilich die Frage nach den Grenzen der Nation und den Beziehungen zwischen den Nationen wirklich geklärt gewesen wäre, auch wenn, beispielsweise 1861 anlässlich der Eröffnung der Rheinbrücke bei Kehl, das Motiv der Völkerverständigung wieder größeres Gewicht erhielt.[61] Allerdings sollten auch an der deutsch-französischen Grenze alsbald nationale Rivalitäten zunächst für lange Zeit erneut die Oberhand gewinnen.

1   Reden für die deutsche Nation 1848/1849. Stenographischer Bericht über die Verhandlungen der Deutschen Constituirenden Nationalversammlung zu Frankfurt am Main, hg. von Franz Wigard, 9 Bde., ND hg. und mit einer Einf. versehen von Christoph Stoll, München 1988.

2   Vgl. als kleine Auswahl relevanter Titel z. B. Hagen Schulze, Europe and the German Question in Historical Perspective, in: Hagen Schulze (Hg.), Nation-Building in Central Europe, Leamington Spa 1987, S. 183–196; Wolfgang J. Mommsen, Nation und Geschichte. Über die Deutschen und die deutsche Frage, München 1990; Anselm Doering-Manteuffel, Vom Wiener Kongress zur Pariser Konferenz: England, die deutsche Frage und das Mächtesystem 1815–1856, Göttingen 1991; Wolf D. Gruner, Die deutsche Frage in Europa 1800–1990, München 1993.

3   Vgl. z. B. das Kapitel „1848: Das ganze Deutschland soll es sein", in: Hagen Schulze, Der Weg zum Nationalstaat. Die deutsche Nationalbewegung vom 18. Jahrhundert bis zur Reichsgründung, München 1985, S. 86–94.

4   Vgl. Wolfram Siemann, Vom Staatenbund zum Nationalstaat: Deutschland 1806–1871, München 1995. Zu den Vorläufern dieser Interpretation, beispielsweise bei A. J. P. Taylor, siehe Ronald J. Granieri, A. J. P. Taylor on the ‚Greater' German Problem, in: The International History Review 23 (2001), S. 28–50.

5   David Blackbourn/Geoff Eley, The Peculiarities of German History: Bourgeois Society and Politics in Nineteenth-Century Germany, Oxford 1984; Helga Grebing, Der „deutsche Sonderweg" in Europa 1806–1945. Eine Kritik, Stuttgart 1986; Hagen Schulze, Gibt es überhaupt eine deutsche Geschichte?, Berlin 1989; Deutscher Sonderweg. Mythos oder Realität?, München 1992.

6   Dieter Langewiesche (Hg.), Föderative Nation: Deutschlandkonzepte von der Reformation bis zum Ersten Weltkrieg, München 2000; Andreas Fahrmeir, Die Deutschen und ihre Nation: Geschichte einer Idee, Ditzingen 2017.

7   Dieter Langewiesche, Reich, Nation, Föderation: Deutschland und Europa, München 2008, bes. S. 259–276.

8   Étienne François/Thomas Serrier (Hg.), Europa: Die Gegenwart unserer Geschichte, Darmstadt 2019.

9   Wolfgang Behringer, Tambora und das Jahr ohne Sommer. Wie ein Vulkan die Welt in die Krise stürzte, München 2015, S. 226–237; Wolfram Siemann, Metternich. Stratege und Visionär: Eine Biographie, München 2016, S. 682–735.

10 Vgl. Stenographische Berichte über die Verhandlungen der zur Vereinbarung der Preussischen Staats-Verfassung Berufenen Versammlung, Berlin 1848.

11 Eva-Maria Werner, Die Märzministerien: Regierungen der Revolution von 1848/49 in den Staaten des Deutschen Bundes, Göttingen 2009.

12 Vgl. Jürgen Müller, Deutscher Bund und deutsche Nation 1848–1866, Göttingen 2005.

13 Vgl. https://www.ieg-maps.uni-mainz.de/gif/d820_a4.htm (6. Februar 2020).

14 Andreas Fahrmeir, Staatliche Abgrenzungen durch Passwesen und Visumzwang, in: Jochen Oltmer (Hg.), Handbuch Staat und Migration in Deutschland seit dem 17. Jahrhundert, Berlin 2015, S. 221–243.

15 Protokolle der Deutschen Bundesversammlung, 1848, S. 381.

16 Vgl. Alexa Geisthövel, Eigentümlichkeit und Macht. Deutscher Nationalismus 1830–1851: Der Fall Schleswig-Holstein, Stuttgart 2003.

17 Jürgen Müller, Der Deutsche Bund 1815–1866, München 2006.

18 https://www.hdbg.eu/koenigreich/index.php/objekte/index/herrscher_id/1/id/525 (6. Februar 2020).

19 Philip Dröge, Niemandsland. Die unglaubliche Geschichte von Moresnet, einem Ort, den es eigentlich gar nicht geben durfte, München 2018.

20 Rede des preußischen Staatsministers Wilhelm von Humboldt bei Eröffnung der deutschen Bundesversammlung, in: Eckhardt Treichel (Hg.), Quellen zur Geschichte des Deutschen Bundes, Abteilung I: 1813–1820, Bd. 2: Organisation und innere Ausgestaltung des Deutschen Bundes 1815–1819, München 2015, S. 179 f., hier S. 180.

21 Rede des österreichischen Präsidialgesandten Buol, in: ebd., S. 169–179, hier S. 172–176.

22 Jürgen Müller (Hg.), Deutscher Bund und innere Nationsbildung im Vormärz (1815–1848), Göttingen 2018.

23 Forderungen in der französischen Öffentlichkeit, die Grenzen des Landes bis an den Rhein auszudehnen, führten zu politischen Spannungen zwischen Frankreich und Deutschland und nationalistischen Aufwallungen auf beiden Seiten.

24 Winfried Baumgart, Europäisches Konzert und nationale Bewegung. Internationale Beziehungen 1830–1878, Paderborn 1999, S. 299.

25 Dieter Langewiesche, Germany and the National Question in 1848, in: John Breuilly (Hg.), The State of Germany. The National Idea in the Making, Unmaking and Remaking of a Modern Nation-State, London 1992, S. 60–79.

26 L. Bianco, Art. „Esterle, Carlo", in: Dizionario biografico degli italiani, Bd. 42, Rom 1993; Heinrich Best/Wilhelm Wege, Biographisches Handbuch der Abgeordneten der Frankfurter Nationalversammlung 1848/49, Düsseldorf 1996, S. 137; World Biographical Information System, https://wbis.degruyter.com/biographic-document/I053-754-6 (6. Februar 2020).

27 Diese Angabe stammt aus Francesco Ambrosi, Scrittori e artisti trentini, 1894, S. 323, zitiert nach Archivio Biografico Italiano (ABI), II, Fiche 222, Frame 35.

28 Stenographischer Bericht über die Verhandlungen der Deutschen Constituirenden Nationalversammlung zu Frankfurt am Main, hg. von Franz Wigard, 10 Bde., Frankfurt am Main/Leipzig 1848–1849, hier Bd. 6, S. 4418.

29 Ebd., Bd. 5, S. 3482 f.

30 Ebd., Bd. 7, S. 5370 f.

31 Ebd., Bd. 8, S. 6216 f. u. 6221.

32 Ebd., Bd. 6, S. 4039.

33 Michele Toss, Art. „PRATO, Giovanni, a", in: Dizionario biografico degli italiani, Bd. 85, 2016, nur online unter http://www.treccani.it/enciclopedia/prato-giovanni-a_(Dizionario-Biografico) (6. Februar 2020); Best/Wege, Handbuch (wie Anm. 26), S. 264 f.; https://

wbis.degruyter.com/biographic-document/D608-712-5 (6. Februar 2020).

34 Stenographischer Bericht (wie Anm. 28), Bd. 2, S. 1546.

35 Ebd., Bd. 2, S. 1552.

36 Ebd.

37 Ebd., Bd. 2, S. 1448 f.

38 Ebd., Bd. 2, S. 1552.

39 Ebd., Bd. 2, S. 1550.

40 Ebd., Bd. 2, S. 1555.

41 https://wbis.degruyter.com/biographic-document/D433-302-7 (6. Februar 2020); Best/Weege, Handbuch (wie Anm. 26), S. 345 f.; Ernst Krause, Art. „Vogt, Carl", in: Allgemeine Deutsche Biographie, Bd. 40, 1896, S. 181–189.

42 Edmund Spevack, Charles Follen's Search for Nationality and Freedom: Germany and America 1796–1840, Cambridge, Mass. 1997.

43 Stenographischer Bericht (wie Anm. 28), Bd. 2, S. 1556.

44 Peter Wende (Hg.), Politische Reden 1792–1867, Frankfurt am Main 1990, S. 321–367 u. 796–808.

45 Gabriela Brudzyńska-Němec, Polenbegeisterung in Deutschland nach 1830, in: Europäische Geschichte Online, https://d-nb. info/1020542276/34 (6. Februar 2020); Julia Franke (Hg.), Ein europäischer Freiheitskämpfer: Ludwik Mierosławski 1814–1878, Berlin 2006.

46 Stenographischer Bericht (wie Anm. 28), Bd. 5, S. 3552–3558.

47 Günter Wollstein, Das „Grossdeutschland" der Paulskirche: Nationale Ziele in der bürgerlichen Revolution 1848/49, Düsseldorf 1977.

48 Enrico Dal Lago, William Lloyd Garrison and Giuseppe Mazzini: Abolition, Democracy, and Radical Reform, Baton Rouge 2013; Manfred Kittel, Abschied vom Völkerfrühling? National- und außenpolitische Vorstellungen im konstitutionellen Liberalismus 1848/49, in: Historische Zeitschrift 275 (2002), S. 333–383.

49 Brian Vick, Defining Germany: The 1848 Frankfurt Parliamentarians and National Identity, Cambridge, Mass. 2002.

50 Stenographischer Bericht (wie Anm. 28), Bd. 2, S. 1556.

51 [Emmanuel-Joseph Sieyès], Qu'est-ce que le tiers-état, 3. Aufl., Paris 1789, S. 13.

52 Johann Friedrich Blumenbach, Ueber die natürlichen Verschiedenheiten im Menschengeschlechte. Nach der dritten Ausgabe und den Erinnerungen des Verfassers übersetzt, und mit einigen Zusätzen und erläuternden Anmerkungen herausgegeben von Johann Gottfried Gruber, Leipzig 1798, S. xxx.

53 Fahrmeir, Die Deutschen (wie Anm. 6), S. 8–10.

54 Andreas Fahrmeir, National Colours and National Identity in Early Nineteenth-Century Germany, in: David Laven/Lucy Riall (Hg.), Napoleon's Legacy: Problems of Government in Restoration Europe, Oxford 2000, S. 199–216.

55 Vgl. Brian E. Vick, The Congress of Vienna: Power and Politics after Napoleon, Cambridge, Mass. 2014, S. 266–277.

56 Vgl. den Beitrag von Frank Engehausen im vorliegenden Band.

57 Till van Rahden, Germans of the Jewish ‚Stamm': Visions of Community between Nationalism and Particularism, 1850 to 1933, in: Neil Gregor, Nils Roemer, Mark Roseman (Hg.), German History from the Margins, Bloomington 2006, S. 27–48.

58 John Breuilly, Nationalism and National Unification in Nineteenth-Century Europe, in: ders. (Hg.), The Oxford Handbook of the History of Nationalism, Oxford 2013, S. 149–174, bes. S. 153–158.

59 Vgl. Fahrmeir, Die Deutschen (wie Anm. 6), S. 82–95.

60 Abigail Green, Fatherlands: State-building and Nationhood in Nineteenth-Century Germany, Cambridge 2001; Manfred Hanisch, Für Fürst und Vaterland: Legitimitätsstiftung in Bayern zwischen Revolution 1848 und deutscher Einheit, München 1991.

61 Jürgen Müller, 1861: Die Rheinbrücke bei Kehl wird in Betrieb genommen – „für Frieden und für den Handel", in: Andreas Fahrmeir (Hg.), Deutschland: Globalgeschichte einer Nation, München 2020, S. 378–382.

Erinnerung und Tradition –
die Frankfurter Gedenkfeiern an 1848 im Kaiserreich
und in der Weimarer Republik

Walter Mühlhausen

Am 18. Mai 1923 jährte sich die Eröffnung der Paulskirchenversammlung von 1848 zum 75. Mal. Dieses historische und erinnerungswürdige Ereignis wollte die Stadt Frankfurt gebührend begehen. Schon früh signalisierte Reichspräsident Friedrich Ebert, dass er Wert darauf lege, der Veranstaltung beizuwohnen.[1] Der Sozialdemokrat drängte darauf, den Gedenktag zu einer reichsweiten Feier aufzuwerten, und ließ es sich nicht nehmen, auf der zentralen Veranstaltung am historischen Ort zu sprechen. In prägnanten Worten zog er die Verbindungslinie von 1848 zu 1918/19, von der Frankfurter zur Weimarer Nationalversammlung: „Dieser ersten Nationalversammlung gelang es, die Grundrechte des deutschen Volkes und die Verfassung des einigen Deutschen Reiches[2] zu schaffen, aber es gelang ihr nicht, das Reich selbst aufzurichten. Dazu fehlten ihr die realen Machtmittel; am Geiste der Kleinstaaterei scheiterte ihr nationaler Wille. So wurde die Arbeit der Paulskirche nicht Wirklichkeit; sie ist aber ein Denkstein geworden, der weit und sichtbar hineinragt in die weitere Entwicklung des staatlichen Lebens der Nation, in die Zeit der Gründung des Reichs wie in die schweren Zeiten unserer neuesten Geschichte. Denn als, wiederum, 70 Jahre später, im Winter 1918/19 das deutsche Volk gezwungen war, sein Geschick selbst in die Hand zu nehmen, sein Staatswesen in den Nöten der Zeit neu aufzubauen, führte uns die Arbeit von Weimar zur Frankfurter Paulskirche zurück, zu den Leitgedanken, die einst an dieser Stätte geboren sind. So schlingt sich über gute und böse Tage hinüber das Band, das uns von heute mit denen der Ersten Nationalversammlung verbindet. Einheit, Freiheit und Vaterland! Diese drei Worte, jedes gleich betont und gleich wichtig, waren der Leitstern, unter dem die Paulskirche wirkte."[3] Und ebendiese Leitsterne reklamierte er auch für die Republik von Weimar.

Bereits in seiner Rede zur Eröffnung der in Weimar tagenden Nationalversammlung am 6. Februar 1919 hatte Ebert als Kopf des Rates der Volksbeauftragten, der Revolutionsregierung, 1848 zum Traditionsgut der neuen Republik erkoren. Dabei hatte er jedoch den 9. November 1918, den Sturz der Monarchie durch die Revolutionsbewegung der Arbeiter- und Soldatenräte und die Übernahme der Macht durch die im Kaiserreich verfemten Sozialdemokraten, in die Linie mit dem 18. März 1848 gestellt, dem Tag der Berliner Barrikadenkämpfe, den die SPD im Kaiserreich stets als Tag der Erinnerung an die demokratische Freiheitsbewegung begangen hatte.[4]

Ebert machte also zwei Stränge fest, die das Andenken an 1848 dominierten: zum einen die Kämpfe vom März mit ihren Hunderten von Toten[5] als Aktion des Volkes gegen die Tyrannei, die er in Verbindung zum Novemberumsturz 1918 setzte, und zum anderen das Frankfurter Parlament, das er in Bezug zur Weimarer Nationalversammlung brachte. Barrikade und Parlament waren also die unterschiedlichen zentralen Erinnerungsorte, die im kollektiven Gedächtnis mit Bildern und Metaphern verankert waren.[6] Um diese beiden Daten – den 18. März und den 18. Mai – drehten sich die Erinnerungsfeiern am historischen Ort Frankfurt, zu denen auch die Eröffnung des Vorparlaments trat, das am 31. März 1848 erstmals am Main zusammengekommen war. Wie feierte Frankfurt im Kaiserreich und in der Republik nun die Ereignisse von 1848?

Zwischen Liberalismus und Arbeiterbewegung – Gedenkfeiern im Kaiserreich

Die Barrikaden des 18. März waren 1898 für die *Frankfurter Zeitung*, das „Sprachrohr des liberalen Bürgertums des Südwestens"[7], Anlass, an die Revolution, an den allzu kurzen „Völkerfrühling", wie zu lesen war, zu erinnern.[8] Der 18. März war und blieb aber der eigentliche Gedenktag der Arbeiterbewegung, für die dieses Datum die Revolution schlechthin verkörperte, ja das Synonym für die Erhebung gegen die Fürstenherrschaft darstellte. Für das sozialistische Milieu besaßen die jährlich begangenen Märzfeiern die Funktion, ein historisches Gegenbild zum aktuellen Zustand des Reiches zu entwerfen und darüber hinaus ein eigenes historisches Bewusstsein zu entwickeln.[9]

Die Feiern der Frankfurter Sozialdemokratie mit der Fokussierung auf den radikalen Flügel von 1848 nahmen sich in der Bismarck-Zeit gegenüber denen in Berlin doch eher bescheiden aus, wo 1873 ein Gedenkzug von 30.000 Teilnehmern zum Friedrichshain, dem Begräbnisort der Märzkämpfer, stattfand.[10] In Frankfurt feierten die noch getrennten, sich deutschland-weit zwei Jahre später vereinigenden Arbeiterparteien – der Allgemeine Deutsche Arbeiterverein (ADAV) und die Sozialdemokratische Arbeiterpartei (SDAP) – eine jede für sich. Dabei war zunächst generell der Vortrag die bevorzugte Agitationsweise. Der ADAV veranstaltete ein regelrechtes Fest mit Gesängen und Tableaux vivants, den künftighin bei sozialdemokratischen Fest- und Parteitagen aufgeführten lebenden Bildern. Im Jubiläumsjahr 1898 wurde die Erinnerung reichsweit um neue Formen wie Presseartikel, März-Zeitungen mit Illustrationen, Bildern und Karikaturen erweitert. Das Jubiläum wurde auch ein künstlerisch untermaltes Ereignis, das stets, wie auch in Frankfurt, die Möglichkeit zu scharfer Kritik am obrigkeitsstaatlichen System, an der unvollendeten Demokratie und an der Ausgrenzung und Verfolgung der Sozialdemokratie bot. Mit der Zeit standen die März-Feiern, die auch immer der Erinnerung an die Pariser Kommune von 1871 galten, in Konkurrenz zu den kontinuierlich stärker in den Vordergrund rückenden Mai-Feiern der internationalen Arbeiterbewegung, die an diesem Tag für ihre Rechte, insbesondere den Achtstundentag, auf die Straße ging. Hinsichtlich der Bedeutung überwog die seit 1890 begangene Maifeier allmählich die des März. Während letztere zuvorderst als Gedenktag an Vergangenes erinnerte und daraus Zielperspektiven entwickelte, war der Erste Mai direkt auf die Zukunft, die sozialistische Morgenröte, ausgerichtet. Die Märzfeiern unterlagen so einem Funktionswandel: weg von der politischen Vision hin zum überwiegenden Erinnern, das mit einem allgemeinen Bedeutungsverlust einherging.

Im innenpolitisch angespannten Jahr 1898, acht Jahre nach dem Ende des gegen die Sozialdemokratie gerichteten, letztlich gescheiterten Sozialistengesetzes, war der 18. März aber noch einmal ein Höhepunkt, als die nach dem Sieg über Bismarck mit gestärktem Selbstbewusstsein ausgestattete SPD sich als die einzig legitime revolutionäre Nachlassverwalterin von 1848 zu etablieren versuchte. 1898 wartete auch die Frankfurter Sozialdemokratie mit einem vielschichtigen Jubiläumsgedenken auf, das schon mit

Erinnerung an die Eröffnung der Paulskirchenversammlung 50 Jahre zuvor: Einladungskarte der Stadtverwaltung zur Feier am 18. Mai 1898 im Kaisersaal

Jahresbeginn einsetzte, als Max Quarck, der vormalige Redakteur der *Frankfurter Zeitung* und zur SPD konvertierte Liberale, über die „Revolution von 1848" referierte.[11] Am eigentlichen Barrikaden-Tag folgten dann vier Veranstaltungen, da man für eine zentrale Feier keine geeignete große Räumlichkeit hatte finden können. Zu den vier Festrednern gehörte auch der gebürtige Kasseler Philipp Scheidemann, wohl einer der begnadetsten Agitatoren der SPD seinerzeit, späterer Parteivorsitzender und erster Reichsministerpräsident (Reichskanzler) der Weimarer Republik. Die gemeinsame Resolution würdigte die für Freiheit, Wahrheit und Recht kämpfenden Helden von einst, „die auch für kurze Zeit den Sieg errangen, der dem Volke aber wiederum entrissen wurde durch den Verrath der feigen, habsüchtigen Bourgeoisie".[12]

Mit ebendiesem Bürgertum, dem sie dereinst Verrat an der revolutionären Bewegung und zudem an den alten Idealen unterstellte, rang die SPD um das Erbe von 1848. In Frankfurt geschah dies in Konkurrenz zum linksdemokratischen Bürgertum in Form der Deutschen Volkspartei, die eine Woche nach der SPD mit einer Veranstaltung im Großen Saal des Zoologischen Gartens an den Zusammentritt des Vorparlaments ein halbes Jahrhundert zuvor erinnerte. Die Paulskirchenversammlung wiederum stand dann wenige Wochen später, am 18. Mai, im Zentrum, als die Stadt einen Empfang im Kaisersaal des Römer gab, wo einst das Vorparlament am 31. März 1848 erstmals sich getroffen hatte.

Bereits 1873, also ein Vierteljahrhundert nach der Eröffnung des Frankfurter Vorparlaments, hatte der Demokratische Wahlverein Frankfurts eine Feier ausgerichtet, die im bescheidenen Rahmen nicht am historischen Ort, sondern im großen Saal des Saalbaus stattfand. Auch wenn sich das Bürgertum allgemein schwertat mit 1848 als Referenzort, so war es das linksliberale Frankfurt, welches das Jubiläum 1873 zu einem Gedenken nutzte, das jedoch nicht über die Region hinausstrahlen sollte. Hier am Main traf sich die süddeutsche Opposition gegen Bismarck. Erster Festredner war Otto Volger, der Gründer des Freien Deutschen Hochstifts, dem der württembergische Demokrat Karl Mayer, Nachrücker des Parlaments 1849, folgte. Das Ganze wurde von einem Polizeikommissar überwacht, der dem abendlichen Fest von ca. 400 Teilnehmern an gleicher Stelle jedoch fernblieb. So zumindest schilderte es 50 Jahre später einer der Organisatoren der Feierlichkeiten, Otto Hörth, der damalige Redakteur der *Frankfurter Zeitung*.[13]

Die Feier vom 30. März 1873 besaß dennoch besondere Prägekraft für den Frankfurter Liberalismus: Verschiedene dem Linksliberalismus zuzurechnende Organisationen, angeführt vom Demokratischen Wahlverein, schlossen sich, Gedanken an eine Einheit während der März-Feiern aufgreifend, am 20. November 1873 zum Frankfurter „Demokratischen Verein" zusammen, der sich als Ortsgruppe der Deutschen Volkspartei verstand.[14] Die Mainmetropole galt von da an neben

Stuttgart als ein „besonders wichtiger Vorort" der vornehmlich auf den Südwesten des Reiches beschränkten Partei, die republikanisch, antipreußisch und föderalistisch ausgerichtet war.[15]

Zu den Teilnehmern der 1873-Feier gehörte auch der Gründer der *Frankfurter Zeitung* Leopold Sonnemann[16], der dem geschäftsführenden Ausschuss für die 50-Jahr-Feier 1898 vorstand. Eine solche zu begehen hatte die Deutsche Volkspartei auf ihrem Mannheimer Parteitag im September 1897 beschlossen[17], verstand sich die Partei doch als radikal-liberale und legitime Erbin der Ziele der Paulskirche.[18] Die politischen Rahmenbedingungen unter dem jungen Kaiser Wilhelm II. hatten sich im Vergleich zur Bismarck-Zeit 1873 nicht wesentlich geändert. Doch dominierten jetzt immer mehr staatliche Feiern wie Kaisergeburtstag, Regierungsjubiläen und Kriegsgedenken (zuvorderst der Sedantag) das öffentliche Erinnern, so dass für die Betrachtung von 1848 nur wenig Raum blieb.[19]

Die zweitägige Veranstaltung, die den Charakter einer Parteiversammlung besaß, fand dann am 26. und 27. März 1898 statt.[20] Fünfzig überwiegend süddeutsche Städte entsandten Vertreter. Den Auftakt bildete am Abend des ersten Tages ein Festkommers im Großen Saal des Zoologischen Gartens, auf dem Sonnemann von der in den „altehrwürdigen Farben der deutschen Demokratie"[21], eben in Schwarz-Rot-Gold, geschmückten Tribüne die Begrüßungsansprache hielt, in der er sich zu den Idealen der Paulskirche bekannte. Er würdigte die Männer von 1848, die „den Grundstein zur deutschen Einheit und Freiheit" gelegt hätten, und prangerte das despektierliche Reden über die Revolution als eine Bewegung von „Junkern und Junkergenossen" an.[22] Die Einheit sei zwar erreicht, nicht aber die Freiheit. Er nutzte seine Rede im überfüllten Saal zu einer scharfen Anklage gegen undemokratische Klassenwahlrechte, die in seinen Augen allein schon Beleg genug dafür waren, wie weit doch das von Bismarck begründete Kaiserreich von den Idealen der 1848er entfernt war. Zwar lehne sich die Verfassung von 1871 an die Gedanken und Beschlüsse der Paulskirche an, „sie gleicht dieser aber, wie ein beschnittenes Geldstück einer vollwertigen Münze gleicht".[23] Hier manifestierte sich eine schon nicht mehr als verhalten zu bezeichnende Kritik am Umgang der staatlichen Behörden mit der Erinnerung an die Paulskirche und generell an 1848.

Es folgten Reden mit unterschiedlichen thematischen Schwerpunkten: Der württembergische Landtags- und Reichstagsabgeordnete Conrad Haußmann sprach über die Einheit, der badische Landtagsabgeordnete und Parteivorsitzende Karl Heimburger über die Freiheit und Ludwig Quidde zur sozialen Gerechtigkeit. Quidde, der zum führenden Kopf des deutschen Pazifismus avancierte und 1927 mit dem Friedensnobelpreis geehrt wurde, begründete das Recht der Revolution von 1848: „Sie war allerdings eine Erhebung, die den Rechtsboden verließ, aber sie war berechtigt, weil man dem Volke ein Menschenalter hindurch sein versprochenes Recht, das Recht, das man in den Freiheitskriegen, um seine Hilfe zu gewinnen, ihm gelobte, verweigert hatte."[24] Dann wurde auf stürmisches Verlangen hin das „Heckerlied", die „‚Marseillaise‘ des sturmbewegten Jahres […], begeistert gesungen".[25]

Ein Programmpunkt des darauffolgenden Tages war eine vormittägliche Totenfeier mit dem Besuch des Denkmals für die am 18. September 1848 gefallenen Frankfurter Barrikadenkämpfer auf dem heutigen Hauptfriedhof.[26] Die Festrede der dann anschließenden sogenannten „akademischen Feier" hielt Friedrich Payer, der Führer der Schwäbischen Volkspartei und Reichstagsabgeordnete aus Württemberg, der unter anderem die Missachtung bürgerlicher Freiheitsrechte anprangerte. Er verwahrte sich dagegen, dass die Opfer des Standrechts nunmehr von offizieller Seite als Meuterer bezeichnet würden. Sie seien keine Meuterer, sondern Märtyrer. Und der württembergische Urliberale weiter: „So lange noch Rechtens ist, daß am Tore des Berliner Friedhofs ein Polizeileutnant die Inschriften der Kränze für die Märzgefallenen mit der Schere zensiert, so lange noch der Herr

Oberpräsident den Berliner Stadtverordneten[27] und die badische Polizei dem badischen Volk verbietet, an den Gräbern dieser Opfer oder an der Ruhestätte der standrechtlich Erschossenen einen Kranz niederzulegen[28], so lange es nicht möglich ist, denen einen Denkstein zu setzen, deren entseelte Hüllen vor fünfzig Jahren der König von Preußen entblößten Hauptes geehrt hat[29], – so lange sollten wir von unseren Freiheiten und unserer bürgerlichen Selbständigkeit bescheiden reden!"[30] Doch auch von der Hoffnung sprach er: „Noch aber steht der Denkstein der Revolution, das allgemeine gleiche Stimmrecht, und solange dieses noch steht, haben wir auch trotz aller häßlichen und beängstigenden Erscheinungen der Gegenwart noch keinen Grund zum Verzweifeln."[31]

Der Sinn der umfangreichsten Erinnerungsfeier zum 50. Jahrestag deutschlandweit jenseits der Arbeiterbewegung[32] war insgesamt ein dreifacher. Sie war Erinnern an und Würdigung von 1848, zugleich eine Klage über das, gemessen an den Zielen der 1848er, unvollendete und unvollkommene wilhelminische System und zuletzt ein Weckruf an die Jugend, sich auf die Ideale der einstigen Vorreiter der Demokratie zu besinnen und für deren Verwirklichung zu kämpfen – mit den Worten Sonnemanns: Es sei Aufgabe der Älteren, das Feuer von 1848 bei der „Jugend wieder auflodern zu lassen".[33] Im Zentrum aber stand die Forderung nach Verwirklichung der fehlenden Freiheitsrechte. Deutlich wurde, dass für die bürgerlichen Demokraten und Linksliberalen, die in Opposition zu Bismarck standen, die „Reichsgründung keineswegs als die Erfüllung der Ziele von 1848/49 erschien" und die Erinnerung nunmehr dazu diente, die Defizite von Reichsgründung und Reichsverfassung aufzuzeigen.[34]

Der Reigen der Reden wurde dann auf dem um 16 Uhr beginnenden Festbankett im großen Speisesaal der Loge „Zur Einigkeit" fortgesetzt, mit dem die Feier endete. Hier ergriffen neben anderen erneut Conrad Haußmann und Leopold Sonnemann das Wort. Letzterer würdigte den demokratischen Geist, der Frankfurt durchwehe, als Ausfluss „des alten frei-städtischen Geistes".[35]

Die 1898er Feierlichkeiten der doch reichsweit wenig bedeutsamen Deutschen Volkspartei – 1893 hatte sie bei den Reichstagswahlen mit dürrer 2,2 Prozent der Stimmen und elf Mandaten ihr bestes Ergebnis erzielt – finden sich weit ausgebreitet in der Schilderung des Teilnehmers Otto Hörth 25 Jahre danach, der allerdings kein Wort über die städtische Veranstaltung wenige Wochen später verliert. Daran beteiligte sich seine Partei nämlich nicht. Die Begründung lieferte Sonnemann in einem Brief an Oberbürgermeister Franz Adickes vom 20. April 1898: Das Programm könne nicht überzeugen, zudem habe man für die eigenen Feiern schon „hinreichend Geld ausgegeben".[36] In der Tat wurde die städtische Feier zur Paulskirchenöffnung nicht gleichfalls zu einer politischen Demonstration, sondern blieb ein Moment der Erinnerung, des historischen Diskurses und auch des Wiedersehens. Der im Vorfeld erwogene Gedanke, die Paulskirche zu einem nationalen Denkmal auszugestalten, wurde aus Kostengründen fallengelassen.[37]

Zur Festivität am 18. Mai im Römer hatte die Stadt etwa 150 Gäste eingeladen, städtische Honoratioren, Ratsmitglieder und Vereinsvertreter. Darunter befanden sich auch fünf der 17 noch lebenden Veteranen der Nationalversammlung.[38] In ihrem Aufruf an die „Mitbürger" betonte die Stadt den Kampf der 1848er um die deutsche Einheit, der zwar nicht erfolgreich gewesen sei, der sich aber „in glücklicherer Zeit", aufbauend auf ebendem Wirken der „Männer der Paulskirche", erfüllt habe.[39] So würdigten die Redner samt und sonders vor allem Bismarck und auch Wilhelm I., die das Ziel von 1848, die Einheit, verwirklicht hätten. Das schwang bereits bei der Begrüßungsfeier im Kaisersaal mit, auf der nach Oberbürgermeister Adickes der 81-jährige bayerische Parlamentsveteran Johann Nepomuk Sepp sprach, dessen Worte in einem Hoch auf Bismarck endeten. Ebenfalls überwog trotz rudimentärer Kritik bei den Reden im anschließenden Kommers im Großen Saal des Zoologischen Gartens

das Lob auf Wilhelm I. und Bismarck als den Schöpfern der Einheit. Die Reichseinigung stand bei alledem im Zentrum, nicht die freiheitlichen Ziele, deren Unvollkommenheit Justizrat Fritz Meyer in seinen Ausführungen zumindest anmerkte.

Es wurde weithin registriert, dass den städtischen Veranstaltungen im Kaisersaal und auch im Zoologischen Garten keine Vertreter der Staatsbehörden beiwohnten, was die Stadt umgehend zu der erläuternden Mitteilung veranlasste, dies sei auf den Umstand zurückzuführen, dass Behörden des Reiches und aus Preußen keine Einladung erhalten hätten, da der Magistrat die Feier als „eine rein städtische Angelegenheit" verstanden wissen wollte.[40] Egal, ob diese Verlautbarung die wahren Gründe enthielt oder doch anderes, vielleicht ein eigenes Versäumnis, kaschiert werden sollte: Mit dem Fehlen staatlicher Vertreter waren mögliche Friktionen umgangen worden, denn selbst eine verhaltene Kritik am Ist-Zustand der Monarchie wäre bei den Behördenvertretern sicherlich nicht ohne Reaktion geblieben. So hatte man nach dieser Seite hin keine Rücksicht nehmen brauchen. Aber mit Tadel hielt man sich ohnehin zurück.

Das Jubiläum 1898 war auch Anlass, ein dauerhaftes Erinnerungsdenkmal zu errichten. Die 1897 einsetzenden Planungen mündeten dann in das zum Jahrestag der Völkerschlacht von Leipzig am 18. Oktober 1903 eingeweihte Einheitsdenkmal, bestehend aus einem Obelisken.[41] Nur temporäre Erinnerung erzeugte die für einen Monat im Historischen Museum der Stadt gezeigte Ausstellung zur Revolution von 1848. Frankfurt stellte sich mit diesen Aktivitäten des Gedenkens der allgemein im staatlichen Raum vorherrschenden Tendenz entgegen, 1848 als verbotenes Symbol der Vergangenheit zu sehen – und geflissentlich zu ignorieren.[42]

Die städtische Veranstaltung im Kaisersaal endete mit der Intonation von „Deutschland, Deutschland über alles", dem Deutschlandlied von Hoffmann von Fallersleben. Ebendieses Lied wurde am Verfassungstag 1922 von Reichspräsident Friedrich Ebert zur Nationalhymne der jungen Republik erklärt. Ein Jahr später verlieh das erste demokratische Staatsoberhaupt in der deutschen Geschichte dem Frankfurter Fest zum 75. Jahrestag der Paulskirche durch seine Anwesenheit besonderen Glanz.[43]

Die Republik feiert – Paulskirchenjubiläum 1923

Das Urheberrecht für diese Feier 1923 beanspruchten Verschiedene, darunter der in seinen Erinnerungen nicht immer wirklichkeitsnahe Reichskunstwart Edwin Redslob.[44] Der seinerzeitige Ministerialdirektor im Reichsinnenministerium, Arnold Brecht, sieht wiederum die Reichsregierung als Ideengeber. Demgegenüber legen die Frankfurter Dokumente den Schluss nahe, dass der Plan schon lange vor den Berliner Diskussionen in Kreisen am Main entwickelt worden war. Hierbei scheint der von den Sozialdemokraten getragene Republikanische Reichsbund den Anstoß gegeben zu haben.[45] Treibende Kraft der Idee innerhalb der städtischen Administration war eine kleine Gruppe um den Wirtschaftsdezernenten und späteren Oberbürgermeister Ludwig Landmann, wobei dessen Berater, der Journalist und Messedirektor Otto Ernst Sutter, eine besondere Rolle bei diesem Projekt gespielt haben dürfte. Im November 1922 wurde die Idee wohl geboren und bereits konkretisiert.[46] Einen Monat später beschloss der Magistrat, Vorbereitungen für die 75-Jahr-Feier zu treffen und sich über eine Förderung mit der Reichsregierung in Verbindung zu setzen. Der zeitgleich installierten Vorbereitungskommission stand Oberbürgermeister Georg Voigt vor; ihr gehörte unter anderem Landmann an, der als Aktivposten einen vom Magistrat am 19. März 1923 abgesegneten Programmvorschlag entwickelte, in dessen Zentrum der Reichspräsident stand. Bereits einen Tag nach Zustimmung zum Programmablauf konferierte der Oberbürgermeister in Berlin mit dem zuständigen Ministerialbeamten Brecht vom Innenministerium.

Das republikanische Staatsoberhaupt war früh eingebunden worden. Ebert sah die historische Erinnerung an 1848 als einen Baustein, den die Republik für sich und ihr Selbstverständnis reklamieren konnte und auch sollte. Aus diesem Streben nach demokratischer Traditionsfindung erklärt es sich, dass er, als ihm in der zweiten Februarwoche 1923 aus Frankfurt Mitteilung über eine geplante Feier zum 75. Jahrestag der Paulskirchenversammlung gemacht wurde, diese Idee nachdrücklich unterstützte und postwendend seine Teilnahme zusagte.[47] Mehr noch: Er wollte frühzeitig in die Planungen einbezogen werden, drängte darauf, die Veranstaltung zu einer Feier unter Beteiligung des Reiches zu machen, und sicherte diesbezüglich auch die Unterstützung des Reichsinnenministers zu. Dieser stehe, so ließ Ebert mitteilen, bereits in Kontakt mit Frankfurts Verantwortlichen.[48] Der Präsident stimmte Ablaufplan und Reihenfolge der Ansprachen mit dem Innenminister ab. Sein Leitgedanke war dabei, im Festakt das Symbolische und das in die Gegenwart Weisende von 1848 zu unterstreichen.[49]

Mit seinem unbedingten Eintreten für einen nationalen Festakt durchkreuzte das Staatsoberhaupt die vorherrschende Tendenz innerhalb der Reichsregierung, die Bedeutung des Tages herunterzuspielen und das Revolutionsjubiläum zu einer rein akademisch-historischen Angelegenheit zu degradieren. Denn nicht bei allen Kabinettsmitgliedern hatte der Gedanke an eine Feier zur Erinnerung an 1848 „widerstandslose Aufnahme" gefunden, wie Ministerialdirektor Brecht den Frankfurter Stadtvätern zu berichten wusste.[50] Zu denen, die hier auffällige Distanz zum Jubiläum an den Tag legten, gehörte auch der Reichskanzler. Der seit November 1922 amtierende Wilhelm Cuno, der offiziell parteilose, dem Nationalliberalismus zuneigende Quereinsteiger aus der Wirtschaft, hielt es neben finanziellen Gründen – die in den Tagen des Frühjahres 1923 nach der Besetzung der Ruhr durch die Franzosen und dem höchst kostspieligen passiven Widerstand als Gegenmaßnahme gewiss nur allzu berechtigt waren – für nicht angeraten, eine lang vorbereitete Feier in Anwesenheit von Reichspräsident, Reichskanzler und Ministern durchzuführen. Ohnehin sei „in

Ein republikanisches Volksfest am 18. Mai 1923: Auf dem Römerberg haben sich Zehntausende zur 75-Jahr-Feier der Paulskirchenversammlung zusammengefunden

Auf dem Balkon des Römer: Reichspräsident Friedrich Ebert (2) und Reichstagspräsident Paul Löbe (1)

weiten Kreisen" die Ansicht verbreitet, „genug Feiern gehabt" zu haben.[51] Doch Reichsinnenminister Rudolf Oeser musste dem Kanzler mitteilen, dass eine Veranstaltung im bescheidenen Rahmen nicht mehr opportun sei, da der Reichspräsident Wert auf seine Teilnahme lege. Schließlich sagte der einstige Hapag-Direktor Cuno noch im letzten Moment mit den üblichen diplomatischen Floskeln ab, die nur schlecht die wahren Gründe kaschierten: Er sei durch „dringende politische Geschäfte" gehindert, an der Feier teilzunehmen. In seinem Grußwort, von Reichsinnen-minister Oeser beim Auftakt im Römer verlesen, vergaß er dabei nicht, sein „großes Bedauern" über seine Unabkömmlichkeit zum Ausdruck zu bringen und seine innere Teilnahme zu bekunden.[52]

Zahlreiche weitere Absagen belegten, dass die Feier nicht von allen politischen Kräften goutiert wurde und besonders die Rechtsbürgerlichen Distanz wahrten. Auch der DVP-Vorsitzende Gustav Stresemann blieb der Veranstaltung fern, fraglos in erster Linie auch, weil Alfred Weber als Festredner auserkoren worden war. Das wollte der Chef der Volkspartei ver-

Auf dem Weg vom Römer zur Paulskirche: Reichspräsident Friedrich Ebert (2) grüßt die Menge, flankiert von Oberbürgermeister Georg Voigt (3) und dem österreichischen Nationalratsmitglied Karl Seitz (1)

hindern.[53] Der Vernunftrepublikaner Stresemann hatte
es Weber wohl noch nicht verziehen, dass er und die
Nationalliberalen von dem Soziologen in den Novem-
bertagen 1918, als es um die Bildung einer geeinten
liberalen Partei ging, regelrecht abgekanzelt worden
waren, was letztlich die Einheitsbestrebungen mit ver-
hindert hatte.[54] Der Stachel saß tief bei Stresemann,
der jedoch dafür Sorge trug, dass seine DVP und ihre
Minister zumindest keinen Widerstand gegen die Feier
an den Tag legten.

Der Reichspräsident jedoch kam in die Mainmetropole zu der Erinnerungsfeier, die jenseits einer

glänzenden Festlichkeit den Charakter einer „ernsten
innerlichen Gedenkfeier" tragen sollte.[55] Frankfurt be-
hielt hier – auch auf Wunsch der Berliner – die Fe-
derführung. So hieß es in der offiziellen Einladung der
Stadt für den zentralen Akt in der Paulskirche, dass
„im Einvernehmen mit der Reichsregierung [...] die
Stadt Frankfurt a. M. unter Beteiligung der Vertreter
des Reiches und der deutschen Länder eine Feier an
historischer Stätte" veranstalten werde.[56] Das Reich
beteiligte sich mit einem läppischen Zuschuss von fünf
Millionen Mark, was in Zeiten steigender Inflation in
etwa 70 Dollar entsprach.

Es begann zunächst wie bei jedem Aufenthalt des Reichspräsidenten in einer Stadt mit einem Empfang der Delegation der Reichsregierung; neben Ebert kamen noch Reichswehrminister Otto Gessler, Arbeitsminister Heinrich Brauns und Innenminister Rudolf Oeser. Im Römer hieß Oberbürgermeister Voigt die Gäste willkommen.[57] Sämtliche im österreichischen Nationalrat vertretenen Parteien waren in der Delegation des Bruderlandes repräsentiert, womit der großdeutsche Aspekt der Erinnerung unterstrichen wurde.[58] Im Vorfeld der Veranstaltung war darüber diskutiert worden, ob der Reichspräsident im Römer oder in der Paulskirche sprechen sollte. Bis zum 5. Mai war die Frage noch nicht geklärt. Ebert entschied sich dann für die Paulskirche, so dass zum Auftakt im Römer Reichsinnenminister Oeser für die Reichsregierung sprach. Wie der ehemalige Mitarbeiter der *Frankfurter Zeitung*, nunmehr Mitglied der linksliberalen DDP, vor den 500 Gästen betonte, bezeuge der Tag eindringlich, dass die junge Republik doch eine Tradition besitze. Nach Reichstagsvizepräsident Johannes Bell von der katholischen Zentrumspartei kam für Österreich deren Nationalratspräsident Karl Seitz zu Wort. Nach der Eröffnung der in den Römerhallen präsentierten Ausstellung „Das erste deutsche Parlament" folgte – so die Einladung – „ein einfaches Gabelfrühstück".[59]

Danach sollte es vom Römer aus im feierlichen Festzug in die Paulskirche gehen, die am Tag zuvor noch mit Hakenkreuzschmiererereien besudelt worden war, welche von den Organisatoren kurzerhand mit Girlanden überdeckt wurden. Inzwischen hatte sich der Römerberg gefüllt. Dicht gedrängt standen etwa 30.000 Menschen, die das Schauspiel miterleben wollten. Auch auf den Treppen des Römer gab es kein Durchkommen, so dass Ebert, im Zylinder und Gehrock, schließlich kurzerhand über ein Gitter in einem der Römerhöfchen klettern musste, um dann weiter im Festzug zum eigentlichen Festakt in der Paulskirche zu gelangen.[60] Diesen eröffnete Oberbürgermeister Voigt, der sein Grußwort mit Blick auf die

Ausführungen des nachfolgenden Reichspräsidenten noch gestrafft hatte. In seiner im Reichsinnenministerium entworfenen Rede stellte Ebert im Gegensatz zu seiner Eröffnung der Nationalversammlung im Februar 1919 das alte sozialdemokratische Erinnerungsmuster zurück und ging nicht auf den März 1848 ein, sondern konzentrierte sich, dem Anlass entsprechend, ganz in liberaldemokratischer Würdigung vor allem auf die Paulskirche und auch auf deren Verfassungswerk als Wegmarken der nunmehr erreichten freiheitlich-demokratischen Grundordnung. Neben der historischen Reminiszenz ging er auf die aktuelle Bedrohung der nationalen Freiheit durch die französische Besatzung der Ruhr ein, mit moderatem Ton und ohne kämpferisches Pathos. Andernorts trat er diesbezüglich viel schärfer auf.

Stärker und direkter spielte die nachfolgende Gedenkrede des Heidelberger Professors Alfred Weber[61], den Ebert sich hierfür gewünscht hatte, auf die nun schon seit vier Monaten andauernde Besetzung der Ruhr an.[62] Weber verknüpfte weiterhin Historie und Gegenwart in besonderer Weise. Das Parlament von 1848 sei nicht imstande gewesen, die deutsche Einheit zu begründen, und habe sich auch nicht als fähig erwiesen, die Demokratisierung Deutschlands umzusetzen. Er verwahrte sich gegen das kritische Mäkeln am „Professorenparlament […] mit bloßem Stubencharakter" und lobte 1848 als Vorstufe der vor vier Jahren begründeten Republik von Weimar.[63] Den Bogen in die Jetztzeit schlug Weber, indem er an die politische Rechte appellierte, als gute Patrioten die Republik anzuerkennen wie dereinst in der Paulskirche die republikanischen Männer der Linken um der deutschen Einheit willen die Kaiserkrone in den Händen Preußens akzeptiert hätten. Und zu guter Letzt rief Weber zu einem freiheitlichen Europa gleichberechtigter Staaten auf, in dem es keinen Platz für Ausweisungen, Aussperrungen und Begrenzung der „selbstverständlichen persönlichen Freiheitsrechte" geben dürfe. Das war direkte Anspielung auf die rigorose Okkupationspraxis der Franzosen im Ruhrgebiet. Er beließ es aber

Festveranstaltung in der Paulskirche mit dem Reichspräsidenten Friedrich Ebert in der ersten Reihe ein wenig nach vorn gerückt (5); weiter in der ersten Reihe: der preußische Ministerpräsident Otto Braun (1), Reichstagspräsident Paul Löbe (2) mit nach rechts geneigtem Kopf, dann Oberbürgermeister Georg Voigt (3) und Reichsinnenminister Rudolf Oeser (4), Reichsarbeitsminister Heinrich Brauns (6) und das österreichische Nationalratsmitglied Karl Seitz (7)

nicht bei einer Anklage des linksrheinischen Nachbarn, sondern richtete an die versöhnungsbereiten Deutschen und Franzosen gleichermaßen den Mahnruf, gemeinsam zum Nukleus eines freien und demokratischen Europas zu werden, stammten doch beide – und hier knüpfte er an die Rede des französischen Schriftstellers Victor Hugo vor der französischen Nationalversammlung 1871 an – aus „demselben Mutterschoße". Das war hochpolitisch und zukunftsweisend.

Am späten Nachmittag fand auf dem überfüllten Römerberg eine republikanische Volksfeier statt, bei der vom Balkon des Römer Reichstagspräsident Paul Löbe (SPD) sprach. Dabei wurden große schwarz-rot-goldene Banner aufgezogen und die Nationalhymne gesungen. Traditionelle und neue Symbolik vereinten sich so. Am Abend klangen die Festivitäten im Opernhaus aus. Bei der Aufführung des 3. Aktes von Beethovens „Fidelio" wurde Ebert aber nicht wie

Reichstagspräsident Löbe (l.), Reichspräsident Ebert und Oberbürgermeister Voigt in einem Römerhöfchen

Der 18. Mai 1923 erschien den demokratischen Zeitgenossen als ein strahlender Moment republikanischer Heerschau; dagegen nahmen sich die März-Feiern am Main, gerade auch im Vergleich zu den imposanten Kundgebungen und Veranstaltungen in der Reichshauptstadt[66], eher bescheiden aus. Im Hinblick auf das Jubiläum der Parlamentseröffnung setzten die Frankfurter Offiziellen auf Nachhaltigkeit, zum einen mit der Broschüre „Vom Geist der Paulskirche", die als „Sendschreiben an den Herrn Reichspräsidenten" annonciert wurde[67], zum anderen mit dem neuen Medium Film: Die Ufa dokumentierte die Veranstaltung mit laufenden Bildern. Der Film unter dem Titel „Der Tag des ersten Parlaments" wurde dann zunächst in verschiedenen Berliner Kinos präsentiert.[68] *Das Illustrierte Blatt* Frankfurts brachte eine ausführliche Bildreportage, darunter auch Aufnahmen vom überfüllten Römerberg.[69]

Die Frankfurter Feiern zum 75. Jahrestag der Paulskirche erfüllten insbesondere den Reichspräsidenten mit einem hohen Maß an Zufriedenheit, spürte er doch hier eine republikanische Begeisterung, wie er sie andernorts noch nicht erfahren hatte – und auch in diesem Maße nicht mehr erfahren sollte.[70] So war es mehr als nur die übliche Dankesfloskel, wenn er gegenüber Oberbürgermeister Voigt von der „schönen Erinnerung" an die eindrucksvollen Tage am Main sprach[71]; es war tiefe Empfindung und Genugtuung, erlebte er doch in Frankfurt so etwas wie die klassenübergreifende freiheitliche Bürgergesellschaft in Harmonie, jene von ihm immer wieder beschworene republikanische Volksgemeinschaft, auch wenn diese Empfindung durch die Nichtteilnahme der Bayern getrübt wurde.

Bayern hatte als einziges Land keinen Vertreter entsandt. Aus Preußen, Sachsen, Hessen, Baden und Württemberg kamen die Regierungschefs, die anderen Länder waren zumindest durch Minister oder hochrangige Beamte repräsentiert. Für die Münchner Regierung war jedoch der 75. Jahrestag der Paulskirchenversammlung ein Gedenktag, dessen „Begehung

andernorts bei solchen Theaterbesuchen mit Schweigen zur Kenntnis genommen, sondern vom Publikum, das sich von den Sitzen erhob, mit tosendem Beifall und Hochrufen begrüßt.[64] Nach der Aufführung sprach Ebert vom Balkon des Opernhauses zu den Teilnehmern eines Fackelzuges.[65] Ihm folgten der (Dritte) Präsident des österreichischen Nationalrats, der Rechtspolitiker Franz Dinghofer, und Reichstagspräsident Löbe. Diesem Spektakel – so wussten Beobachter zu berichten – wohnten etwa 60.–70.000 Menschen bei. Gegen 23 Uhr ging der Sonderzug mit den Regierungsmitgliedern in Richtung Berlin ab.

wohl kaum einem allgemein empfundenen Bedürfnis" entsprechen würde; so äußerte sich das bayerische Ministerium des Äußern gegenüber dem Frankfurter Magistrat am 9. Mai 1923.[72] Es war schlicht ein Affront der Bayern, weil Ministerpräsident Eugen von Knilling, ein Mann der Bayerischen Volkspartei, just am 18. Mai an einem Gottesdienst anlässlich des 54. Geburtstages des bayerischen Kronprinzen Rupprecht in der Münchner Theatinerkirche teilnahm.[73]

Frankfurt erwies sich als gutes republikanisches Pflaster. Das hatte Ebert bereits 1922 bei der Goethe-Woche erfahren, als er bei der abendlichen Vorstellung des „Egmont" im Opernhaus für seine Verhältnisse geradezu enthusiastisch begrüßt worden war. Ungewöhnlich war es auch, dass Ebert von der Studentenschaft der Frankfurter Universität für den frühen Abend des 16. Mai 1923 zu einem „Festakt im Gedenken an das Paulskirchenparlament vor 75 Jahren" in der Aula der Universität gebeten wurde.[74] Die Einladung seitens der Studenten an das republikanische Staatsoberhaupt gehört zum Bemerkenswerten, weil Ebert ansonsten im akademischen Milieu verunglimpft wurde. Der Reichspräsident musste jedoch aufgrund des engen Terminkorsetts absagen. Ohnehin fiel die Feier wegen Unstimmigkeiten unter den Organisatoren ins Wasser.[75]

Dass die Feier vom 18. Mai 1923 bei Republikgegnern links wie rechts abwertend kommentiert wurde, gehörte zur Begleitmusik republikanischer Feste. Der nationalsozialistische *Völkische Beobachter* nannte sie einen „schlechten Witz"; das KPD-Zentralblatt *Die Rote Fahne* etikettierte den Tag als „Frankfurter Hanswurstiade".[76] Und mancher stramme Monarchist, dem die Republik und ihre Farben ein Gräuel blieben, wandte sich ab: Der Marburger Staatsrechtler und spätere Reichsinnenminister Johann Victor Bredt, an dessen Haus „niemals eine andere Fahne als die schwarz-weiß-rote", also die des Kaiserreichs wehte, begab sich abseits, als das schwarz-rot-goldene Banner auf dem Römerberg aufgezogen wurde, um nicht die republikanischen Farben „grüßen zu müssen".[77]

Mit der Teilnahme des Reichspräsidenten erhielt die historische Revolutionsfeier 1923 mehr als nur eine formale staatliche Anerkennung. Eberts Kommen war in der Tat, wie ein Parteifreund 1926 feststellte, „ein tief symbolischer Akt".[78] Demgegenüber waren die Erinnerungsfeiern zum 25. und zum 50. Jahrestag mehr oder weniger lokale Ereignisse ohne die Anwesenheit von Reichsvertretern gewesen und Veranstaltungen mit begrenzter Strahlkraft geblieben. 1923 wurden die Revolution von 1848 und die Paulskirchenversammlung vom obersten Reichsvertreter zu Vorstufen der Weimarer Republik erklärt. Auch wenn der 18. Mai 1923 nicht die „erste republikanische Massenkundgebung" der jungen Demokratie gewesen war, wie Zeitgenossen doch zu überschwänglich festhielten[79], so verschaffte die Feier der 1918/19 vollendeten parlamentarischen Demokratie ein Stück Legitimation aus der Vergangenheit. Für die Republik von Weimar gehörte 1848, insbesondere die Paulskirchenversammlung, zum demokratischen Traditionshaushalt – auch weil die deutsche Geschichte bis dahin nicht viel an erinnerungswürdigen demokratischen, schon gar nicht erfolgreichen Momenten offerierte. Ein Frankfurter Zeitgenosse resümierte für 1923: „Eines der ersten großen Feste der Republik war würdig, großzügig und höchst eindrucksvoll verlaufen."[80] Das war es ohne Zweifel.

Doch zehn Jahre später war die Republik zertrümmert. Von den Nationalsozialisten wurde auch die Erinnerung an 1848 ausgelöscht: Das zum Verfassungstag am 11. August 1926 von der Stadt an der Paulskirche eingeweihte Denkmal[81] für den ein Jahr zuvor am 28. Februar verstorbenen Reichspräsidenten – mit dem falschen Todesjahr Eberts „1924" (!) – wurde nach der Machtergreifung 1933 von den Nationalsozialisten verhüllt, dann entfernt und eingelagert.

Fünf Jahre nach dem Ende des Zweiten Weltkriegs, zum 25. Todestag Eberts 1950, wurde ein neues Denkmal im Beisein der Ebert-Witwe Louise[82] errichtet. So stellte die Stadt die Verknüpfung von 1848 und Friedrich Ebert, dem Gründer und Garanten der ersten Republik, wieder her: „Paulskirche und Friedrich Ebert stehen in einem engen geistigen Bezug", schrieb Frankfurts Oberbürgermeister Walter Kolb (SPD) 1950, für den der erste Reichspräsident als der „Vollender dessen" erschien, „was die Männer der Paulskirche vergeblich erstrebt" hatten.[83] Das regierungsoffizielle Kaiserreich hatte das Paulskirchenparlament nicht als einen Denkstein betrachtet wie Ebert, der in der Revolution und in der Nationalversammlung von 1848 den zentralen demokratischen Strang sah, an den die Republik anknüpfen sollte.

1 Reichsminister des Innern an Staatssekretär Reichskanzlei, 21. April 1923, Institut für Stadtgeschichte Frankfurt am Main (ISG), Magistratsakten R 154. Hierin weitere Akten zur Vorbereitung des Besuchs und die Berichte der Presse über die Feiern. Ablaufplan und weitere Materialien in: Bundesarchiv Berlin (BArchB), R 601 (Reichspräsidialkanzlei)/184. Vgl. grundlegend für die Erinnerungsfeiern ab 1873 die (zu ausführliche) Darstellung bei Claudia Klemm, Erinnert – umstritten – gefeiert. Die Revolution von 1848/49 in der deutschen Gedenkkultur, Göttingen 2007.

2 Gemeint ist die von der Paulskirchenversammlung am 28. März 1849 verkündete Verfassung, die eine konstitutionelle Monarchie begründete. Ihre Umsetzung scheiterte letztlich am Widerstand der Fürsten.

3 Walter Mühlhausen (Hg.), Friedrich Ebert – Reden als Reichspräsident (1919–1925), Bonn 2017, S. 318.

4 Ebd., S. 68; vgl. Walter Mühlhausen, Friedrich Ebert 1871–1925. Reichspräsident der Weimarer Republik, 2. Aufl., Bonn 2007, S. 836–840; zur Feier und Bedeutung der Revolution von 1848 für die Sozialdemokratie in der Republik von Weimar vgl. Bernd Buchner, Um nationale und republikanische Identität. Die deutsche Sozialdemokratie und der Kampf um die politischen Symbole in der Weimarer Republik, Bonn 2001, S. 168–177.

5 Rüdiger Hachtmann, Berlin 1848. Eine Politik- und Gesellschaftsgeschichte der Revolution, Bonn 1997, S. 179, hat für Berlin 277 März-Tote gezählt.

6 So einleitend Manfred Hettling, Shattered Mirror. German Memory of 1848: From Spectacle to Event, in: Charlotte Tacke (Hg.), 1848. Memory and Oblivion in Europe, Brüssel 2000, S. 79–98.

7 So treffend Karin Rabensteiner-Kiermaier, Conrad Haußmann (1857–1922). Leben und Werk eines schwäbischen Liberalen, Frankfurt am Main 1993, S. 102.

8 Artikel ausführlich zitiert bei Günter Mick, Die Paulskirche. Streiten für Einigkeit und Recht und Freiheit, Frankfurt am Main 1988, S. 323 f.

9 Beatrix W. Bouvier, Die Märzfeiern der sozialdemokratischen Arbeiter: Gedenktage des Proletariats – Gedenktage der Revolution. Zur Geschichte des 18. März, in: Dieter Düding/Peter Friedemann/Paul Münch (Hg.), Öffentliche Festkultur. Politische Feste in Deutschland von der Aufklärung bis zum Ersten Weltkrieg, Reinbek 1988, S. 334–351.

10 Buchner, Identität (wie Anm. 4), S. 169.

11 Klemm, Erinnert (wie Anm. 1), S. 197–200.

12 In ebd., S. 198, nach der Frankfurter Zeitung vom 19. März 1898 (Abendblatt).

13 Dargelegt vom damaligen Teilnehmer Otto Hörth, seit 1872 Redakteur der Frankfurter Zeitung und 1878 (gescheiterter) Kandidat für den Reichstag; Otto Hörth, Gedenkfeiern 1873/1898/1923, Frankfurt am Main 1925, S. 9–22; Klemm, Erinnert (wie Anm. 1), S. 93–101.

14 Siegbert Wolf, Liberalismus in Frankfurt am Main. Vom Ende der Freien Stadt bis zum Ersten Weltkrieg (1866–1914), Frankfurt am Main 1987, S. 39.

15 Karl Holl, Ludwig Quidde (1858–1941). Eine Biografie, Düsseldorf 2007, S. 62.

16 Zu ihm und seiner Zeitung vgl. Wolf, Liberalismus (wie Anm. 14), S. 51–59. Über Sonnemann in Bezug zur Erinnerung an 1848 vgl.: Frankfurts demokratische Moderne und Leopold Sonnemann. Jude – Verleger – Politiker – Mäzen, Ausst.-Kat. Historisches Museum Frankfurt, hg. von Anna Schnädelbach, Michael Lenarz u. Jürgen Steen, Frankfurt am Main 2009, S. 223.

17 Beschluss in: Deutscher Geschichtskalender für 1897 von Karl Wippermann, Bd. 2, Leipzig 1898, S. 72–73; die Anregung hierzu war von den Frankfurtern ausgegangen, die bereits vor dem Parteitag ein diesbezügliches Vorbereitungskomitee installiert hatten.

18 Für die Frankfurter Ortsgruppe vgl. Wolf, Liberalismus (wie Anm. 14), S. 35–50.

19 Christoph Strupp, Erbe und Auftrag: Bürgerliche Revolutionserinnerung im Kaiserreich, in: Historische Zeitschrift 270 (2000), H. 2, S. 309–343, hier S. 326.

20 Hörth, Gedenkfeiern (wie Anm. 13), S. 23–56; sie ist auch dokumentiert in: Die Frankfurter Märzfeier zum Gedächtnisse der Bewegung des Jahres 1848, abgehalten in Frankfurt a. M. am 26. und 27. März 1898. Bericht des Fest-Ausschusses, Frankfurt am Main 1898; vgl. Klemm, Erinnert (wie Anm. 1), S. 200–211.

21 Hörth, Gedenkfeiern (wie Anm. 13), S. 25.

22 Rede in ebd., S. 29; dort auch in weiten Auszügen die nachfolgend genannten Reden; vgl. Mick, Paulskirche (wie Anm. 8), S. 325–327.

23 Hörth, Gedenkfeiern (wie Anm. 13), S. 28.

24 Ebd., S. 39.

25 Ebd., S. 41.

26 Mit Abbildung des Denkmals in: Kleine Presse (Frankfurt am Main) Nr. 75 vom 30. März 1898; Faksimile im Ausst.-Kat. Frankfurts demokratische Moderne (wie Anm. 16), S. 236.

27 Die Berliner Stadtverordnetenversammlung hatte beschlossen, am 18. März einen Kranz an den Gräbern auf dem Friedhof der Märzgefallenen niederzulegen, was der Oberpräsident verbot, da eine solche Aktion die Kompetenzen der Gemeindevertreter überschreite und eine Verherrlichung der Revolution darstelle; vgl. Manfred Hettling, Erlebnisraum und Ritual. Die Geschichte des 18. März 1848 im Jahrhundert bis 1948, in: Historische Anthropologie 5 (1997), S. 417–434, hier S. 431–432.

28 Es handelt sich um eine intendierte, letztlich aber vom Bezirksamt Lörrach untersagte Kranzniederlegung am Grab des im August 1849 zum Tode verurteilten und füsilierten Friedrich Neff in Rümmingen; Hinweis bei Jutta Dresch, Den Märtyrern der Freiheit … Das Ringen um das Gedenken an die Badische Revolution, in: Baden 1848/49. Bewältigung und Nachwirkung einer Revolution, hg. von Clemens Rehm, Hans-Peter Becht u. Kurt Hochstuhl, Stuttgart 2002, S. 305–315, hier S. 315.

29 Beim Halt des Trauerzuges mit den Märzgefallenen auf dem Schlossplatz am 22. März 1848 nahm der preußische König Friedrich Wilhelm IV. als Ehrenbezeugung seine Mütze ab.

30 Zit. nach Hörth, Gedenkfeiern (wie Anm. 13), S. 47; siehe auch Mick, Paulskirche (wie Anm. 8), S. 326.

31 Zit. nach Hörth, Gedenkfeiern (wie Anm. 13), S. 50.

32 Strupp, Erbe (wie Anm. 19), S. 336.

33 Zit. nach Hörth, Gedenkfeiern (wie Anm. 13), S. 29.

34 In dieser Weise allgemein Frank Engehausen, Die Revolution von 1848/49, Paderborn 2007, S. 272.

35 Hörth, Gedenkfeiern (wie Anm. 13), S. 55.

36 Brief in: ISG, Magistratsakten R 153.

37 Hinweis bei Karl Maly, Die Macht der Honoratioren. Geschichte der Frankfurter Stadtverordnetenversammlung, Bd. I: 1867–1900, Frankfurt am Main 1992, S. 361. Man beschränkte sich dann auf eine einfache Plakette an der Paulskirche.

38 Vgl. Klemm, Erinnert (wie Anm. 1), S. 193–197. Ausführlicher Bericht von der Veranstaltung mit längeren Passagen der Reden von Adickes und Sepp im Frankfurter Herold Nr. 20 vom 20. Mai 1898.

39 Diese und weitere Unterlagen in: ISG, Magistratsakten R 153.

40 Frankfurter Zeitung; undatierter Auszug in: ISG, Magistratsakten R 153.

41 Klemm, Erinnert (wie Anm. 1), S. 185–190.

42 So Hettling, Memory (wie Anm. 6), S. 83, im Gefolge der Reichstagsdebatte vom 18. März 1898, bei der es, ausgelöst durch eine Rede des SPD-Vorsitzenden August Bebel, um 1848 und die Bedeutung für die weitere Entwicklung zur Einheit ging; Stenographische Berichte über die Verhandlungen des Reichstags, Bd. 160, Berlin 1898, S. 1585–1608.

43 Vgl. detailliert für 1923: Dieter Rebentisch, Friedrich Ebert und die Paulskirche. Die Weimarer Demokratie und die 75-Jahrfeier der 1848er Revolution, Heidelberg 1998; siehe auch Willi Emrich, Reichspräsident Friedrich Ebert und die Stadt Frankfurt am Main, Frankfurt am Main 1953, S. 30–41.

44 Edwin Redslob, Von Weimar nach Europa. Erlebtes und Durchdachtes, Berlin 1972, S. 175, der dies dann mit dem Frankfurter Oberbürgermeister Landmann (sic!) ventiliert haben will.

45 Klemm, Erinnert (wie Anm. 1), S. 245.

46 Rebentisch, Ebert (wie Anm. 43), S. 17, dort Anm. 23.

47 Nach den Akten des Reichspräsidenten wurde Ebert durch einen Brief von Karl Kotzenberg (DDP-Stadtverordneter und Präsident der „Frankfurter Gesellschaft für Handel, Industrie und Wissenschaft") vom 9. Februar 1923 auf die geplante Feier aufmerksam gemacht, über die in Frankfurt, so Kotzenberg, „noch keine bestimmte Klarheit" herrsche; man sei sich durchaus bewusst, dass es bei den „heutigen politischen Verhältnissen ein sehr gewagtes Ding" sei, eine solche Feier ins Auge zu fassen. Doch „sang- und klanglos" sollte der 75. Jahrestag nicht vorübergehen; Brief in: BArchB, R 601/184.

48 Büro Reichspräsident (Meissner) an Kotzenberg, 20. Februar 1923, BArchB, R 601/184. Das Folgende nach den hierin befindlichen Dokumenten und den Frankfurter Magistratspapieren in: ISG, Magistratsakten R 154; ergänzende Materialien in: BArchB, R 1501 (Reichsministerium des Innern)/116869.

49 Reichsinnenminister an Oberbürgermeister Frankfurt, 4. Mai 1922, dsgl. vom 5. Mai, BArchB, R 1501/116869, pag. 19.

50 Protokoll der Besprechungen zwischen Vertretern der Stadt und der Reichsregierung am 5. und 6. April 1923, ISG, Magistratsakten R 154.

51 Staatssekretär Reichskanzlei (Eduard Hamm) an Reichsinnenminister, 11. April 1923, BArchB, R 1501/116869, pag. 26

52 Erklärung Cunos vom 17. Mai 1923, BArchB, R 43 I (Reichskanzlei)/566, pag. 299; komplett zit. in: Hörth, Gedenkfeiern (wie Anm. 13), S. 66–67.

53 Felix Hirsch, Gustav Stresemann, Göttingen 1978, S. 140.

54 Eberhard Kolb, Gustav Stresemann, München 2003, S. 59.

55 So Reichsinnenminister Oeser an den Staatssekretär der Reichskanzlei Hamm, 21. April 1923, ISG, Magistratsakten R 154.

56 Einladung in: BArchB, R 601/184.

57 Voigts Rede in Emrich, Reichspräsident (wie Anm. 43), S. 34–37, und in Hörth, Gedenkfeiern (wie Anm. 13), S. 62–65.

58 Dazu die mit namentlicher Liste der Österreicher versehene Mitteilung des Reichsinnenministeriums an das Büro des Reichspräsidenten vom 14. Mai 1923, BArchB, R 601/184. Zur Diskussion im Vorfeld um die Teilnahme österreichischer Vertreter vgl. Klemm, Erinnert (wie Anm. 1), S. 262–271.

59 Einladung der Stadt Frankfurt am Main zu den Veranstaltungen im Römer, BArchB, R 601/184.

60 Diese Episode überliefert Emrich, Reichspräsident (wie Anm. 43), S. 37.

61 Anfang April stand der Festredner noch nicht fest. Die Reichsregierung präferierte nach Angaben von Brecht wohl Payer; Protokoll der Besprechungen zwischen Vertretern der Stadt und der Reichsregierung am 5. und 6. April 1923, ISG, Magistratsakten R 154. Als eine Alternative wurde hier Alfred Weber ins Spiel gebracht.

62 Vgl. Eberhard Demm, Von der Weimarer Republik zur Bundesrepublik. Der politische Weg Alfred Webers 1920–1958, Düsseldorf

1999, S. 174; siehe auch ebd., S. 142, für die Bekanntschaft zwischen Ebert und Weber. Die Rede Webers in: Alfred Weber, Deutschland und Europa. 1848 und heute. Festrede zur 75. Wiederkehr der Eröffnung des ersten deutschen Parlamentes. Gehalten in der Paulskirche am 18. Mai 1923, Frankfurt am Main 1923; wieder abgedruckt in dem Band: Alfred Weber, Politische Theorie und Tagespolitik (1903–1933), hg. von Eberhard Demm unter Mitwirkung von Nathalie Chamba, Marburg 1999, S. 505–516.

[63] Dieses und die nachfolgenden Zitate seiner Rede bei Weber, Deutschland (wie Anm. 62), S. 8, 19, 22 u. 29; beim Neudruck in Weber, Theorie (wie Anm. 62), S. 506, 511, 512 u. 515.

[64] So die Frankfurter Zeitung Nr. 364 vom 19. März 1923. Demnach wurde er mit „lautem Beifall" begrüßt, und die Gäste erhoben sich von ihren Sitzen. Dies ist erwähnenswert, weil Ebert andernorts oftmals mit Gleichgültigkeit, ja bisweilen mit offener Ablehnung begegnet wurde.

[65] Seine kurze Ansprache vom Balkon der Oper in: Mühlhausen (Hg.), Reden (wie Anm. 3), S. 320.

[66] Vgl. Buchner, Identität (wie Anm. 4), S. 176 f.

[67] Karl August Meißinger, Sendschreiben an den Herrn Reichspräsidenten. Vom Geist der Paulskirche und dem Weg zum wahrhaften Deutschen Staat. 1848 – 18. Mai – 1923, Frankfurt am Main 1923. Ebert hatte das ihm persönlich zugedachte Exemplar wohl in der Paulskirche liegenlassen; der württembergische Staatspräsident Johannes Hieber nahm es an sich und sandte es an Eberts Büro, BArchB, R 601/184.

[68] Liste der Kinos in der Mitteilung des Reichsministeriums des Innern an das Büro des Reichspräsidenten vom 7. Juni 1923, BArchB, R 601/184. Die Filmaufnahmen konnten bislang nicht ermittelt werden.

[69] Das Illustrierte Blatt (Frankfurt am Main) Nr. 22 vom 29. Mai 1923, S. 1–3.

[70] Ablaufplan (und dessen Vorläufer), BArchB, R 601/184. Zwischen den offiziellen Programmpunkten nahm sich Ebert noch Zeit, den Bruder des im Januar 1919 ermordeten kommunistischen Führers Karl Liebknecht, Otto Liebknecht, zu besuchen, der ihn eingeladen hatte; Konrad Haenisch an Oberbürgermeister Frankfurt, 7. Mai 1923, ISG, Magistratsakten R 154.

[71] Reichspräsident (Ebert) an Oberbürgermeister Frankfurt, 26. Juli 1923, ISG, Magistratsakten R 154. Dazu der bei Emrich, Reichspräsident (wie Anm. 43), S. 43, zitierte Bericht des Ebert-Bekannten Konrad Haenisch (SPD), wonach besonders der Fackelzug Ebert „tief" bewegt habe. Diese Zufriedenheit über die Frankfurter Feier, das Gefühl, „ein Stück lebendige Tradition geschaffen zu haben", auch in den Erinnerungen des Reichskunstwarts; vgl. Redslob, Weimar (wie Anm. 44), S. 176.

[72] Das Schreiben zitiert bei Klemm, Erinnert (wie Anm. 1), S. 274.

[73] Buchner, Identität (wie Anm. 4), S. 179; dazu der Kommentar der Vossischen Zeitung Nr. 245 vom 26. Mai 1923.

[74] Einladung und Absage Eberts vom 14. Mai 1923, BArchB, R 601/184.

[75] Mehr dazu bei Klemm, Erinnert (wie Anm. 1) S. 273; Gedenkfeiern für die Frankfurter Schülerschaft fanden jedoch statt; ebd., S. 296–297.

[76] Beide Zeitungen zitiert bei Rebentisch, Ebert (wie Anm. 43), S. 13.

[77] Erinnerungen und Dokumente von Joh. Victor Bredt 1914 bis 1933, bearb. von Martin Schumacher, Düsseldorf 1970, S. 288 f.

[78] So Paul Kampffmeyer, Friedrich Ebert. Ein Lebensbild, in: Friedrich Ebert, Schriften, Aufzeichnungen, Reden. Mit unveröffentlichten Erinnerungen aus dem Nachlaß, Bd. 1, Dresden 1926, S. 11–130, hier S. 12.

[79] So Haenisch nach Emrich, Reichspräsident (wie Anm. 43), S. 43.

[80] Zitiert am Ende bei Hörth, Gedenkfeiern (wie Anm. 13), S. 92. So auch mit Begeisterung vor allem für die Feiern auf dem Römerplatz und den abendlichen Fackelzug der Ebert-Vertraute Robert Breuer, Das Fest der Tradition, in: Die Glocke Nr. 9 vom 28. Mai 1923, S. 235–237.

[81] Akten zur Errichtung in: ISG, Magistratsakten 2715. Abbildungen von der Aufstellung 1926, vom Abbau 1933 und der Wiedereinweihung 1950 im Mittelteil von Rebentisch, Ebert (wie Anm. 43).

[82] Für 1926 hatte sie ihre Teilnahme aus privaten Gründen abgesagt; Louise Ebert an Oberbürgermeister Frankfurt, 6. August 1926, ISG, Magistratsakten 2715.

[83] Oberbürgermeister Kolb an Carl Severing, ehemals Innenminister Preußens und des Reiches (SPD), 1. Februar 1950, ISG, Kulturamt 913. Für Kolb war die Neuerrichtung 1950 ein symbolpolitischer Akt, um das „Unrecht, das man Friedrich Ebert und der Demokratie angetan hat", wiedergutzumachen.

„Das Haus aller Deutschen"
Der Wiederaufbau der Paulskirche als Signal
für den demokratischen Neubeginn

Thomas Bauer

Der Kirchenvorstand der Paulsgemeinde erkundigte sich am 21. Februar 1946 bei Oberbürgermeister Kurt Blaum, ob seitens der Stadt irgendwelche Vorüberlegungen für die Jahrhundertfeier der Nationalversammlung 1948 und den Wiederaufbau der bis auf die Außenmauern zerstörten Paulskirche existierten. Das von Fried Lübbecke für das Stadtoberhaupt entworfene Antwortschreiben verwies auf die laufenden Vorarbeiten, stufte aber die Chancen für einen raschen Wiederaufbau inmitten der Nachkriegsnot als sehr gering ein. Die Planungen konzentrierten sich, so die Auskunft des mit den Vorbereitungen für die Paulskirchenfeier beauftragten Lübbecke, auf einen Festakt in der enttrümmerten Ruine.[1]

Frankfurt lag nach zwölf Jahren Nationalsozialismus in Trümmern. Bittere Not bestimmte den Alltag der ersten Nachkriegsjahre. Rückkehrer und Flüchtlinge verschärften die ohnehin dramatische Lebensmittelknappheit und Wohnungsnot. Damit der Wiederaufbau nicht im Wildwuchs endete, mussten seit dem 17. August 1945 in Frankfurt sämtliche Bauarbeiten vorab von der städtischen Wiederaufbaustelle genehmigt werden. Von der amerikanischen Militärregierung eingesetzt, steuerte Oberbürgermeister Blaum den Einsatz der verbliebenen Facharbeiter und die Verteilung

Der Torso der Paulskirche, 1947

der raren Baumaterialien anhand einer 141 Positionen umfassenden „Dringlichkeitsliste". Höchste Priorität hatte nach dem amtlichen Papier die Instandsetzung des Städtischen Krankenhauses Sachsenhausen, der frühneuzeitliche Freskenzyklus von Jörg Ratgeb im Karmeliterkloster bildete das Schlusslicht – der Wiederaufbau der kriegszerstörten Paulskirche stand nicht auf der Liste.[2]

Gerade noch rechtzeitig erkannten die Verantwortlichen die Signalwirkung einer zur Jahrhundertfeier wiederhergestellten Paulskirche für den demokratischen Neubeginn nach 1945. Oberbürgermeister Blaum verkündete im April 1946 die Absicht, die Paulskirche zum Gedenken an die demokratischen Traditionen des Landes bis zum 18. Mai 1948, dem Jahrestag der Eröffnung des Paulskirchen-Parlaments, wiederherzurichten. Dabei brachte Blaum auch die Verwendung der Kirche als Versammlungsort für das zukünftige deutsche Parlament ins Spiel. Ein im Juni 1946 von der Stadt Frankfurt ausgeschriebener Ideenwettbewerb machte es den teilnehmenden Architekten zur Auflage, unter Verwendung der Mauerreste die variable Nutzung der Paulskirche als Gotteshaus und Tagungsraum einzuplanen. Im Übrigen gewährte der Ausschreibungstext, der neben der Kirchen- und Platzgestaltung auch ein angrenzendes Verwaltungsgebäude beinhaltete, den Teilnehmern größtmögliche Freiheiten. Die originalgetreue Rekonstruktion der alten Paulskirche war kein Muss. Teilnahmeberechtigt waren alle in Groß-Hessen gemeldeten, nicht von den Gesetzen der Entnazifizierung betroffenen Architekten.[3]

Wiederaufbauplanungen im Streit zwischen Traditionalismus und moderner Schlichtheit

Nach Ablauf des Abgabetermins lagen dem Preisgericht sage und schreibe 109 Entwürfe vor. Die bloße Anzahl der eingereichten Wettbewerbsbeiträge unterstreicht die Bedeutung des Vorhabens. In der Jury, die Anfang Oktober 1946 tagte, nahm der Rheinländer

Walter Kolb, nachdem die SPD die ersten freien Kommunalwahlen mit deutlichem Vorsprung vor der CDU gewonnen hatte, den Platz von Kurt Blaum ein. Dem neuen Oberbürgermeister lag der Wiederaufbau der Paulskirche ganz besonders am Herzen. Für den überzeugten Demokraten war der Ort, an dem 1848/49 mit der Frankfurter Nationalversammlung das erste gewählte gesamtdeutsche Parlament getagt hatte, ein Nationalheiligtum. Der mit 3.000 Reichsmark dotierte erste Preis ging an den Architekten Gottlob Schaupp (Frankfurt/Bad Homburg). Sein Entwurf erfüllte am ehesten die Vorstellungen des Preisgerichts[4], das sich gegen eine historische Kopie und für eine zeitgemäße Umgestaltung aussprach. Es ließ sich dabei, so der Frankfurter Stadtbaudirektor Otto Fischer als Mitglied der Jury, „von dem großartigen Raumeindruck leiten, den das Kircheninnere auch heute noch im Zustand der Zerstörung auf empfindsame Beschauer ausübt".[5] Im Vergleich zum Vorkriegszustand verzichtete Schaupp auf die umlaufende Empore und brachte die obere Fensterreihe wieder zur Geltung, statt sie durch eine Zwischendecke abzutrennen. Dadurch betonte er die Schlichtheit und Monumentalität des Innenraums. Den zeitbedingten Mangel an Baumaterial und Arbeitskräften berücksichtigend, unterteilte Schaupp den Wiederaufbau der Paulskirche in zwei Phasen. Bis zur Jahrhundertfeier sollte das Gebäude mit einer zeltförmigen Dachkonstruktion provisorisch hergerichtet und in einem zweiten Bauabschnitt ohne Zeitdruck fertiggestellt werden. Ebenfalls auf die Zeit nach dem 18. Mai 1948 verschob Schaupp den Bau eines hufeisenförmigen Verwaltungstrakts an der Ostseite der Paulskirche, der den Vorplatz vom Straßenverkehr abschirmen sollte.[6]

Einen konventionelleren Gestaltungsansatz als Schaupp wählte die Frankfurter Architektengemeinschaft Franz C. Throll und Ferdinand Rupp, deren Entwürfe – einer mit wiederhergestellter Galerie, der andere mit großzügigem Foyer – beide einen zweiten Preis gewannen. Ein weiterer zweiter Preis ging an den Bad Sodener Architekten Ferdinand Wagner, der einzelne Balkone statt einer umlaufenden Empore und, ebenso wie die Drittplatzierten Theo Kellner und Karl Molzahn, eine plastisch ausgestaltete Kuppel vorschlug. Die Wiederherstellung der ursprünglichen Dachform war allen prämierten Entwürfen gemein.[7]

Die Jury stellte an die Entwürfe für den Wiederaufbau der Paulskirche allerhöchste Ansprüche. Die hochgeschraubten Erwartungen der Preisrichter begründete der Vertreter des Oberbürgermeisters in der Jury, Stadtbaurat Eugen Blanck, am 4. November 1946 in einem Zwischenbericht: „Dabei ist auch zu bedenken, daß die Wiederherstellung der Paulskirche als deutsches Nationalsymbol eine Angelegenheit ist, die weit über die Stadt Frankfurt a. M. hinaus die Gemüter in Deutschland beschäftigen wird. Der Bau der Paulskirche ist die erste große monumentale Gestaltungsaufgabe nach 12jähriger Verfallszeit, die für die geistige Haltung des deutschen Volkes vor der Welt Zeugnis ablegen muß.“[8]

Keinen der 109 eingereichten Entwürfe, auch nicht den prämierten Entwurf Schaupps, hielt das Preisgericht für baureif. Für die Projektbearbeitung konnte Blanck seinen Kölner Kollegen, die Kirchenbaukoryphäe Rudolf Schwarz, gewinnen und mit ihm die Planungsgemeinschaft Paulskirche gründen. Neben den beiden Städtebauern gehörten der Planungsgemeinschaft noch ein ehemaliger Mitarbeiter von Schwarz, der Architekt Johannes Krahn, und vor allem der Gewinner des Paulskirchen-Wettbewerbs, Gottlob Schaupp, an. Das Quartett kannte sich aus der Zeit des Neuen Frankfurt und sollte den Wiederaufbau der Paulskirche als einen Bau der Moderne durchsetzen.

Eugen Blanck hatte sich von 1926 bis 1929 unter Ernst May als Mitarbeiter des Frankfurter Hochbauamts im Wohnungs- und Siedlungsbau betätigt und später an der Siedlung Westhausen mitgewirkt. Gemeinsam mit Gottlob Schaupp und Eugen Kaufmann verwirklichte Blanck 1930 im Huthpark einen Pavillon im Stil der klassischen Moderne, der als Unterstand und Umkleideraum diente und heute ein Restaurant beherbergt. Schaupp hatte sich 1925 als freier Architekt in Frankfurt niedergelassen und zum Beispiel für die Siedlung Römerstadt die Reihenhäuser An der Ringmauer erbaut. Im Riederwald errichtete er 1927/28 für die evangelische Philippusgemeinde eine Kirche mit Gemeindehaus, die im Zweiten Weltkrieg zerstört wurden. Rudolf Schwarz unterrichtete seit 1925 an der Offenbacher Bau- und Kunstgewerbeschule und bildete mit dem dortigen Hauptlehrer Dominikus Böhm projektbezogen eine Architektengemeinschaft. So gewannen sie 1927 den Wettbewerb für die in Bockenheim geplante Frauenfriedenskirche mit dem Entwurf „Opfergang“, der letztendlich aber nicht zur Ausführung kam. Schwarz gehörte zu den radikalen Erneuerern des katholischen Sakralbaues – als sein wohl wichtigster Vorkriegsbau gilt die 1930 erbaute minimalistische Aachener Fronleichnamskirche. Der Vierte im Bunde der Planungsgemeinschaft Paulskirche, Johannes Krahn, war von 1928 bis 1940 Schwarz’ engster Mitarbeiter und als solcher auch an den Entwürfen für die Pfarrkirche in Aachen beteiligt.[9]

Im „Dritten Reich“ schlugen die vier Architekten unterschiedliche Wege ein: Während Gottlob Schaupp als freischaffender Architekt in Frankfurt blieb, sich von den Ideen des Neuen Frankfurt verabschiedete und sowohl ästhetisch als auch politisch mit dem Nationalsozialismus arrangierte, hielt Rudolf Schwarz zur NS-Diktatur Distanz und wurde 1934 als langjähriger Leiter der Kunstgewerbeschule in Aachen entlassen. Fortan arbeitete Schwarz als Freiberufler in Frankfurt am Main, Köln und Berlin. Darüber hinaus betätigte er sich ab 1941 als Planungsarchitekt beim Wiederaufbauamt in dem das Saargebiet, die Pfalz und Lothringen umfassenden „Gau Westmark“. Nach Kriegsdienst und -gefangenschaft beteiligte sich Schwarz zunächst an Wiederaufbauprojekten in Frankfurt, bevor er ab 1946 als Generalplaner für den Wiederaufbau der Stadt Köln Verantwortung übernahm. Aufgrund der schlechten Auftragslage war Johannes Krahn 1940 von Rudolf Schwarz in das Großbüro von Herbert Rimpl gewechselt, für das er in Berlin und Paris typisierte Wohnhäuser entwickelte, bis er sich kurz vor Kriegsende selbständig machte und wieder nach Frankfurt zurückkehrte. Eugen Blanck, den es schon 1929 in seine Geburtsstadt Köln gezogen hatte, wo er zunächst am städtischen Hochbauamt und dann als freier Architekt wirkte, versuchte in der Zeit des Nationalsozialismus seine moderne Architekturauffassung zu wahren. Im Krieg bekleidete Blanck leitende Positionen in der Landesplanungsgemeinschaft Brandenburg-Berlin und in der Planungskommission Prag, was ihn aber nicht daran hinderte, zur gleichen Zeit der Berliner Freitagsgruppe anzugehören, in der sich „moderne" Architekten und Stadtplaner austauschten. Nach Kriegsende engagierte er sich in der Kölner SPD und wurde Vorsitzender der dortigen Wiederaufbaukommission. Mit Eugen Blancks im September 1946 erfolgten Berufung zum Stadtbaurat in Frankfurt und seiner Rückkehr an den Main schloss sich gewissermaßen der Kreis.[10]

Die Arbeit der Planungsgemeinschaft wurde von Protesten der „Traditionalisten" um Fried Lübbecke begleitet, der Anfang 1947 in einer Denkschrift die Gründe für seine Ablehnung der vom Hochbauamt verantworteten Wiederaufbaupläne darlegte. Für Lübbecke – Geschäftsführer des städtischen Paulskirchen-Ausschusses und Vorsitzender des „Bundes tätiger Altstadtfreunde" in Personalunion – wirkte die Ruine wie ein „riesiger Gasometer", in dem sich der Betrachter „pygmäenhaft" verliere. Um dem Innenraum ein nicht näher definiertes „menschliches Maß" zu geben, erklärte Lübbecke den erneuten Einbau einer Galerie beim Wiederaufbau der Paulskirche für unverzichtbar. Nachdem der sogenannte „Altstadtvater" den Aufbau der Paulskirche in einen Ausbau uminterpretiert hatte, erklärte er die verantwortlichen Architekten zu „Dienern am Werke", die sich größter Zurückhaltung gegenüber der historischen Vorlage zu befleißigen hätten. Lübbecke favorisierte in seiner Denkschrift klar den von Throll und Rupp vorgelegten Entwurf, der mittels einer auf Höhe der früheren Galeriesohle eingezogenen Decke den „Riesenraum" auf das besagte „menschliche Maß" zurückstutzte.

Auf die Lobeshymne für Throll folgte ein Verriss der vom Hochbauamt zu verantwortenden und von der Planungsgemeinschaft Paulskirche entwickelten Konzeption. Lübbecke kritisierte die Raumaufteilung in ein Souterrain mit Garderobe und Toiletten sowie eine gut dreieinhalb Meter hohe Wandelhalle, die er als „Kellergeschosse" bezeichnete. „Von dieser niedrigen Halle", so Lübbeckes Verdikt, „stiege man dann zu dem Riesenrund empor, das ohne Galerie in einer Höhe von 25 Metern als nackter Zylinder, nur von den zwei Reihen Fenstern durchbrochen, den Besucher empfinge. Mit einer evangelischen Predigtkirche hat dieser Kessel nichts zu tun, auch wohl nicht mit einem Sitzungsraum für ein Parlament oder einen Kongress."[11] Natürlich konnte sich Lübbecke auch nicht für das geplante Flachdach mit Oberlicht erwärmen.

Die Denkschrift, mit der Lübbecke auf Konfrontationskurs zum Hochbauamt ging, unterzeichnete er in seiner Doppelfunktion als Vorsitzender des Kirchenvorstands der Paulsgemeinde und des „Bundes tätiger Altstadtfreunde". Der Versuch, als Angestellter der Stadt Frankfurt die private Meinung von seinen Pflichten als Geschäftsführer des Paulskirchen-Ausschusses zu trennen, konnte nicht gutgehen. Einen Tag vor der sich abzeichnenden Annahme des Entwurfs der Planungsgemeinschaft durch die Stadtverordnetenversammlung legte Lübbecke am 5. Februar 1947 tief enttäuscht sein Amt im Ausschuss nieder.[12]

Keiner der sechzig Stadtverordneten stand in der entscheidenden Sitzung des Stadtparlaments am 6. Februar 1947 auf Lübbeckes Seite. Der Berichterstatter des Hochbauausschusses erklärte im Plenum zum Ringen mit Vergangenheit und Zukunft: „Die eine Seite verlangt, daß die Paulskirche wieder in demselben Stil und in derselben Form aufgebaut werde, wie sie gewesen sei. Die andere Seite verlangt, daß sich der Wiederaufbau im baulichen und architektonischen Geiste unserer Zeit vollziehen soll. Nach ernster Beratung aller dieser Fragen haben sich die Mitglieder des Ausschusses einstimmig für die letztere Einstellung entschieden, denn wir haben keine Veranlassung, unser eigenes Können in den Schatten zu stellen und längst vergangene Zeiten zu kopieren oder als falsches Pathos wieder lebendig werden zu lassen."[13] Einstimmig votierte die Stadtverordnetenversammlung für den Entwurf der Planungsgemeinschaft. Zugleich wurden in der Hoffnung, einen Großteil der Kosten über Spenden decken zu können, 2,7 Millionen Reichsmark für die Paulskirche bewilligt.[14]

Dass zwischen den „Traditionalisten" und der Planungsgemeinschaft Welten lagen, ist schon allein an der unterschiedlichen Betrachtungsweise der Ruine zu erkennen. Während Lübbecke abfällig von einem „Kessel" sprach, schwärmte Schwarz in seinem 1960 veröffentlichten Hauptwerk über die Kirchenbaukunst: „Die Denkmalpflege wollte den Bau historisch genau wiederhergestellt haben, aber wir widersetzten uns, denn die große Ruine war weitaus herrlicher als das frühere Bauwerk, ein riesiges Rund aus nackten, ausgeglühten Steinen von einer beinahe römischen Gewaltsamkeit. So schön war das Bauwerk noch niemals gewesen, und wir erreichten, daß es so blieb."[15]

Wie in Schaupps ursprünglichem Entwurf vorgesehen, beließ die Planungsgemeinschaft den Kirchen- und Tagungsraum weitgehend frei von Einbauten. Die Eingangssituation in das Gebäude überarbeiteten die Architekten, indem sie in das Rund ein Untergeschoss und darüber ein zuvor nicht vorhandenes Foyer einzogen. Der Haupteingang im Erdgeschoss des Turms liegt seitdem zu ebener Erde, so dass sich ein schachtartiger tonnenüberwölbter Torweg ergab, durch den man unter einem Relief, das den Erzengel Michael im Kampf mit dem Bösen zeigt, in die dämmrige Wandelhalle gelangt.[16] Dort umstehen 14 massive dickleibige Rundpfeiler einen ovalen Kern, in dem ein fensterloser Besprechungsraum untergebracht ist. Auf dessen Außenwand sollte später ein Kunstwerk aufgebracht werden. Die das Oval umstehenden Marmorsäulen tragen den darüber liegenden lichtdurchfluteten Saal, in den zwei der Rundung der Außenwand folgende Treppen führen. Zur Symbolik dieses Dreischritts aus Torweg, Wandelhalle und Saal erklärte die Planungsgemein-

Treppenaufgang in den Festsaal, um 1948

schaft: „Wenn man die Folge der Räume durchschreitet, vollzieht man eine Bewegung aus dem Niedern, Halbdunkeln, Ertragenden ins Hohe, Lichte und Freie. Wir wollten damit ein Bild des schweren Weges geben, den unser Volk in dieser seiner bittersten Stunde zu gehen hat."[17]

Den Kirchen- und Tagungsraum umgab eine Aura von „fast mönchischer Strenge"[18]. Das schlichte Raumgefühl resultierte aus der leichten Holzdecke mit Oberlicht, weißen Wänden, einfacher Bestuhlung und einem Natursteinboden. Nur der erhöhte Bereich mit dem Rednerpult an der Stirnseite des Saals sollte aufwendig in Marmor gearbeitet werden – letztendlich wurde es Muschelkalk. Die Tribüne hinter der „Sprechstelle" – die Vorwegnahme einer möglichen Regierungsbank – verhüllte während der Jahrhundertfeier ein kostbarer, mit Friedenstauben gemusterter Wandbehang.[19] Von der Decke bis fast auf den Boden herabhängende Leuchtkörper gliederten, Lichtsäulen vergleichbar, den Innenraum; sie bildeten einen Kompromiss zwischen funktionalistischer Zweckmäßigkeit, modernem Dekor und Reminiszenz an die ursprüngliche Gestalt. Die Lichtsäulen erinnerten an das einstige Säulenrund der verschwundenen Empore und zugleich waren sie ein markantes Zeichen des neuen Stils, der neuen Transparenz. „Wer sich im wiederaufgebauten Versammlungssaal der Paulskirche aufhielt, sah sich in einem unmissverständlich modernen Innenraum, der dennoch die Erinnerung an das Zerstörte, an den Ort der ersten deutschen Nationalversammlung bewahrte; schemenhaft nur und damit dem einstigen wie dem nachfolgenden Versagen angemessen."[20] Mit Genugtuung konnte der Architekt Rudolf Schwarz 1960 über die Innenarchitektur der 1947/48 wiederaufgebauten Paulskirche feststellen: „Der Bau dient heute geistigen Dingen von hohem Rang [...] und er ist von einer solch nüchternen Strenge, dass darin kein unwahres Wort möglich sein sollte."[21]

Signal für den demokratischen Neubeginn

Die wiederaufgebaute Paulskirche zeugte im befreiten demokratischen Deutschland vom bewussten Umgang mit der jüngsten Vergangenheit. Die Spuren der Zerstörung wurden an ihr nicht getilgt, sondern in allegorischer Form bewahrt. Indem auf das hohe Helmdach verzichtet und eine kupferne Flachkuppel aufgesetzt wurde, erweckte der Baukörper aus der Ferne Assoziationen an den dachlosen Torso der kriegszerstörten Paulskirche. Das Wachhalten der Erinnerung an die Ruine hatte zum Nebeneffekt, dass fortan der Kirchturm jene dominante Wirkung entfalten konnte, die zuvor das steile Helmdach unterbunden hatte.[22]

Blick aus dem Regieraum in den Saal, um 1948

Oberbürgermeister Kolb bewies großen politischen Wagemut und Weitblick, als er inmitten furchtbarster Wohnungsnot dem Wiederaufbau der Paulskirche den Vorrang gab. Das Vorhaben, den Wiederaufbau der Stadt mit einer eher symbolischen Geste zu beginnen, musste bei den Ausgebombten, die noch in Bunkern und Kellern lebten, auf Unverständnis stoßen. Der bittere Kommentar einer Witwe, die Anfang 1947 mit ihrem Sohn noch immer in einem feuchten Kellergewölbe hauste – „Wenn die Paulskirche fertig ist, ziehe ich in die Sakristei"[23] –, ist nur ein Beispiel für die gedrückte Stimmung unter den Obdachlosen. Um solcherart Kritik den Wind aus den Segeln zu nehmen, hatten die Stadtverordneten im

November 1946 auf Initiative der CDU einstimmig beschlossen, parallel zur Paulskirche die kriegszerstörte Friedrich-Ebert-Siedlung im Gallusviertel wiederaufzubauen.[24]

Frühmorgens versammelte sich am 17. März 1947 ein illustrer Kreis von Ehrengästen zunächst in der Ruine der Paulskirche und eine Dreiviertelstunde später in der Friedrich-Ebert-Siedlung zur doppelten Grundsteinlegung für den offiziellen Beginn des Frankfurter Wiederaufbaus. Im Beisein des amerikanischen Stadtkommandanten Oberst Robert K. Phelps, des hessischen Ministerpräsidenten Christian Stock sowie Magistratsmitgliedern und Stadtverordneten verlas Kolb die anschließend an der Westseite der Paulskirche eingemauerte Urkunde der Grundsteinlegung: „Heute beginnen wir mit dem Wiederaufbau der Paulskirche. Sie wurde zerstört, weil wir die sittlichen Gesetze missachteten. Mögen unsere Nachkommen sich selbst überwinden und über die Grenzen hinaus allen Völkern die Hand in Eintracht reichen. Dies ist unser Wunsch und unser Vermächtnis."[25]

Bis zur Jahrhundertfeier der Nationalversammlung waren es nur noch 16 Monate. Aus eigener Kraft konnte das notleidende Frankfurt in der Kürze der Zeit den Wiederaufbau der Paulskirche auf keinen Fall bewerkstelligen. Ohne den Beschluss der Stadtverordneten vorher abgewartet zu haben, hatte Kolb daher am 20. Januar 1947 an ausgewählte Gemeinden, Firmen und Einzelpersonen einen gedruckten Aufruf mit der Bitte um Unterstützung verschickt. Kolb erhob den Wiederaufbau der Paulskirche zu einer gesamtdeutschen Angelegenheit – es gehe nicht um Frankfurt, sondern um Deutschland. In einem gemeinsamen Kraftakt sollte die Paulskirche als Symbol für den kommenden demokratischen Staat und als „Haus aller Deutschen" wie ein Phönix aus der Asche steigen.[26]

Trotz des allgemeinen Mangels fand der Hilferuf für das „wichtigste politische Bauprojekt des Landes"[27] eine unerwartet positive Resonanz. Die Spendensammlung zugunsten des Wiederaufbaus setzte ein Zeichen gegen die drohende Teilung Deutschlands.

Insgesamt wurden der Stadt Frankfurt bis November 1947 mehr als 1,8 Millionen Reichsmark zugesichert; darunter befanden sich neben den amerikanischen Finanzhilfen zum Beispiel auch eine 10.000-Mark-Spende des Zentralsekretariats der Sozialistischen Einheitspartei aus Berlin, 100.000 Mark gab die Regierung des Landes Sachsen. Gleichzeitig waren exakt 327 Sachspenden eingetroffen. So kamen aus Thüringen drei mit Bauholz beladene Eisenbahnwaggons und aus dem benachbarten Offenbach eine Partie Leder für die Bestuhlung. Als trotz einiger Schwierigkeiten am 7. November 1947 die Fertigstellung des Rohbaus mit einem Richtfest gefeiert werden konnte, galt Kolbs Dank der Opferbereitschaft der an dem Werk beteiligten Städte, Kreise und Länder.[28]

Über den Wiederaufbau und die Nutzungsrechte an der Paulskirche einigten sich Stadt und Evangelische Stadtsynode erst in letzter Minute. Umstritten war weniger die Form als vielmehr die zukünftige Nutzung der wiederaufgebauten Kirche. Während die Stadt in der repräsentativen Paulskirche Versammlungen und Kongresse abhalten wollte, betonten die Kirchenvertreter die sakrale Bestimmung des Hauses. Rein rechtlich befand sich die Synode in der besseren Ausgangsposition. Die damals noch Barfüßerkirche genannte Paulskirche war eine von sechs Frankfurter Kirchen, die am 2. Februar 1830 von der Freien Stadt Frankfurt der evangelisch-lutherischen Gemeinde zur alleinigen Verfügung überlassen worden waren. Darüber hinaus hatte sich die Stadt in der Dotationsurkunde verpflichtet, die Kirchengebäude samt Interieur instand zu halten.[29]

Kurz vor der Jahrhundertfeier unterzeichneten am 12. Mai 1948 Oberbürgermeister Kolb und der Vorstand der Stadtsynode eine Vereinbarung über den Wiederaufbau und die Nutzung der Paulskirche. Für die Dauer von zehn Jahren wurde der Stadt das Recht eingeräumt, in der Paulskirche festliche Versammlungen abzuhalten. Im Gegenzug verpflichtete sich die Stadt, die ebenfalls zu den Dotationskirchen gehörende Nikolaikirche wiederaufzubauen und der

Die Stadt Würzburg stiftete 1947 einen prächtigen Folianten, in den alle Spender, die sich am Wiederaufbau der Paulskirche beteiligten, eingetragen wurden. Die Allegorien auf dem Einband verkörpern die Hoffnung auf eine bessere Zukunft: Ein Phönix steigt aus der Asche auf, ein Baum ergrünt auf Seiten der Demokratie

Stadtsynode zur Verfügung zu stellen. Noch vor Ablauf der befristeten Vereinbarung kam im September 1950 eine endgültige Regelung zwischen Stadt und Kirche zustande: Die öffentliche Hand errichtete im Dominikanerkloster ein neues Verwaltungszentrum zugunsten der Evangelischen Kirche in Frankfurt und löste damit die kommunalen Dotationsverpflichtungen bezüglich der Paulskirche und der ehemaligen Weißfrauenkirche ab.[30]

Wiedereröffnung zur Jahrhundertfeier 1948

Unter Glockenläuten zogen am Nachmittag des 18. Mai 1948 – wie ein Jahrhundert zuvor die Abgeordneten der Nationalversammlung – die Ehrengäste der Zentenarfeier, angeführt von Oberbürgermeister Walter Kolb, Stadtverordnetenvorsteher Hermann Schaub und dem als Festredner geladenen Schriftsteller Fritz von Unruh, vom Römer zur teilweise noch eingerüsteten, im Wesentlichen aber fertiggestellten Paulskirche. Schätzungsweise 35.000 Menschen verfolgten dichtgedrängt den Einzug und den über Lautsprecher direkt nach draußen übertragenen Festakt.

Vor dem offiziellen Beginn der Jahrhundertfeier trafen gegen 16 Uhr die Staffelläufer aus den Westzonen und Berlin ein. Der Sternlauf zur Paulskirche symbolisierte die Hoffnung auf eine geeinte Nation. Rund 30.000 Sportler hatten sich zwischen dem 14. und 18. Mai 1948 an sieben Haupt- und einigen Nebenläufen nach Frankfurt beteiligt. Flensburg und Garmisch-Partenkirchen waren der nördlichste und der südlichste Ausgangspunkt der Staffeln. Weitere Starts erfolgten in Bremerhaven, Ulm oder Kassel. Auf dem Weg nach Frankfurt sammelten die Läufer Grußbotschaften der Städte und Länder in speziell angefertigten Köchern. Das Verbot des Sternlaufs durch die sowjetische Besatzungszone trübte die Hoffnungen der Veranstalter auf die staatliche Einheit und kündigte die baldige Abtrennung der Ostzone von den westlichen Besatzungszonen an. Nach einem Rundlauf durch die westlichen Sektoren Berlins erreichte der Schlussläufer auf dem Luftweg Frankfurt. Für die französische Besatzungszone hatte das in Baden-Baden stationierte Oberkommando die Teilnahme an der Paulskirchen-Staffel ebenfalls verboten. Der dem Sternlauf innewohnende Einheitsgedanke lief auch der auf eine Zerschlagung Preußens und die Abspaltung des Saargebiets abzielenden französischen Besatzungspolitik zuwider.[31]

Die letzte Etappe des Sternlaufs führte am 18. Mai 1948 durch ein Spalier von Schaulustigen vom

Zug der Festgäste zur Paulskirche, 18. Mai 1948

Die hehren Ideale des Paulskirchen-Parlaments, Freiheit der Person und Einheit der Nation, hielt Kolb 1948 für aktueller denn je. Alle deutschen Politiker stünden in der Pflicht, das zu vollenden, was 1848 von der Nationalversammlung begonnen worden sei. Aufs wärmste hieß Kolb den nach 16-jähriger Emigration erstmals wieder in Deutschland weilenden Festredner Fritz von Unruh in der Paulskirche willkommen. Unruhs „Rede an die Deutschen" sollte den Höhepunkt der Feierstunde bilden.[33]

Fritz von Unruh sprach an dem Ort, an dem man vor 15 Jahren auch seine Bücher verbrannt hatte, zunächst über den eigenen Lebensweg, bevor er auf die Schuld der Deutschen nach 1933 zu sprechen kam. Unruh wandte sich direkt an die knapp eintausend Ehrengäste in der Paulskirche: „Als mich die Stadt Frankfurt durch ihren Oberbürgermeister viertausend Meilen weit her über den Atlantik gerufen hat, – was erwartete sie zu hören von mir, dem Ausgebürgerten, dem Flüchtling, der heute seit sechzehn Jahren zum ersten Mal wieder auf deutschem Boden steht? Oder verlangen sie etwa durch mich zu erfahren, daß die Tragödie deutscher Raubtiermoral vergeben und vergessen ist? Wer unter uns könnte sich selber vergeben … und vergessen? Wer?"[34]

Der seelischen Belastung kaum noch gewachsen, rang Unruh an dieser Stelle nach Fassung und konnte die Ansprache nur unter Anspannung aller Kräfte fortsetzen. Er warnte die Deutschen vor der um sich greifenden Verdrängung ihrer Schuld, brach aber schon nach wenigen Sätzen und mit der Klage „Keiner erinnert sich mehr, wie schlecht er es machte, als er noch handeln konnte"[35] auf den Lippen ohnmächtig am Rednerpult zusammen. Der Oberbürgermeister eilte besorgt nach vorn, ließ Unruh in einem Nebenraum behandeln und bat die Festversammlung um Verständnis. Ergriffen dankte Kolb dem „Dichter und Weltbürger" und kündigte die Publikation der vollständigen Rede an. Zum Ausklang des Festakts spielte das Opernhaus- und Museumsorchester Beethovens Leonoren-Ouvertüre Nummer drei. Nach der angekün-

Fahrtor zur Paulskirche. Als Schlussläufer, mit dem Auftrag Oberbürgermeister Kolb in der Paulskirche die Köcher mit den Grußadressen zu überreichen, kamen ausschließlich deutsche Leichtathletik-Meister, wie die Sprinterin Marga Petersen aus Bremen oder der Frankfurter Mittelstreckler Heinz Ulzheimer, zum Einsatz. Die *Frankfurter Neue Presse* befand am Tag danach, „dass dem Sternlauf doch eine große Bedeutung innewohnt. Er ist die erste geschlossene Manifestation des Sports nach dem Kriege."[32]

In der Begrüßungsansprache beschwor Kolb den Geist der Frankfurter Paulskirche von 1848 als zukunftsweisend für den demokratischen Neubeginn.

Plakatwerbung für die Paulskirchenfeier, 1948

Oberbürgermeister Walter Kolb mit einem Modell der Paulskirche in der Ausstellung „1848" im Berliner Schloss, 18. März 1948

digten Programmfolge war die Feier damit beendet. Doch da erschien unerwartet und von den Ehrengästen umso herzlicher begrüßt Fritz von Unruh wieder im Saal, um die nach dem Schwächeanfall abgebrochene Ansprache zu Ende zu bringen. Unruh warnte vor einem erneuten Mitläufertum und schloss die von Eugen Kogon als „bedingungslos" und „moralisch" bezeichnete Festrede mit dem Appell an die Deutschen, sich zu ihrer Schuld zu bekennen. Dieses Eingeständnis sei die Voraussetzung für den Neubeginn.[36]

Die Paulskirchenfeier wurde von einer Fest- und Kulturwoche umrahmt. Das Kulturprogramm kreiste immer wieder um das Jahr 1848. Oberbürgermeister Kolb eröffnete die Festwoche am Pfingstsonntag, dem 16. Mai 1948, mit der vom Direktor des Stadtarchivs, Hermann Meinert, konzipierten historischen Ausstellung „1848" in den Räumen des Kunstvereins. Im Kino „Bieberbau" wurde der Dokumentarfilm „1848" uraufgeführt. Auch der Pfingstsonntag stand zunächst unter geschichtlichen Vorzeichen: Walter Kolb legte auf dem

Hauptfriedhof an den Gräbern der Gefallenen von 1848 und der in Frankfurt verstorbenen Abgeordneten der Nationalversammlung im Namen der Stadt einen Kranz nieder. Im Festprogramm nicht ausdrücklich erwähnt, aber ebenfalls aus Anlass der Paulskirchenfeier wurden im Mai 1948 drei Frankfurter Schulen nach verdienten Abgeordneten der Nationalversammlung benannt: Das Kaiser-Friedrich-Gymnasium wurde in Heinrich-von-Gagern-Gymnasium, das Sachsenhäuser Realgymnasium in Carl-Schurz-Schule und die Höchster Oberfeldschule in Robert-Blum-Schule umbenannt.[37]

Unter der Überschrift „Ist die Paulskirche geglückt?" ließ die *Frankfurter Neue Presse* am 4. Juni 1948 noch einmal Gegner und Befürworter der neuen Paulskirche zu Wort kommen. Während Fried Lübbecke gallig kommentierte: „Durch die gläsernen Hoteltüren und die Eingangsgrotte in Kinoarchitektur betrete ich den Untergrundbahnhof der Wandelhalle des Erdgeschosses mit den dilettantisch aus Aluminiumblech gebastelten Treppengeländern und steige die zu schmale Festtreppe zum Kirchenraum empor"[38], lobte der Architekt Hermann Mäckler den „stolzen Bau" und sprach von einer ergreifenden Raumgestaltung.

Die Paulskirchenfeier 1948 stellte mehr dar als nur ein historisches Jubiläum. Der Wiederaufbau des symbolträchtigen Hauses war ein Bekenntnis zu den demokratischen Traditionen und ein an die Völkerfamilie gerichtetes Signal des demokratischen Neubeginns. In Bezug auf die Form des Wiederaufbaus zeigte sich Kirchenbaumeister Otto Bartning zuversichtlich, die Frankfurter würden „eines Tages, wenn der Streit um die Neuheit sich beruhigt hat, stolz darauf sein, dieses Werk zu besitzen".[39]

[1] Hierzu das Schreiben des Kirchenvorstands an den Oberbürgermeister vom 21. Februar 1946 und den Entwurf für das am 9. April 1946 an die St. Paulsgemeinde abgeschickte Antwortschreiben Blaums, Institut für Stadtgeschichte Frankfurt am Main (ISG), Magistratsakten 4464, f. 83r./v. und 86 r./v.

[2] Vgl. die von Adolf Miersch in Vertretung des Oberbürgermeisters am 15. August 1945 unterzeichnete „Dringlichkeitsliste I. A.", ISG, Magistratsakten 6650 und die „Bekanntmachung über die zentrale Lenkung des bauwirtschaftlichen Einsatzes" vom 17. August 1945, ISG, Magistratsakten AZ 3801, Bd. 1. Siehe auch: Thomas Bauer, „Seid einig für unsere Stadt". Walter Kolb – Frankfurter Oberbürgermeister 1946–1956, hg. von der Historisch-Archäologischen Gesellschaft Frankfurt am Main e. V., Frankfurt am Main 1996, S. 39–59 und ders., Ein Symbol für den demokratischen Neubeginn. Der Wiederaufbau der Paulskirche, in: Paulskirche. Eine politische Architekturgeschichte, hg. im Auftrag des Deutschen Architekturmuseums und der Wüstenrot-Stiftung von Maximilian Liesner, Philipp Sturm, Peter Cachola Schmal u. Philip Kurz, Stuttgart 2019, S. 44–67.

[3] Vgl. die Ausschreibung des Ideenwettbewerbs vom 1. Juni 1946, in: Mitteilungen der Stadtverwaltung Frankfurt am Main, Nr. 24 vom 11. Juni 1946, S. 94, das Schreiben mit dem Entwurf für den ausführlichen Ausschreibungstext von Stadtrat Miersch an Oberbürgermeister Blaum vom 4. Mai 1946, ISG, Magistratsakten 4465, f. 5r. u. 10r.–12r. sowie Wendelin Leweke, Geschichte der Paulskirche, in: Paulskirche in Frankfurt am Main, hg. vom Magistrat der Stadt Frankfurt am Main, Frankfurt am Main 1988, S. 19–59, hier S. 33–37.

[4] Neben Walter Kolb saßen in der Jury der Darmstädter Professor Gruber, der Regierungsbaudirektor Bach aus Wiesbaden sowie Stadtbaudirektor Fischer und Architekt Assmann, beide aus Frankfurt.

[5] Otto Fischer, Die Wiederherstellung der Paulskirche, in: Neue Bauwelt, Nr. 5, 1947, S. 61–71, hier S. 67.

[6] Vgl. ebd., S. 69 f.

[7] Vgl. ebd.

[8] Bericht von Stadtbaurat Blanck an den Magistrat vom 4. November 1946, abgedruckt in: Patricia Tratnik, Materialien zum Wiederaufbau der Paulskirche 1946–1948, Frankfurt am Main o. J., Dokument 9 (unveröffentlichtes Typoskript).

[9] Vgl. Christian Welzbacher, Wiederaufbau der Paulskirche ab 1946, in: ders./Walter Lachner, Paulskirche, hg. von Clemens Greve und Franziska Vorhagen im Auftrag der Frankfurter Bürgerstiftung und der Cronstett- und Hynspergischen evangelischen Stiftung, Berlin 2015, S. 59–71, hier S. 61 und Maximilian Liesner/Philipp Sturm, Denkmal unter Druck. Eine Geschichte von Konflikten, in: Paulskirche. Eine politische Architekturgeschichte (wie Anm. 2), S. 12–31, hier S. 13–18.

[10] Vgl. ebd., S. 17 f. und Welzbacher, Paulskirche (wie Anm. 9), S. 62.

[11] Undatierte Denkschrift von Fried Lübbecke, ISG, Magistratsakten 4465, f. 33r.–39r., hier f. 38r.

[12] Vgl. die Erklärung von Fried Lübbecke vor dem Gesamtausschuss für die Vorbereitung der Jahrhundertfeier der Paulskirchenver-

sammlung am 5. Februar 1947, ISG, Magistratsakten 4467, f. 5r.–6r. Selbst Der Spiegel vom 15. Februar 1947 berichtete: „Der Vater der Altstadt geht. Kampf um Frankfurts Paulskirche".

13 Stenografische Berichte über die Verhandlungen der Stadtverordnetenversammlung, 3. Öffentliche Sitzung am 6. Februar 1947, §§ 104–106 (S. 52 f.), ISG, Stadtverordnetenversammlung, Protokolle P 980.

14 Vgl. ebd., §§ 104–106, S. 36–62.

15 Rudolf Schwarz, Kirchenbau – Welt vor der Schwelle, Heidelberg 1960, S. 94.

16 Vgl. Dieter Bartetzko, Denkmal für den Aufbau Deutschlands. Die Paulskirche in Frankfurt am Main, Königstein im Taunus 1998, S. 50.

17 Planungsgemeinschaft Paulskirche, Die neue Paulskirche, in: Die neue Stadt 2 (1948), S. 101–104, hier S. 104.

18 Schwarz, Kirchenbau (wie Anm. 15), S. 94.

19 Vgl. Bernhard Unterholzner, Die Sprechstelle der Paulskirche. Eingangsportal zum öffentlichen Raum, in: Paulskirche. Eine politische Architekturgeschichte (wie Anm. 2), S. 94–102, hier S. 96.

20 Dieter Bartetzko, Ein Symbol der Republik. Geschichte und Gestalt der Frankfurter Paulskirche, in: Architektur und Demokratie. Bauen für Politik von der amerikanischen Revolution bis zur Gegenwart, hg. von Ingeborg Flagge u. Wolfgang Jean Stock im Auftrag des Deutschen Bundestags, Stuttgart 1992, S. 108–125, hier S. 120.

21 Schwarz, Kirchenbau (wie Anm. 15), S. 94.

22 Vgl. Bartetzko, Symbol der Republik (wie Anm. 20), S. 123 und ders., Denkmal (wie Anm. 16), S. 54.

23 Zitiert nach: Rudolf Krämer-Badoni, Zustand einer Großstadtbevölkerung am Beispiel Frankfurts, in: Die Wandlung 2 (1947), S. 812–841, hier S. 832.

24 Vgl. „Eine Siedlung wird aufgebaut", in: Frankfurter Rundschau vom 30. November 1946.

25 Reproduktion der von Walter Kolb und Joseph Auth unterzeichneten Urkunde, in: 1848/1948. Paulskirchen-Denkschrift, hg. von der Stadtkanzlei, Frankfurt am Main 1948, S. 9.

26 Vgl. den Aufruf der Stadt Frankfurt am Main zum Wiederaufbau der Paulskirche vom 20. Januar 1947, ISG, Nachlass Walter Kolb, S 1/4 Nr. 242.

27 Wolfgang Voigt, „Ruf der Ruinen" oder Rekonstruktion – Altstadt, Paulskirche und Goethehaus nach den Luftangriffen des Zweiten Weltkriegs, in: Die immer neue Altstadt. Bauen zwischen Dom und Römer seit 1900, hg. von Philipp Sturm u. Peter Cachola Schmal, Frankfurt am Main 2018, S. 64–73, hier S. 65.

28 Vgl. das Stifterbuch für den Wiederaufbau der Paulskirche von 1948, ISG, S 5/400 und die Zusammenstellung der Spenden bis zum 7. November 1947, abgedruckt in: Tratnik, Materialien (wie Anm. 8), Dokument 41.

29 Vgl. das Schreiben der vorläufigen Leitung der Evangelischen Kirche in Frankfurt an Oberbürgermeister Kolb vom 10. September 1946, ISG, Magistratsakten 4462, f. 4r. und Protokolle der Magistratssitzungen 3437 (10. und 17. März 1947).

30 Vgl. die Vereinbarung über den Wiederaufbau und die Nutzung der Paulskirche vom 12. Mai 1948, ISG Magistratsakten 4463, f.

3r.–5r. und Frolinde Balser, Aus Trümmern zu einem europäischen Zentrum. Geschichte der Stadt Frankfurt am Main 1945–1989, Sigmaringen 1995, S. 166 (Veröffentlichungen der Frankfurter Historischen Kommission, Bd. 20).

31 Vgl. Thomas Bauer, Sport und Demokratie. Die Paulskirchen-Staffel 1948, in: Sozial- und Zeitgeschichte des Sports 12 (1998), S. 50–59. Die elf Köcher und mehr als einhundert Grußbotschaften der Paulskirchen-Staffel befinden sich heute im Bestand des Instituts für Stadtgeschichte Frankfurt am Main.

32 Hellmuth Mayr, Vom Tor der Welt zur Paulskirche, in: Frankfurter Neue Presse vom 19. Mai 1948.

33 Zu den Ereignissen am 18. Mai 1948: „Jahrhundertfeier in der Paulskirche", „Frankfurts größter Festtag" und „Erschütterung", alle in: Frankfurter Rundschau vom 20. Mai 1948.

34 Fritz von Unruh, Rede an die Deutschen, hg. und eingeleitet von Eugen Kogon, Frankfurt am Main 1948, S. 39 f.

35 Ebd., S. 40.

36 Vgl. ebd., S. 40–46 und „Jahrhundertfeier in der Paulskirche", in: Frankfurter Rundschau vom 20. Mai 1948. Eine Aufzeichnung der von Radio Frankfurt live übertragenen Paulskirchenfeier befindet sich im Deutschen Rundfunkarchiv, DRA-Nr. 52.741.

37 Zur Fest- und Kulturwoche erschien ein 20-seitiges Programmheft, ISG, S 3/6311. Zur Umbenennung der Schulen: Magistrats-Beschluss Nr. 258 vom 24. Mai 1948, ISG, Magistratsakten 4470, f. 236r.

38 „Ist die Paulskirche geglückt?", in: Frankfurter Neue Presse vom 4. Juni 1948.

39 Otto Bartning, Ein grundsätzliches Wort zur neuen Paulskirche, in: Baukunst und Werkform, Nr. 3, 1949, S. 101–107, hier S. 104.

Demokratische Kirchen und Schlösser?
Demokratieorte in Deutschland

Michael Dreyer

Was ist ein demokratischer Erinnerungsort?
Eine Bestandsaufnahme

Das Konzept der Erinnerungsorte, „les lieux de mémoire", ist ein relativ neues Konzept, das ursprünglich von dem französischen Historiker Pierre Nora stammt.[1] Spätestens mit dem großen dreibändigen Werk der Berliner Historiker Hagen Schulze und Etienne François über „Deutsche Erinnerungsorte" fand es Eingang in die deutsche Geschichtswissenschaft, aber auch die Öffentlichkeit.[2] Es lohnt sich, dieses Werk etwas genauer anzuschauen.

Die Schutzumschläge der drei Bände zieren insgesamt 16 Bilder von Erinnerungsorten. Fragt man gezielt nach demokratischen Erinnerungsorten, ist das Resultat einigermaßen niederschmetternd. Nur zwei der 16 Bilder – die Paulskirche und Brandts Kniefall in Warschau – können in eine demokratische Ahnenreihe eingefügt werden, die anderen 14 Bilder thematisieren andere Kontexte. Der Befund ändert sich nicht, wenn man von den Titelbildern zum Inhalt voranschreitet. So gibt es etwa keinen Artikel zur ersten deutschen Demokratie, zur Weimarer Republik. Immerhin, sechs Artikel haben einen Bezug zur Weimarer Republik: Versailles, Dolchstoßlegende, Rosa Luxem-

burg, Bauhaus, Marlene Dietrich und Walther Rathenau. Und natürlich gibt es auch einen Artikel zur Stadt Weimar – aber der bezieht sich auf Goethe und Schiller und nicht auf die Republik.

Insgesamt haben – bei großzügiger Betrachtung – 11 der 121 Artikel der drei Bände einen Bezug zu demokratischen Aspekten unserer Geschichte:

Demokratische Erinnerungsorte

Reichstag	Die Freiheitsglocke
Der Kniefall	„Wir sind das Volk!"
Die Paulskirche	Der Sozialstaat
Achtundsechzig	„Karlsruhe"
Der Bauernkrieg	Walther Rathenau
Der 20. Juli	

Das ist es. Demokratische Erinnerungsorte im weitesten Sinne machen 9,09 Prozent der deutschen Erinnerungsorte aus, die restlichen 91,01 Prozent beziehen sich auf unpolitische oder direkt undemokratische Elemente der Geschichte. Dies ist kein Vorwurf

"Zug auf das Hambacher Schloß am 27. Mai 1832", Gemälde von Joseph Weber, 1832

an das ausgezeichnete und informative Buch, sondern, wenn überhaupt, ein „Vorwurf" an unsere Geschichte. Denn auch wenn man sicherlich eine leicht andere Auswahl hätte treffen können, hätte dies den generellen Tenor kaum geändert. Der Volkswagen und das Wunder von Bern, die D-Mark und Bismarck sind deutsche Erinnerungsorte, die Revolution von 1918 und die Weimarer Republik sind es nicht. Schlösser und Burgen eignen sich anscheinend besser als Sehnsuchts- und Erinnerungsorte als Parlamente und Parteien.

Dieser Befund ist im Sinne einer starken und ihrer Geschichte bewussten Demokratie nicht erfreulich, aber er ist auch kein Naturgesetz, das sich nicht ändern lässt. Änderungsbestrebungen gibt es seit einiger Zeit, und sie beginnen mit den höchsten Stellen des Staates. Seit geraumer Zeit hat Bundespräsident Frank-Walter Steinmeier verschiedene Gedenktage und prominent platzierte Reden genutzt, um für eine intensivere Auseinandersetzung mit der deutschen demokratischen Geschichte zu werben. Ein längerer Auszug aus seiner in jeder Hinsicht großen Rede zum

9. November 2018, dem 100. Jahrestag der Revolution von 1918, soll dies verdeutlichen:

„Erinnerung, die nur pflichtbewusst an Gedenktagen unsere Lippen bewegt, die aber nicht mehr unser Handeln prägt – eine solche Erinnerung erstarrt zum Ritual. Schlimmstenfalls führt sie sogar zu Ressentiments, zu Entfremdung zwischen offiziellem Gedenken und dem Lebensalltag, dem Empfinden der Bürgerinnen und Bürger, gerade der jungen Menschen, die sagen: ‚Was hat das denn mit mir zu tun?' […]
So wenig der Demokratie am 9. November 1918 ihr Scheitern schon vorherbestimmt war, so wenig ist heute, einhundert Jahre später, ihr Gelingen garantiert. […]
Aber: Die Bundesrepublik erklärt sich auch nicht allein ex negativo, nicht allein aus dem ‚Nie wieder!'. Man kann unser Land nicht begründen ohne die weit verzweigten Wurzeln von Demokratie- und Freiheitsbestrebungen, die es über Jahrhunderte hinweg gegeben hat und aus denen die Bundesrepublik nach 1945 auch wachsen konnte. […]
All diese Frauen und Männer haben nach und nach errungen, wovon die Deutschen lange Zeit nur träumen konnten: ein freies, vereintes, demokratisches Deutschland. Zu viele von ihnen sind heute vergessen. Ich wünsche mir, dass wir mehr Aufmerksamkeit, mehr Herzblut und, ja, gern auch mehr finanzielle Mittel den Orten und den Protagonisten unserer Demokratiegeschichte widmen. Für das Selbstverständnis unserer Republik sollten wir mehr investieren als nur in die Grablege von Königen oder die Schlösser von Fürsten!
Wir alle, die wir uns zur Demokratie bekennen, die Millionen, die sich Tag um Tag für dieses Land engagieren, sie alle stehen in dieser Tradition. Sie zeigen durch tägliches Beispiel: Ein demokratischer Patriotismus ist keine Abstraktion und keine Kopfgeburt. Das Engagement dieser Bürgerinnen und Bürger entspringt doch nicht allein aus kühlem

Verstand oder Berechnung, sondern bei den allermeisten aus tiefstem Herzen. Also: Trauen wir uns doch! Trauen wir uns, die Hoffnung, die republikanische Leidenschaft jener Novembertage auch in unserer Zeit zu zeigen. Trauen wir uns, den Anspruch zu erneuern: Es lebe die deutsche Republik! Es lebe unsere Demokratie!"[3]

Seither hat der Bundespräsident in mehreren weiteren Reden nachgelegt; etwa anlässlich des Jahrestags der Eröffnung der Nationalversammlung 1919 am 6. Februar 2019 auf dem Staatsakt der Bundesrepublik im Weimarer Nationaltheater. Und im März 2019 folgte in der Wochenzeitung *Die Zeit* ein programmatischer Artikel unter dem bemerkenswerten Titel „Deutsch und frei". Die Redaktion leitete die Ausführungen wie folgt ein:

„Mehr Geld für die Paulskirche, der 18. März ein Gedenktag: Warum tut unser Land nicht mehr für die Erinnerung an seine demokratische Tradition? Wie viel nationale Symbolik passt zum demokratischen Deutschland?
Mehr, als mitunter sichtbar wird, meint Bundespräsident Frank-Walter Steinmeier und plädiert für mehr Pflege der Stätten, von denen Demokratie ausging."[4]

Im Artikel selbst führte der Bundespräsident unter anderem aus:

„Gibt es nicht auch Ereignisse und Vorbilder in unserer Demokratiegeschichte, die uns inspirieren, die Ansporn geben und Mut machen können? Gab es nicht Zeiten – denken wir etwa an den Weimarer Aufbruch vor 100 Jahren –, in denen große Umwälzungen auch große Errungenschaften hervorbrachten? Errungenschaften, die unsere Demokratie bis heute prägen und stark machen; Heldinnen und Helden, auf die wir stolz sein können? Ich meine, wir haben unsere Freiheits- und Demokratiegeschichte in unserem Denken über Zukunft zu lange vernachlässigt, und das sollten wir ändern!"[5]

Das Engagement des jetzigen Bundespräsidenten ist nicht ohne Vorläufer. Gustav Heinemann setzte sich in seiner Amtszeit für eine Gedenkstätte für die deutsche Freiheitsbewegung in den Napoleonischen Kriegen ein, und 1974 wurde die Gedenkstätte Rastatt tatsächlich eröffnet.[6] Wenn Bundespräsidenten sich wirklich etwas wünschen (innerhalb realistischer Grenzen) und ihre Energie und das Prestige ihres Amtes dafür einsetzen, haben diese Wünsche die Tendenz, realisiert zu werden.

Erinnerungsorte und die Politik

Tatsächlich hat sich inzwischen in der Politik etwas bewegt. Schon am 25. Juni 2019 wurde eine Initiative im Bundestag angestoßen, die dieses Defizit beheben wollte. In der Drucksache 19/11089, einem gemeinsamen Antrag der Fraktionen der CDU/CSU und der SPD hieß es:

„Es gibt in Deutschland somit zahlreiche Orte und Stätten, die eng mit der deutschen Demokratiegeschichte verknüpft sind. Von ihnen gingen maßgebliche Impulse für die Entwicklung der Demokratie in Deutschland aus. Sie bezeugen, wie Demokratie vor und nach 1945, im Osten wie im Westen Deutschlands, immer wieder neu errungen werden musste.
Diese Orte, die symbolhaft für unsere demokratische Tradition stehen, müssen wieder verstärkt ins öffentliche Bewusstsein gerufen werden. Die Förderung der Orte deutscher Demokratiegeschichte ist daher auch ein wichtiges Vorhaben des Koalitionsvertrages zwischen CDU, CSU und SPD.
Das Wissen um diese freiheitlichen und demokratischen Traditionen in der deutschen Geschichte ist eine wichtige Quelle von Bürgersinn und demokra-

tischem Ethos. Es zeigt, dass Freiheit, Demokratie und Rechtsstaatlichkeit keine Selbstverständlichkeit sind, sondern unter großen Opfern erstritten wurden und immer wieder gelebt und verteidigt werden müssen. Der Blick zurück kann zum eigenen demokratischen Engagement ermutigen. Mit der Stärkung des demokratischen Geschichtsbewusstseins wird unsere Demokratie gestärkt."[7]

Ausgangspunkt war das 100. Jubiläum der Weimarer Republik, aber der Blick wurde bewusst weiter gespannt und bezog die ganze deutsche Demokratiegeschichte mit ein. In einer denkwürdigen Debatte wurde dieser Antrag im Deutschen Bundestag in der 118. Sitzung dieser Wahlperiode am 17. Oktober 2019 verhandelt.[8] Kulturstaatsministerin Monika Grütters setzte den Ton, und Abgeordnete aller Parteien, auch der Opposition, sprachen sich prinzipiell für das Vorhaben aus, auch wenn seitens der AfD erhebliche Vorbehalte hinsichtlich der Umsetzung vorgebracht wurden. Der Antrag wurde „bei Enthaltungen der Fraktion Bündnis90/Die Grünen und der Fraktion der AfD mit den Stimmen der anderen Fraktionen des Hauses angenommen".[9]

Der Bundestag untermauerte sein Engagement mit der Aussicht auf eine jährliche Unterstützung des Vorhabens in Höhe von zehn Millionen Euro, von denen im Startjahr 2020 allerdings nur ein Bruchteil wirklich auch – über das Kulturstaatsministerium – eingesetzt wurden. Immerhin, es bleibt die Aussicht auf die Zukunft.

Erinnerungsorte und Verfassungspatriotismus

Das Konzept des Erinnerungsortes ist – jedenfalls in Deutschland – eng verbunden mit dem Konzept des demokratischen Patriotismus oder Verfassungspatriotismus, und beide gemeinsam sind getrennt von den Ideen des nationalen Patriotismus. Der Unterschied wurde von Bundespräsident Richard von Weizsäcker wie folgt gefasst:

„Der Nationalist ist einer, der die anderen hasst. Der Patriot ist einer, der das eigene Land liebt und den Patriotismus der Nachbarn versteht und achtet."[10]

Das ist ein diffiziler Unterschied, der in der deutschen Öffentlichkeit nicht unbedingt immer präsent ist. Patriotismus ist, egal in welcher Form, nicht hoch angesehen in Deutschland.[11] Mit dem Slogan „Deutsche – wir können stolz sein auf unser Land", der 1972 die Wahlplakate der SPD zierte, würde heute wohl keine demokratische Partei mehr auf Stimmenfang ziehen.

(a) Verfassungspatriotismus im Sinne der „Alternative für Deutschland"

Wenig Berührungsängste zu dem Begriff Patriotismus hat, kaum überraschend, die AfD. 2018 gab die Thüringer Landtagsfraktion ein Positionspapier mit dem Titel „Leitkultur, Identität, Patriotismus" heraus.[12] Ein näherer Blick auf dieses Papier mag hier erlaubt sein. Gleich am Anfang findet sich das programmatische Statement: „So unentbehrlich mithin ein Verfassungspatriotismus als Grundlage des öffentlichen Zusammenlebens sein mag, er ist hierfür bei weitem nicht ausreichend."[13] Stattdessen werden die Verfassung und ihr „Kanon verbindlicher Werte" gegen eine angebliche „Tyrannei der Werte" gestellt; politische Korrektheit und „Sprachdiktate" führten gar zur „Zerstörung der Nation".[14] Das Papier erwähnt hier und da positiv und zustimmend Bassam Tibi, Friedrich Merz, Norbert Lammert, Thomas de Maizière, Dolf Sternberger, Bernhard Schlink (als Juristen, nicht als Schriftsteller) sowie Ernest Renan. Negativ angeführt werden Aydan Özuguz, Lale Akgün, Christian Lindner und Jürgen Habermas. Ein Bezug auf Erinnerungsorte wird hergestellt, ohne allerdings die Bände von Schulze und François direkt zu erwähnen. Gedichte von Hans Carossa (1924) und Joseph Victor von Scheffel (1863) werden zitiert, und es wird bereitwillig zugestanden,

dass Identität immer ambivalent und die deutsche Identität durch die Zeit des Nationalsozialismus getrübt sei, zugleich sei sie aber Teil der europäischen Kultur. Dieser Abschnitt mündet in einer Definition des Patriotismus:

„Die Verwurzelung in der nationalen Identität findet ihren Ausdruck im Patriotismus, in der Liebe zur Patria, zum Vaterland. Mit der Liebe zum Vaterland ist die gerade auch gefühlsmäßige Bindung an die Gehalte und Symbole der eigenen Nation gemeint, das Sich-heimisch-fühlen im Eigenen der nationalen Identität. Aus diesem Patriotismus heraus speist sich der Bürgersinn, der sich in der gelebten Bejahung der gemeinsamen öffentlichen Ordnung niederschlägt und insoweit auch den Verfassungspatriotismus motiviert und die Demokratie lebendig erhält. Ein solcher Patriotismus muss weder unkritisch noch gefühlsduselig sein, er bedeutet auch nicht ein Herabsehen auf andere Völker und Lebensweisen. Schließlich steht er einer Anerkennung universaler Prinzipien und Rechte keineswegs entgegen."[15]

Diese Definition klingt harmloser und inklusiver, als sie es in Wirklichkeit ist. Das „Eigene der nationalen Identität" ist ein Hinweis darauf, dass man sich diesen Zugang nicht durch Zuwanderung, sondern nur durch Geburt erringen kann. Und in der Tat starten unmittelbar nach der Definition auch die Angriffe – auf die UNO, die EU und Angela Merkel, die alle zusammen mit ihrer Migrationspolitik den „Angriff auf unsere Identität"[16] eingeleitet hätten. Für die Bundeskanzlerin wurden Reden von 2005 und 2015 gegenübergestellt und damit die Worte von 2005 als „heuchlerische Phrasen" entlarvt, denn die Handlungen von 2015 seien „Entscheidungen, die sich de facto gegen unsere Identität und Leitkultur richten".[17] Letzteres deshalb, weil als Resultat Migration, illegale Ausländer, falsche Integration und Islamisierung erfolgten.

Das Papier endet mit zehn Forderungen, die hier paraphrasierend wiedergegeben werden sollen:

1. „Deutsch als Landessprache" müsse in die Verfassung aufgenommen werden.
2. Gleiches gilt für „den Schutz und die Förderung der deutschen Leitkultur als Staatsziel".
3. „Bildung als sachliche und ideologiefreie Vermittlung der deutschen und europäischen Kultur."
4. „Besinnung darauf, dass die deutsche Geschichte weitaus mehr ist als die Geschichte der Jahre zwischen 1933 und 1945."
5. „Überwindung des Missbrauchs von Werten als ideologische Kampfformeln."
6. „Stärkung des Rechtsstaats."
7. Ende der „Einschränkung der verfassungsrechtlich garantierten Meinungsfreiheit".
8. Keine Parallelgesellschaften und Räume ohne deutsches Recht.
9. Integration über „Erlernen der deutschen Sprache, als Anpassung an Recht und Gesetz und an die deutsche Lebensweise".
10. „Ende der wahllosen Masseneinwanderung aus nicht-europäischen Ländern" unter „falschem Etikett des Asylrechts" als „Migration in das deutsche Sozialsystem".[18]

Bei genauerer Betrachtung sind vor allem die Forderungen Nr. 1, 2, 7 und 10 problematisch, während die verbleibenden sechs Punkte mehr oder minder zum Mainstream der deutschen Politik gehören – wer wollte sich schon gegen die „Stärkung des Rechtsstaats" aussprechen? Gleiches gilt für den abschließenden Satz des Papiers: „Leitend bleibt uns das Bekenntnis zu Einigkeit und Recht und Freiheit für das deutsche Vaterland."[19]

Das Ganze ist, mit anderen Worten, ein typisches AfD-Positionspapier: in einer Reihe von Punkten wird der Anschluss an den ganz alltäglichen und durchschnittlichen demokratischen Dialog der Gesellschaft gesucht, mit Forderungen, die fast alle unter-

schreiben können. Und in einigen wenigen Punkten wird dieser Diskurskonsens gezielt erweitert, gebrochen und damit letztlich in sein Gegenteil verkehrt.

Wie wurde nun der Verfassungspatriotismus im ursprünglichen Sinne konzipiert?

(b) Verfassungspatriotismus als demokratischer Patriotismus

Der Begriff des Verfassungspatriotismus wurde erstmals in einem Artikel von Dolf Sternberger in der *Frankfurter Allgemeinen Zeitung* 1970 verwendet.[20] Sternberger verstand den Begriff staatsbürgerlich; an Stelle der Ethnizität sollten die Werte des Grundgesetzes treten – was man durchaus als Leitkultur verstehen könnte, wenn dieser Begriff nicht durch die vielen Diskussionen um ihn inzwischen weitgehend verbrannt wäre … Zu dem Gedanken gehören in seiner öffentlichen Vermittlung aber auch konkrete Orte, an denen man den demokratischen Patriotismus greifen und vermitteln kann – also die Erinnerungsorte. Und diese Orte liegen in Deutschland, nicht in Portugal oder Russland – womit dann auch das Konzept der Nation mit eingebracht wäre.

Damit ist ein weiterer komplexer Begriff angesprochen. „Nationen" kann man auf unterschiedliche Art verstehen bzw. konstruieren, und so sind sie auch konstruiert worden. Eine Nation lässt sich durch ihre einheitliche Sprache konstruieren (so in Deutschland und Frankreich geschehen, neben vielen anderen Ländern) oder durch eine unterdrückte Religion (Belgien im 19. Jahrhundert, ev. Polen) oder durch Ethnizität (etwa Deutschland, Tschechoslowakei, Italien, Polen und andere), durch eine gemeinsame Geschichte (Deutschland, Italien, die Schweiz) und endlich durch Verfassung und Politik, wie vor allem in den USA. Die USA sind von Anfang an ein Einwanderungsland gewesen, in dem sich viele verschiedene Sprachen, Religionen und Ethnizitäten versammelt haben. Das Einzige, was ihnen gemeinsam war, war und ist die Verfassung der USA – mit anderen Worten, der Ver-

Blick vom Gerüst an der Paulskirche auf das Einheitsdenkmal, 26. September 1947

fassungspatriotismus. Mit der Veränderung der europäischen Nationen zu multikulturellen Gesellschaften ist die Orientierung des Patriotismus an der Verfassung, nach amerikanischem Vorbild, nahezu unausweichlich.

Wenn Bundespräsident Steinmeier wiederholt vom demokratischen Patriotismus gesprochen hat, dann orientiert sich dieser Gedanke an Sternbergers Verfassungspatriotismus, betont aber stärker den dynamischen Verlaufscharakter. Um dies zu verstehen, ist es hilfreich, sich beispielhaft anzusehen, wie sich der demokratische Verfassungspatriotismus in Ländern auslebt, die schon länger Erfahrung damit haben.

Konzept und Praxis der „Orte der Demokratiegeschichte": Frankreich und die USA

Erinnerungsorte im internationalen Vergleich

Zunächst müssen Beispiele gleichsam aus dem Weg geräumt werden, die für die Nachahmung und Orientierung nicht geeignet sind. Einen robusten und organisch gewachsenen Verfassungspatriotismus gibt es, vielleicht etwas überraschend, in einem Land ohne geschriebene Verfassungsurkunde: dem Vereinigten Königreich. Hier gibt es jede Menge Traditionen und Rituale, die zum Teil Jahrhunderte zurückreichen. Jährlich wiederkehrende, symbolisch aufgeladene Ereignisse wie die Thronrede der Königin in Westminster, die Truppenparade am „offiziellen" Geburtstag der Königin, „Armistice Day" zur Erinnerung an den 9. November 1918, „Guy Fawkes Night" zur Erinnerung an den Anschlag auf das Parlament vom 5. November 1605 – diese Tage und weitere sind zu eng mit der Tradition der Monarchie verbunden, um anderswo Verwendung zu finden.

Gleiches gilt für die „Orte der Monarchiegeschichte", die es ja auch in Deutschland gegeben hat. Physische Orte wie die Wiener Hofburg, das Schloss Sanssouci, das Völkerschlachtdenkmal in Leipzig, das Deutsche Eck in Koblenz, die Siegessäule in Berlin, die unzähligen Bismarck-Denkmäler überall in Deutschland eignen sich kaum als demokratische Erinnerungsorte, und auch Daten wie der Reichsgründungstag (18. Januar), der Geburtstag des Kaisers (27. Januar), der Sedanstag (2. September) sind in einem demokratisch vereinten Europa ungeeignet, Bedeutungsträger für eine zeitgemäße Botschaft zu sein.[21]

Offenbar muss man auf andere republikanische Demokratien mit langer Tradition schauen, um etwaige Vorbilder zu entdecken. Es ist ein wenig erstaunlich, dass Wikipedia bei dieser Suche keine große Hilfe ist. Der Begriff „Erinnerungsort" existiert dort lediglich in acht Sprachen; neben deutsch noch auf Englisch, Französisch, Portugiesisch, Russisch, Weißrussisch, Ukrainisch und Chinesisch. Die meisten dieser Artikel verweisen fast ausschließlich auf das französische „lieu de mémoire", und der deutsche Artikel ist deutlich der längste unter den wenigen, die überhaupt existieren. Immerhin, es gibt zwei traditionsreiche Republiken, für die die erwähnten Sprachen Relevanz haben: Frankreich und die USA.

Erinnerungsorte in Frankreich

Die französische Nation geht weit zurück; bereits in der Renaissance definierte sich Frankreich als besonderer Staat, abgegrenzt durch seine Sprache und Kultur und im Bewusstsein seiner Geschichtlichkeit. Das heißt aber auch, dass die Zugehörigkeit zur Nation nicht von der Ethnizität abhängt, sondern lediglich von einem Bekenntnis zur Nation. Eine Aussage wie die von Ernest Renan wäre in Deutschland kaum vorstellbar gewesen:

„Die Nation ist eine große Solidargemeinschaft, die durch das Gefühl für die Opfer gebildet wird, die erbracht wurden und die man noch zu erbringen bereit ist. Sie setzt eine Vergangenheit voraus und läßt sich dennoch in der Gegenwart durch ein greifbares Faktum zusammenfassen: die Zufriedenheit und den klar ausgedrückten Willen, das gemeinsame Leben fortzusetzen. Die Existenz einer Nation ist (man verzeihe mir diese Metapher) ein tägliches Plebiszit, wie die Existenz des Individuums eine ständige Bekräftigung des Lebens ist. […] Die Nationen sind nichts Ewiges. Sie haben einmal angefangen, sie werden enden. Die europäische Konföderation wird sie wahrscheinlich ablösen."[22]

Man muss allerdings auch bedenken, dass diese Worte bei einer Rede an der Sorbonne 1882 gesprochen wurden; das „plebiscite de tous le jours" bezog sich auf Elsass und Lothringen, die Renan für die große Solidargemeinschaft Frankreichs beanspruchte – trotz Sprache und Ethnizität und vor allem staatsrechtlicher Zugehörigkeit seit 1871.

Als „lieu de mémoire" hat sicherlich auch Versailles zu gelten, aber die eigentliche Geschichte der Erinnerungsorte beginnt in ihrer republikanischen Tradition erst mit der Revolution von 1789. Ein erster solcher dezidiert republikanischer Erinnerungsort ist der Ballhausschwur und die Erklärung des Dritten Standes zur Nationalversammlung am 20. Juni 1789, ein zweiter die Bastille und ihre Erstürmung am 14. Juli, ein dritter die Erklärung der Menschen- und Bürgerrechte, die „Déclaration des Droits de L'Homme et du Citoyen" vom 26. August. Die ikonographischen Darstellungen sind fast alle identisch: Die Menschen- und Bürgerrechte sind auf zwei Tafeln geschrieben, die ihrerseits stark an die Gesetzestafeln von Moses erinnern. Und bekrönt wird die Darstellung durch zwei Frauengestalten, die einmal „La Liberté" darstellen, die das Licht der Vernunft entzündet, und zum anderen „La France", die die Ketten der Unterdrückung zerreißt. Die Trikolore, die Marseillaise, die Freiheit, die im Gemälde von Eugène Delacroix 1830 das Volk führt – diese Erinnerungsorte entstammen alle der republikanischen Tradition, aber das heißt zugleich auch, dass sie im 19. Jahrhundert durchweg als parteiliche Erinnerungsorte wahrgenommen wurden. Es waren nur die Erinnerungsorte derjenigen Franzosen, die auch auf der

Seite der Republik standen. Für den katholisch-monarchischen Teil der Bevölkerung sind es eher Orte wie Lourdes, wo 1857 das Wunder der Bernadette stattgefunden haben soll, die zum Erinnerungsort wurden.

Neben den politisch gespaltenen Erinnerungsorten gibt es auch die Orte, die die Nation einigen – wie das Panthéon in Paris und die Gräber von Verdun. Im Panthéon finden sich die Gräber von Voltaire und Rousseau, von Dumas, Hugo und Zola, von Pierre und Marie Curie und seit 2018, als jüngste Ergänzung, diejenigen der Politikerin und Mitglied der Académie française Simone Veil und ihres in Frankreich kaum weniger bekannten Ehemannes Antoine.

Frankreich ist ein Beispiel dafür, dass Erinnerungsorte nicht nur einheitsstiftend wirken können, sondern dass sie auch unterschiedliche Traditionen bedienen und damit sogar Spaltungen vertiefen können. Inzwischen sind die Monarchisten nur noch eine kleine und kaum signifikante Gruppe, aber die Symbole der Republik waren nicht von Anfang an die Symbole der ganzen Nation. Das ist etwas anders beim zweiten Beispiel, dem wir uns jetzt zuwenden wollen. Was die schiere Quantität, aber auch die Bedeutung für das Selbstverständnis der Nation angeht, sind die USA zweifellos die Weltmeister der Erinnerungskultur.

Erinnerungsorte in den USA

Es ist bereits darauf verwiesen worden, dass die Nationenbildung in den USA durch Politik und Verfassung erfolgt ist; der „Melting Pot" ist von Anfang an mit dem Pluralismus verbunden. Sprache, Religion, Geschichte und Ethnizität wirken fast immer auch exkludierend bei der Bildung einer Nation, ihre Politik wirkt potentiell inkludierend.[23]

In der amerikanischen Wikipedia heißt das entsprechende Stichwort „memory space":

„Memory space (French: lieu de mémoire) is a concept related to collective memory, stating that certain places, objects or events can have special significance related to group's remembrance. The concept has been coined by French historian Pierre Nora who defines them as ‚complex things. At once natural and artificial, simple and ambiguous, concrete and abstract, they are lieux—places, sites, causes—in three senses—material, symbolic and functional'."[24]

Ein weiterer Begriff, der inhaltlich eng mit dem der Erinnerungsorte verbunden ist, ist wenigstens in den USA das Konzept der „civil religion". Der Gedanke geht auf Rousseau zurück[25], und in den USA waren es die Religionssoziologen Will Herberg (in einem 1955 erschienenen Buch) und vor allem Robert N. Bellah (in einem Aufsatz von 1967), die das Konzept weiterentwickelten und für die USA anwendeten.[26] Es besagt, dass in den USA die Bürger neben ihrer persönlichen Religion (oder Religionslosigkeit) auch noch eine öffentliche Zivilreligion verfolgen, in der die allen Amerikanern gemeinsamen Elemente ihrer politischen und Verfassungskultur quasireligiösen Charakter bekamen.

Dies lässt sich nachvollziehen sowohl an abstrakten nationalen Symbolen wie auch an konkreten Orten, an denen Ereignisse und Personen geradezu konsekriert werden – eben Erinnerungsorte einer demokratischen Kultur, die teilweise bereits im 19. Jahrhundert ihren Charakter als nationale Kultstätte erhielten. Zu den überall präsenten Symbolen gehören etwa die Verfassung, die Flagge, der Seeadler als Wappentier, aber auch die „Liberty Bell" und die Freiheitsstatue. Die beiden letztgenannten sind natürlich auch konkrete Orte in Philadelphia und am Hafeneingang nach New York City, aber sie haben sich als Symbole längst von ihrer physischen Präsenz emanzipiert. Vor allem die Freiheitsstatue ist ein weltweites Freiheitssymbol geworden[27], und die hier dargestellte Frauenfigur hat inzwischen „Columbia" als Personifikation der Nation zwar nicht vollkommen verdrängt, aber doch weitgehend ersetzt. Die Flagge wird jeden Morgen in jeder amerikanischen Schule mit der „Pledge of Allegiance"

invoziert: „I pledge allegiance to the Flag of the United States and to the Republic for which it stands, one Nation under God, indivisible, with liberty and justice for all." Der originale Text wurde 1892 geschrieben; der Zusatz „under God" wurde 1954, also mitten im Kalten Krieg, hinzugefügt.[28]

Bei der Flagge geht es also nicht um ein Stück Stoff, sondern um einen, wenn nicht den zentralen Erinnerungsort der amerikanischen Demokratiegeschichte – was auch erklärt, warum das Verbrennen der amerikanischen Flagge eine so starke provozierende Wirkung entfacht, dass entsprechende Aktionen mehrfach vor dem Supreme Court der USA landeten, dass zahlreiche Einzelstaaten das Verbrennen der Flagge unter Strafe stellten und dass auch im amerikanischen Kongress Versuche, einen entsprechenden Verfassungszusatz zu verabschieden, fast erfolgreich gewesen wären.[29]

Architektonischer Ausdruck des amerikanischen demokratischen Patriotismus ist der Graeco-Römische Stil fast aller offizieller Gebäude in den USA – eine Verbeugung vor der griechischen Polis und der Römischen Republik, die in der Gründungsphase der USA als Vorbild verehrt wurden. Kongress und Weißes Haus stammen aus dem frühen 19. Jahrhundert, der Supreme Court von 1935 – aber einen architektonischen Unterschied können, wenn überhaupt, nur Experten erkennen. Im Museumsteil der National Archives werden die englische Magna Charta, die Unabhängigkeitserklärung, die Verfassung und die „Bill of Rights" so ausgestellt, dass man sich als Besucher unwillkürlich an eine sakrale Präsentation und an einen Altar erinnert fühlt.

Insgesamt gibt es in den USA nicht weniger als mindestens 332 nationale Erinnerungsorte, die alle zur Politik- und Demokratiegeschichte gerechnet werden können – die 62 National Parks, die Naturschönheiten bewahren und herausheben, sind dabei noch nicht einmal mitgezählt. Der erste National Park, der Yellowstone Park, der sich in Wyoming, Montana und Idaho über fast 9.000 Quadratkilometer erstreckt, wurde 1872 vom Kongress eingerichtet. Der jüngste, die „White Sands" in New Mexico, wurde 2019 in die Liste aufgenommen.

Es ist unmöglich, sich im Detail mit den ganzen politischen Erinnerungsorten zu befassen. Eine tabellarische Erfassung muss deshalb genügen.

Und wem dies noch nicht genügt als Erinnerungsorte: Es gibt noch über 2.500 National Historic Landmarks, und selbst damit haben wir nur die nationalen Erinnerungsorte erfasst, die vom Bund unterhalten werden. Die einzelstaatlichen und kommunalen

Erinnerungsort	Anzahl	Erstmals	Errichtet durch	Beispiele
National Memorial	40(1)	1884	Kongress	Robert E. Lee Memorial Federal Hall New York Flight 93 (2001) FDR Memorial General Grant's Tomb Korean War Veterans Mem. Lincoln Memorial Martin Luther King Jr. Mem. Mount Rushmore Pearl Harbor Thomas Jefferson Memorial Vietnam Veterans Memorial Washington Monument World War I Memorial World War II Memorial
National Monument	130(2)	1906	Präsident oder Kongress	Booker T. Washington Home Cesar E. Chaves Headquarters Freedom Riders George Washington Birthplace Harriet Tubman Underground Railroad Little Bighorn Battlefield Statue of Liberty Stonewall
National Historic Site	91(2)	1937	Secretary of Interior	Brown v. Board of Education National Historical Site Edgar Allan Poe NHS Eleanor Roosevelt NHS First Ladies NHS Fort Laramie NHS Frederick Douglass NHS Harry S Truman NHS Herbert Hoover NHS Vanderbilt Mansion NHS

Erinnerungsort	Anzahl	Erstmals	Errichtet durch	Beispiele
National Historical Park	57	1916	Secretary of Interior	Adams National Historical Park Harpers Ferry NHP Harriet Tubman NHP Independence NHP New Orleans Jazz NHP Thomas Edison NHP Women's Rights NHP
Presidential Libraries and Museums	14(3)	1941	National Archives	Alle Präsidenten seit Herbert Hoover

(1) Acht davon in Planung. (2) Zwei davon in Planung. (3) Eine in Planung.

Erinnerungsorte sind wohl kaum zu zählen; der berühmteste lokale Erinnerungsort mit nationaler Bedeutung dürfte der 1951 in Boston errichtete „Freedom Trail" sein; ein in den Bürgersteig eingelassener Faden aus roten Pflastersteinen, der den Besucher an alle Gedenkstätten in Boston führt, die in der Revolution eine herausragende Rolle gespielt haben.

Einzelne Erinnerungsorte stehen dabei auch für konkrete politische und patriotische Programme. So symbolisieren in der Hauptstadt etwa das Washington Memorial die Unabhängigkeit, das Lincoln Memorial die Einheit der Nation sowie die Befreiung der Sklaven und das Franklin Delano Roosevelt Memorial den Sozialstaat.

Erst langsam nähern sich die USA auch der systematischen Auseinandersetzung mit den dunkleren Seiten ihrer eigenen Geschichte an. Die wichtigsten nationalen Museen stehen seit 1855 auf der National Mall in Washington, und keines von ihnen verlangt von den Besuchern Eintritt. Die „National Gallery of Art" gibt es seit 1941, das „National Museum of American History" wurde 1964 gegründet, und 1980 kam das „United States Holocaust Memorial Museum" hinzu, auch wenn dieses Menschheitsverbrechen die USA direkt nicht betraf. Aber erst 2004 richtete man das „National Museum of the American Indian" ein, und das „National Museum of African American History and Culture" wurde gar erst 2016 eröffnet.

Man kann konstatieren, dass die Annäherung an den Verfassungspatriotismus und an demokratische Erinnerungsorte in Deutschland genau in umgekehrter Reihenfolge stattfand: von den dunkelsten Seiten unserer Geschichte hin zu den erst neuerdings wieder gewürdigten Orten der Demokratiegeschichte.

Verfassungspatriotismus, demokratischer Patriotismus, Demokratieorte

Erfolgreiche Demokratie, schwierige Symbole

Patriotismus und seine Symbole haben es in der jüngeren deutschen Geschichte nicht einfach gehabt, und das schließt den demokratischen Verfassungspatriotismus mit ein – im krassen Gegensatz zu der faktischen Erfolgsgeschichte, die die Bundesrepublik als liberal-demokratischer Rechtsstaat gelebt hat. Diese Bundesrepublik ist inzwischen über 70 Jahre alt; das ist ein deutlich höheres Lebensalter, als es die DDR, das „Dritte Reich", die Weimarer Republik, das Kaiserreich, der Deutsche Bund oder der Rheinbund je

„Öffnung der Berliner Mauer", Gemälde von Matthias Koeppel, 1996/97, Mittelteil des Triptychons

erreichten. Nur das Heilige Römische Reich hat auf deutschem Boden längeren Bestand gehabt. Und trotzdem tut sich die Demokratie in ihrer öffentlichen Affirmation und im Umgang mit ihren Symbolen bis heute schwer. Der Grund dafür liegt natürlich in der deutschen Geschichte, in der Patriotismus mit Nationalismus gleichgesetzt und für eine erst imperiale und dann verbrecherische Politik eingesetzt wurde. Danach sind die Bedingungen dafür, ein positives Verhältnis zur deutschen Geschichte zu erlangen, zu befördern und zu bewahren, verständlicherweise bestenfalls problematisch und ambivalent.

Ein Beispiel aus Schleswig-Holstein, dem Heimatland des Autors. Dort werden Häuser, Strände und Bauernhöfe gerne beflaggt – aber fast immer mit dem Blau-Weiß-Rot der Landesflagge oder mit kommunalen Fahnen, etwa dem Kieler silbernen Nesselblatt mit schwarzem Boot auf rotem Grund oder dem Lübecker Adler auf Weiß-Rot, der alten Flagge der Reichsstadt. Außerhalb offizieller Gebäude wird man nur wenige Bundesflaggen finden. Das änderte sich ein wenig, als das „deutsche Sommermärchen" 2006 das Land überrollte. „Public Viewing", die „Deutschland-Party" (wie *Der Spiegel* titelte) und „Die Welt zu

Gast bei Freunden" ließen Dämme brechen. Fußball erreichte, was offizielle Stellen oder auch Dutzende von Briefmarken im Laufe der Jahrzehnte verfehlt hatten: Schwarz-Rot-Gold wurde wieder „normal", und da das „Sommermärchen" entgegen einigen Befürchtungen und Befremdlichkeiten eben nicht von einer Welle des Nationalismus begleitet war, das Fahnenmeer vielmehr einfach eine Ansammlung von Fan-Accessoires repräsentierte, beruhigten sich auch aufgeregte Gemüter bald wieder.

Der Kampf um die Deutungshoheit über Schwarz-Rot-Gold und andere nationale Symbole ist damit allerdings nicht beendet, sondern er geht bis heute mit neuer Schärfe weiter. Von der extremen linken Seite wird die deutsche Fahne als Symbol des deutschen Staates ebenso abgelehnt wie der Staat selbst, seit von der USPD in der Weimarer Nationalversammlung die rote Fahne als Nationalfahne vorgeschlagen wurde.[30] Umgekehrt beanspruchen rechtspopulistische Kräfte die Fahne für sich und ihre Sicht auf Deutschland. Das geht bis hin zur historisch grotesken Ausstattung des Fraktionssaals der AfD mit einem Bild der Versailler Kaiserkrönung 1871 – auf dem Bismarck mit einer schwarz-rot-goldenen Schärpe geschmückt ist. Beides gibt zu denken; die linke Ablehnung und die rechte Umarmung der nationalen Symbole. Und es wirft die Frage auf: Wem „gehören" die Symbole der Republik?

Die erste Antwort hierauf ist einfach. Natürlich „gehören" sie niemandem; nationale Symbole sind eben Symbole und können prinzipiell von jedem Bürger für sich reklamiert werden. Aber Symbole wie Fahne und Wappen stehen natürlich auch für bestimmte Werte und historische Herleitungen. Und damit wird es sofort wichtig, dass Verfassungspatriotismus und demokratischer Patriotismus die Symbole der Freiheit nicht denen überlassen, deren Freiheitsverständnis vielleicht demokratisch, aber ganz gewiss nicht liberal ausgestaltet ist. Im liberal-demokratischen Verfassungsstaat, in dem Mehrheitsentscheidungen durch Gewaltenteilung und Minderheitenschutz ihre Grenze finden, ist es geradezu eine unabdingbare Aufgabe für Staat und Zivilgesellschaft, die nationalen Symbole für die Demokratie im Sinne des Grundgesetzes und der deutschen Demokratietradition zu reklamieren. Wie kann dies geschehen?

Orte der Demokratiegeschichte – Idee, Arbeitsgemeinschaft, Bundestagsbeschluss

Seit 2017 gibt es eine Arbeitsgemeinschaft der „Orte der Demokratiegeschichte"[31]; sie reicht zeitlich von der Mainzer Republik (1793) bis zum Verein „Gegen Vergessen – Für Demokratie" (1993), alphabetisch vom Büchnerhaus Riedstadt bis zum Weimarer Republik e.V. Von Letzterem ging die Gründungsinitiative aus – mit dem Gedanken, dass man zeigen müsse, dass Demokratiegeschichte in Deutschland nicht nur aus vereinzelten Akteuren bestehe, sondern dass es darüber hinaus seit spätestens gut 200 Jahren Bestrebungen zur Ergänzung und Ablösung des Obrigkeitsstaates durch einen Volksstaat gegeben habe.[32] Bei der Gründung der Arbeitsgemeinschaft in der Berliner „Gedenkstätte Deutscher Widerstand" fanden sich 34 Mitglieder zusammen, heute sind es 51. Die Mitglieder sind mit demokratischen Persönlichkeiten verbunden (Stiftungen für Helmut Schmidt, Willy Brandt, Konrad Adenauer, Theodor Heuss, Friedrich Ebert; aber auch Remarque, Erzberger, Rathenau, Lepsius), mit Museen (Wartburg, Deutsches Historisches Museum, Hambacher Schloss, Haus der Geschichte Baden-Württemberg), mit demokratischen Ereignissen oder Epochen („Runde Ecke" Leipzig, Schloss Schwarzburg, Erinnerungsstätte für die Freiheitsbewegung Rastatt, Friedhof der Märzgefallenen Berlin, Paulskirche, Weimarer Republik), oder sie widmen sich generell der Demokratiegeschichte und -förderung (Kommission für Geschichte des Parlamentarismus und der politischen Parteien, Institut für Geschichtliche Landeskunde Mainz, Reichsbanner Schwarz-Rot-Gold).[33]

Bei der Gründung wurde am 1. Juni 2017 auch das „Hambacher Manifest" verabschiedet, das beim zweiten Treffen der Arbeitsgemeinschaft auf dem Hambacher Schloss 2016 (das erste Treffen fand 2015 in Weimar statt) konzipiert und nach interner Debatte in Berlin fixiert wurde. Die Präambel des Hambacher Manifestes proklamiert:

„Deutschland hat Anteil an der langen europäischen Demokratie- und Freiheitstradition. Das Wissen um diese Wurzeln ist in unserer Gesellschaft vielfach verschüttet. Es ist vergessen, dass unser demokratischer, freiheitlicher und sozialer Rechtsstaat von vielen Menschen in unserem Land in politischen und teilweise militärischen Auseinandersetzungen unter zahlreichen Opfern erst erkämpft werden musste.
Auf diesem mühsamen, über zwei Jahrhunderte dauernden Weg Europas in die demokratische Gesellschaft wurde ein Grundwertekanon entwickelt, auf dem das gesellschaftliche Leben der Bundesrepublik Deutschland beruht.
Auch heute gilt: Demokratie, Grund- und Menschenrechte sind nicht selbstverständlich. Sie müssen immer wieder aufs Neue erkämpft und verteidigt werden. Sich dies bewusst zu machen, ist ein erster wichtiger Schritt, Demokratie, Grund- und Menschenrechte in unserer Gesellschaft zu stärken.
Unverzichtbar und wichtig bleibt dafür auch die Erinnerung an das Unrecht und die Verbrechen in der deutschen Geschichte, insbesondere in den beiden deutschen Diktaturen.[34]

Der weiter oben besprochene Beschluss des Deutschen Bundestages und die sich daran anschließenden Aktivitäten der Bundesbeauftragten für Kultur und Medien, in Zusammenarbeit mit der Arbeitsgemeinschaft, demonstrieren, dass dieses Bemühen inzwischen auch in der Politik prominent angekommen ist.

Ein wesentlicher Aspekt der noch jungen Bemühungen der Arbeitsgemeinschaft ist die Verbindung von lokalen Anstrengungen und nationaler Bedeutung. Denn auch lokale Ereignisse der Demokratiegeschichte können, im Kontext gesehen, ihren wichtigen Beitrag zur Gesamtentwicklung beigetragen haben. Überall bekannt ist das Hambacher Fest, und natürlich ist dieser Tagungsort und die Benennung des Manifestes der Arbeitsgemeinschaft nicht zufällig gewesen. Aber weit weniger bekannt ist das Gaibacher Fest, das am exakt gleichen Tag wie das Hambacher Fest in der Nähe von Würzburg abgehalten wurde und das ganz ähnliche Bestrebungen verfolgte. Die in Gaibach errichtete „Konstitutionssäule" steht bis heute. Und die ca. 5.–6.000 Teilnehmer des Jahres 1832 sind keine Bagatellzahl, sondern eine bemerkenswerte Menge mutiger Bürger, die hier gegen den Willen der bayerischen Regierung ihren Freiheitswillen dokumentierten.[35] Vom Sandhof-Fest, vom Nebelhöhlenfest und vom Wilhelmsbader Fest soll gar nicht erst gesprochen werden.

Das ist ein Beispiel für den Ansatz, der hier gemeint ist. Nicht primär die einzelnen Orte sind von überragender Wichtigkeit, sondern ihre Kombination zur Gesamtheit der deutschen Demokratiegeschichte. Das gilt nicht nur für große Orte und Ereignisse (wie etwa die Frankfurter Paulskirche), sondern eben auch für kleine Orte wie Gaibach. Demokratie und auch Demokratiegeschichte müssen vor Ort erfahrbar sein, oder zumindest in der Region – und nicht nur auf der Klassenfahrt nach Berlin, Frankfurt oder Weimar.

In den USA gibt es, wie bereits gesagt, 332 hauptsächliche nationale Erinnerungsorte und ca. 2.500 Nebenorte – und darunter befindet sich kein einziges Schloss und Kirchen nur insoweit, als sie mit der Demokratie verbunden sind. Davon sind wir in Deutschland offenbar weit entfernt. Aber der Anfang des Weges ist gemacht, und er muss weiter verfolgt werden.

Ein Fallbeispiel für die Verknüpfung von lokaler und nationaler Bedeutung soll nun besprochen werden.

**Fallbeispiel: Das „Haus der Weimarer Republik"
als Erinnerungsort**

Die Weimarer Republik ist bis vor kurzem kaum als demokratischer Erinnerungsort wahrgenommen worden; die Nichtbeachtung in den Bänden von Schulze und François ist nur ein Symptom dafür. Es gab kein einziges Museum, das sich der ersten deutschen Demokratie widmete, wenn man von einigen Vitrinen im Deutschen Historischen Museum in Berlin absieht. Und das dort vermittelte Geschichtsbild entspricht dem Stand der Forschung von vor einigen Jahrzehnten, als die Republik von ihrem Ende her gedacht wurde, als nicht viel mehr als ein schwächliches Vorspiel zu Hitler. Vor Ort sah die Sache lange kaum besser aus.

1999 war Weimar die Kulturhauptstadt Europas, was wesentlich zu einem Goethe-Festival mutierte. Der 250. Geburtstag des Olympiers dominierte alles, der 80. Geburtstag der Weimarer Republik wurde von der Stadt nicht wahrgenommen. Einzig eine Vorlesungsreihe der Jenaer Juristischen Fakultät, eine Publikation des Thüringer Landtags und eine – allerdings sehr bemerkenswerte – Ausstellung des Freistaates Thüringen erinnerten daran, dass da noch etwas anderes war …[36] 2009, zum 90. Geburtstag, gab es immerhin eine vom Bundesjustizministerium unter der damaligen Ministerin Brigitte Zypries organisierte Fachtagung, die tatsächlich wichtige Forschungsimpulse entwickelte, sowie eine informative Ausstellung im Stadtmuseum Weimar.[37] Das war eine Sonderausstellung für begrenzte Zeit, aber 2014 legte das Stadtmuseum nach mit einer exzellenten Ausstellung zur Nationalversammlung in Weimar, die zwar auch als Sonderausstellung geplant war, aber einen so umfassenden Erfolg hatte, dass sie bis heute zu sehen und inzwischen Teil der ständigen Ausstellung geworden ist.[38] Und schon 2013 wurde der Verein Weimarer Republik gegründet, unter dem Vorsitz des Bundestagsabgeordneten – und Finanzpolitikers – Carsten Schneider.

Es ist nicht ganz einfach, über eine Entwicklung zu schreiben, an der man selbst intensiv beteiligt war.[39] Daher sollen hier nur die wesentlichen Fakten in tabellarischer Auflistung folgen:

- Die drei Säulen der Arbeit des Vereins sind von Anfang an die museale Darstellung der Weimarer Republik, die politische Bildung als Auseinandersetzung mit der Demokratie (und ihren Feinden) damals wie heute sowie die Forschungsarbeit zur Weimarer Republik und zur Demokratiegeschichte.
- 2014 wurde eine multimediale Wanderausstellung entwickelt, die in den folgenden Jahren (bis 2018) durch zahlreiche deutsche Städte tourte. Zu sehen war sie bewusst an alltäglichen Orten, vor allem in Einkaufszentren. Sie sollte vor dem Jubiläumsjahr 2019 das Interesse und Bewusstsein der Öffentlichkeit wecken.
- Hinzu kamen historische Stadtrundgänge, bei denen Schauspieler Figuren der Zeit verkörperten, und im November 2018 die Performance „Die Revolution rollt", bei der Schauspieler (die meuternde Matrosen und Soldaten verkörperten) in sieben Tagen 50 Bahnhöfe besuchten, um dort die Revolution von 1918 den Reisenden nahezubringen.
- 2016 wurde, vom Freistaat Thüringen gefördert, die Forschungsstelle Weimarer Republik an der Friedrich-Schiller-Universität Jena gegründet. Seither hat die Forschungsstelle fünf internationale Konferenzen ausgerichtet, vier Nachwuchstagungen und vier weitere Konferenzen gemeinsam mit Partnern. In der Reihe „Weimarer Schriften zur Republik" wurden bislang 13 Bände veröffentlicht.
- Ebenfalls seit 2016 vergeben Forschungsstelle und Verein gemeinsam Forschungspreise, mit denen die besten Arbeiten zur Weimarer Republik ausgezeichnet werden – und zwar nicht nur Dissertationen oder Habilitationen, sondern auch Master- und Staatsexamensarbeiten sowie Bachelorarbeiten.[40]

- Seit 2018 wird ein täglicher Blog veröffentlicht, der einen knapp kommentierten Zeitungsartikel mit dem jeweiligen Datum vor 100 Jahren anbietet – eine Möglichkeit für Interessierte, die politische Geschichte der Zeit sehr einfach Tag für Tag zu begleiten.[41]
- Am 31. Juli 2019 wurde am Weimarer Theaterplatz, direkt gegenüber vom Nationaltheater, dem Tagungsort der Nationalversammlung, das „Haus der Weimarer Republik. Forum für Demokratie" eröffnet – mit dem Anspruch, neben der musealen Präsentation auch politische Bildungsarbeit für historische und aktuelle Probleme der Demokratie anzubieten. Letztere wird allerdings erst dann in vollem Umfang möglich sein, wenn ein Anbau zum alten Gebäude fertiggestellt sein wird.
- Dazu kommen zahlreiche Einzelveranstaltungen, oft in Zusammenarbeit mit anderen Institutionen, in denen einzelne Aspekte der Weimarer Republik hervorgehoben wurden. Es gelang, dafür auch mehrfach politische Prominenz bis hin zu mehreren Bundesministern zu gewinnen. Damit einher geht eine ständige Medienpräsenz, sei es aufgrund von Anfragen von Zeitungen, Rundfunk und Fernsehen, sei es durch eigene Aktivitäten in verschiedenen sozialen Medien.
- 2020 war, nach dem Vorbild der „rollenden Revolution", eine ähnliche deutschlandweite Performance zum Kapp-Lüttwitz-Putsch geplant sowie mehrere Ausstellungen und Veranstaltungen zum 100. Jahrestag der Gründung des Freistaates Thüringen. Fast alle diese Veranstaltungen fielen der Corona-Pandemie zum Opfer.

Dies soll hier nur als Beispiel dienen, aber es zeigt, wie ein lange unbeachtet gebliebener Erinnerungsort wieder ins Bewusstsein der Öffentlichkeit geholt werden kann. Zentral für den Erfolg dieser Bemühungen sind sowohl die drei Säulen der Arbeit wie auch die politische Unterstützung. Man muss der Öffentlichkeit etwas Handfest-Anschauliches bieten (das

wäre die erste Säule, die museale Präsentation), das muss vertieft und in Bezug zur Gegenwart gesetzt werden, vor allem für Schulklassen (zweite Säule, politische Bildungsarbeit), und es muss auf solider fachwissenschaftlicher Forschung auf neuestem Stand beruhen, die nicht sporadisch von irgendwo „eingekauft" wird, sondern die selbst und permanent geleistet wird (dritte Säule, Forschung). Und da dies alles nicht im politisch luftleeren Raum stattfindet, muss man die – überparteiliche! – Unterstützung aller politischer Ebenen herbeiführen. Lokale Unterstützung ist die Basis, ohne die überhaupt nichts möglich wäre, Hilfe auf der Landesebene erlaubt zentrale Kooperationen (auch finanzieller Art) mit verschiedenen Landesbehörden, und der Bund muss davon überzeugt werden (was ohne energische politische Fürsprecher kaum möglich ist), dass ein Erinnerungsort nicht nur lokale, sondern nationale Bedeutung hat. Hat man die politischen Ebenen davon überzeugt, dass hier eine Gemeinschaftsaufgabe vorliegt, ist nicht nur die Finanzierung einfacher, sondern es wird auch schwieriger, aus dem Projekt wieder auszusteigen.

Dies zu erreichen, war im Fall der Weimarer Republik nicht einfach, aber auch nicht unmöglich. Die Jahrestage haben dabei geholfen, beginnend mit dem Festakt der obersten Bundesgewalten am 6. Februar 2019 im Deutschen Nationaltheater, also am Jahrestag der Eröffnung der Nationalversammlung. Das Engagement des Bundespräsidenten ist hier besonders hervorzuheben, aber auch der Bundestagsbeschluss vom Oktober 2019. Die Weimarer Republik liegt zeitlich weit genug weg, um Abstand zu gewähren, aber doch so nah, dass sie nicht außerhalb der Vorstellungswelt liegt. Zudem hat die neueste Forschung verdeutlicht, dass die Weimarer Republik eben mehr war als nur das Vorspiel zu Hitler.[42] Sie verkörpert die Chancen des Anfangs, die eigenständige deutsche Demokratieentwicklung und zugleich die Gefährdungen, denen jede Demokratie ausgesetzt ist. Es soll auch nicht verschwiegen werden, dass gewisse politische Entwicklungen in Deutschland seit 2013 die Aufgabe von

Haus der Weimarer Republik, 2019 eröffnet

Verein und Forschungsstelle, die Aktualität des Themas „Weimarer Republik" auch unabhängig von Jahrestagen deutlich zu machen, stark befördert haben. Und auch das über alle Erwartungen große Interesse der Öffentlichkeit am Jahrhundertjubiläum des Ersten Weltkrieges hat bei Medien und Museen gleichermaßen das Interesse an anderen historischen Großereignissen geweckt.

Dies ist nur ein einzelnes Fallbeispiel, aber ungefähr so werden auch andere Erinnerungsorte operieren müssen (oder haben schon so operiert), wenn sie ihre jeweiligen Anliegen umsetzen wollen. Die Aussichten dafür stehen momentan besser als noch vor einigen Jahren.

Deutsche Demokratiegeschichte und ihre Rolle im 21. Jahrhundert

Amerika, du hast es besser
Als unser Continent, das alte,
Hast keine verfallene Schlösser
Und keine Basalte.

Dich stört nicht im Innern,
Zu lebendiger Zeit,
Unnützes Erinnern
Und vergeblicher Streit.

Benutzt die Gegenwart mit Glück!
Und wenn nun eure Kinder dichten,

Bewahre sie ein gut Geschick
Vor Ritter-, Räuber- und Gespenstergeschichten.

Goethe, aus dessen „Zahmen Xenien" dieses bekannte Gedicht stammt,[43] steht nicht gerade im Ruf, ein Vorkämpfer der Demokratie zu sein. Aber das Gedicht könnte auf die Arbeit an den demokratischen Erinnerungsorten gemünzt sein, denn wenn man von Sonderfällen wie dem Hambacher Schloss und der Paulskirche absieht, stehen bei uns eben auch verfallene Schlösser überall im Wege.[44] Wenn man bedenkt, welche Summen Bund und Länder für den Erhalt oder sogar Wiederaufbau dieser metaphorischen wie auch realen Schlösser (und Kirchen) ausgeben, ist selbst die vom Bundestag in Aussicht gestellte Förderung der demokratischen Erinnerungsarbeit nur ein Tropfen auf den heißen Stein.

Das soll nicht heißen, dass man mit der demokratischen Vergangenheit ähnlich unschuldig, um nicht zu sagen naiv, umgehen kann und soll, wie es oben für das National Archive in Washington geschildert wurde. Das verhindern schon die dunklen Seiten unserer Geschichte. Aber wir haben auch für eine demokratische Erinnerungskultur gutes Material an der Hand, auch jenseits des Grundgesetzes und vor der Gründung der Bundesrepublik. Immerhin ist auch das Grundgesetz schon mehr als 70 Jahre alt und damit nicht nur gegenwärtiger Ordnungsrahmen unserer Demokratie, sondern ebenfalls bereits Demokratiegeschichte. Die amerikanische Verfassung feierte ihren 70. Geburtstag 1857 – im gleichen Jahr stellte der Supreme Court mit seiner desaströsen Pro-Sklaverei-Entscheidung im Fall „Dred Scott v. Sandford" eine entscheidende Weiche auf dem Weg in den wenig später ausbrechenden Bürgerkrieg, und ein ehemaliger – und gescheiterter – Politiker namens Abraham Lincoln bereitete sein Comeback vor.[45] Wir stehen heute, bei allen aktuellen Angriffen auf das System der parlamentarischen Demokratie, deutlich besser da.

Was sind unter diesen Begleitumständen die Aufgaben des demokratischen Patriotismus? Man kann sie schlagwortartig zusammenfassen:

- *Sichtbar machen* – Ausstellungen, die die Vielfalt und Lebendigkeit der deutschen Demokratiegeschichte verdeutlichen.
- *Verstehbar machen* – politische Bildung, die den Kontext herstellt und zugleich die Bedeutung der Demokratiegeschichte und ihrer Erinnerungsorte für die Gegenwart aufzeigt.
- *Kritisch hinterfragen* – politischer Diskurs, der die Herausforderungen der Demokratie im 21. Jahrhundert thematisiert, sie annimmt und ihnen kraftvoll begegnet.
- *Historisch-politisch verdeutlichen* – Forschung, die sich bewusst der Herausforderung stellt, bislang in vielen Fällen unbeachtete Elemente der deutschen Demokratiegeschichte zu beleuchten, und auch im (vorübergehenden) „Scheitern" den Charakter des Aufbruchs und der Chance erkennt.
- *Zeigen und aneignen* – Symbole der Demokratie, die in ihrer historischen Entwicklung dargestellt und in ihrer affirmativen Bedeutung für die Werte der Demokratie vermittelt werden sollen.
- *Kontexte herstellen* – Verbindung zur dunklen Geschichte, die Probleme und Abgründe nicht verschweigt, sondern mit ihnen deutlich macht, was ein Scheitern der Demokratie bedeuten kann.
- *Vernetzungen stärken* – Deutschland, Europa und die Welt sollen als Orte der Demokratie in ihrer Verbindung gezeigt werden.

Das mag ein wenig naiv klingen, aber die Alternative wäre, den Verfassungspatriotismus und seine Symbole anderen zu überlassen. Der Versuch der Aneignung der deutschen Geschichte (und damit der Versuch, die Deutungshoheit über sie zu erlangen) wird deutlich, sobald man sich den Fraktionssaal der AfD im Bundestag vor Augen führt[46] – oder auch den Versuch der Partei, eine „Stresemann-Stiftung" ins Leben zu rufen. Stresemann hat heute lebende direkte Nachkommen, die sich dagegen zur Wehr setzten. Der überzeugte Europäer Erasmus von Rotterdam, der für den Plan B herhalten musste, war lange genug tot, um keine Intervention befürchten zu müssen. Die Identifikation mit den positiven Aspekten der deutschen Geschichte ist notwendig, aber sie muss denen zuvorkommen, für die die dunklen Seiten dieser Geschichte nur ein „Vogelschiss" sind.[47]

Wenn man die Demokratie als dynamischen Verlaufscharakter und nicht als festen, unveränderbaren Zustand versteht, dann haben auch die früheren demokratischen Ansätze, bei aller möglichen Unzulänglichkeit im Detail, eine gemeinsame Struktur. Programm und Versprechen der Demokratie in politischer, sozialer und wirtschaftlicher Hinsicht verändern sich und werden neu interpretiert, im Sinne Karl Poppers als „offene Gesellschaft" mit der Möglichkeit zur Fehlerkorrektur.[48]

Die amerikanische Demokratiegeschichte hat in der Unabhängigkeitserklärung immer wieder primär die Chance auf die Zukunft gesehen, ohne dabei zu verschweigen, dass die Erklärung „all men are created equal" 1776 keineswegs verwirklicht war. Aber wenn man nur auf Letzterem beharrt hätte, ohne die Chance aufzugreifen, hätten diese Worte kaum die Anti-Sklaverei-Bewegung, den Kampf um das Wahlrecht für Frauen, die Bürgerrechtsbewegung der 1950er/60er Jahre, den modernen Feminismus, den Kampf für indigene Rechte und für Rechte von Schwulen und Lesben beflügeln können.

Diese amerikanischen Worte bieten einen gemeinsamen Leitmaßstab, wenn auch keine Leitkultur, an dem man sich von der Mainzer Republik bis zur Friedlichen Revolution in der DDR und darüber hinaus orientieren kann. Wenn Bundespräsident Steinmeier davon spricht, dass demokratischer Patriotismus „keine Abstraktion und keine Kopfgeburt" sei, dass er „nicht allein aus kühlem Verstand oder Berechnung, sondern bei den allermeisten aus tiefstem Herzen" entspringe, dann hat er damit genau den Kern

des Gedankens getroffen. Und das ist ohne demokratische Erinnerungsorte, die mit Händen sowohl symbolisch wie faktisch zu greifen sind, nicht möglich.

Einige abschließende Thesen

Einige knappe Thesen sollen diesen Aufsatz, der nicht nur eine nüchterne wissenschaftliche Betrachtung war, sondern der auch ein Programm vorstellen wollte, beschließen:

1. Neue Bedrohungen der Demokratie in Deutschland und in der Welt machen die Rückbesinnung auf die Wurzeln der Demokratie in Deutschland erforderlich.
2. Wenn die demokratische Gesellschaft sich nicht die Geschichte der Demokratie aneignet, werden es andere tun.
3. Die Symbole der Demokratie und Republik müssen von der Bürgergesellschaft, den Medien, der Wissenschaft und der Politik für sich reklamiert werden.
4. Demokratischer Patriotismus und demokratische Erinnerungsorte sind eine Aufgabe für den demokratischen Staat, der sich seiner positiven Wurzeln erinnern und annehmen muss – auch finanziell.
5. Erneut: die Alternative ist es, Patriotismus und Demokratiegeschichte anderen zu überlassen. Das hat man in der deutschen Geschichte des 19. und 20. Jahrhunderts mehrfach versucht. Die Resultate waren nicht so, dass man diese Versuche im 21. Jahrhundert erneut zur Nachahmung empfehlen kann.

1 Pierre Nora, Les lieux de mémoire, 3 Bde., Paris 1984. Die drei Einzelbände tragen die Titel „La République", „La Nation", „Les France"; es gibt auch mehrere Neuauflagen.

2 Etienne François / Hagen Schulze (Hg.), Deutsche Erinnerungsorte, 3 Bde., München 2001. Im 3. Bd., S. 681–686, findet sich ein „Nachwort" von Pierre Nora, der auf die Frage eingeht (und sie bejaht), ob das Konzept der Erinnerungsorte von Frankreich auf andere Länder übertragbar sei.

3 Die Rede ist nachzulesen auf der Homepage des Bundespräsidenten: https://www.bundespraesident.de/SharedDocs/Reden/DE/Frank-Walter-Steinmeier/Reden/2018/11/181109-Gedenkstunde-Bundestag.html?nn=9042544 (zuletzt eingesehen 17. Juli 2020). Sie ist auch abgedruckt als Frank-Walter Steinmeier, Es lebe unsere Demokratie! Der 9. November 1918 und die deutsche Freiheitsgeschichte, München 2018.

4 Frank-Walter Steinmeier, Deutsch und frei, in: Die Zeit vom 13. März 2019, https://www.zeit.de/2019/12/demokratie-nationalismus-tradition-gedenktage-geschichtsunterricht (zuletzt eingesehen am 30. Juni 2020).

5 Ebd.

6 Siehe zur Gedenkstätte Rastatt den Katalog der ständigen Ausstellung: Einigkeit und Recht und Freiheit. Erinnerungsstätte für die Freiheitsbewegungen in der deutschen Geschichte, Bönen 2002.

7 Deutscher Bundestag, 19. Wahlperiode, DS 19/11089 (25. Juni 2019).

8 Deutscher Bundestag, 19. Wahlperiode, Stenographischer Bericht, 118. Sitzung (17. September 2019), S. 14506–14514.

9 Ebd., S. 14514.

10 Richard von Weizsäcker, ZDF-Interview am 21. Dezember 1986.

11 In internationalen Umfragen zum Patriotismus und Nationalismus landet Deutschland regelmäßig weit unten auf der Skala; vgl. etwa diese Studie von 2014: https://external-preview.redd.it/ImbRlXL5Xe9wH85jSG8W3i_bxlSl68bN4SyLNYXLqiM.png?auto=webp&s=8aee957051d0cca216f5850bc0705fe9ed878df9 (zuletzt eingesehen 18. Juli 2020).

12 AfD Landtagsfraktion, Leitkultur, Identität, Patriotismus, Erfurt 2018.

13 Ebd., S. 7.

14 Ebd., S. 6, 9 u. 19.

15 Ebd., S. 20.

16 Ebd., S. 21 ff.

17 Beide Zitate ebd., S. 26.

18 Ebd., S. 32 f.

19 Ebd., S. 33.

20 Dolf Sternberger, Unvergleichlich lebensvoll, aber stets gefährdet: Ist unsere Verfassung nicht demokratisch genug?, in: Frankfurter Allgemeine Zeitung vom 27. Januar 1970), S. 11. Umfassend zum Thema Dolf Sternberger, Verfassungspatriotismus, Frankfurt am Main 1990.

21 Inzwischen gibt es auch eine ganze Reihe von Bänden, die sich der europäischen Erinnerungsorte annehmen. Vgl. etwa Pim den Boer u. a. (Hg.), Europäische Erinnerungsorte, 3 Bde., München 2012. Siehe auch Martin Sabrow (Hg.), Erinnerungsorte der DDR, München 2009; Hans Henning Hahn/Robert Traba (Hg.), 20 deutsch-polnische Erinnerungsorte, Osnabrück 2019; Sebastian de Pretto, Im Kampf um Geschichte(n). Erinnerungsorte des Abessinienkriegs in Südtirol, Göttingen 2020; Elke Stein-Hölkeskamp/Karl-Joachim Hölkeskamp (Hg.), Erinnerungsorte der Antike, 2 Bde., München 2017 u. 2020. Die Liste ließe sich fast beliebig erweitern.

22 Ernest Renan, Qu'est-ce qu'une nation?, 2. Aufl., Paris 1882, S. 27 f. Die Stelle lautet im französischen Original: „Une nation est donc une grande solidarité, constituée par le sentiment des sacrifices qu'on a faits et de ceux qu'on est disposé à faire encore. Elle suppose un passé ; elle se résume pourtant dans le présent par un fait tangible: le consentement, le désir clairement exprimé de continuer la vie commune. L'existence d'une nation est (pardonnez-moi cette métaphore) un plébiscite de tous les jours, comme l'existence de l'individu est une affirmation perpétuelle de vie. […] Les nations ne sont pas quelque chose d'éternel. Elles ont commencé, elles finiront. La confédération européenne, probablement, les remplacera."

23 Die Metapher des „Melting Pot", in dem aus einer Vielzahl von Ingredienzien die neue amerikanische Identität zusammengemischt wird, wurde 1908 im gleichnamigen Theaterstück des Londoner Autors (und Sohn jüdisch-russischer Emigranten) Israel Zangwill popularisiert. Konzept und Begriff werden aber auch bereits von J. Hector St. John de Crevecoeur in seinen „Letters from an American Farmer" (1782) genutzt, einer in der Epoche zwischen Revolution und Verfassung einflussreichen Schrift.

24 Art. „Memory space (social science)", Wikipedia, https://en.wikipedia.org/wiki/Memory_space_(social_science) (zuletzt eingesehen 17. Juli 2020). Dieses Zitat ist der Artikel in voller Länge.

25 Der Begriff der Bürgerreligion oder Zivilreligion geht auf Jean-Jacques Rousseau zurück, der das 4. Buch, VIII. Kapitel seines „Du contrat social" (1762) der „religion civile" widmet – sicherlich nicht zufällig das letzte Kapitel des Werkes. In der Französischen Revolution wurde die Idee aufgegriffen, dann allerdings als Ersatz für das Christentum.

26 Vgl. Will Herberg, Protestant, Catholic, Jew. An Essay in American Religious Sociology, Garden City, NY, 1955; Robert N. Bellah, Civil Religion in America, in: Journal of the American Academy of Arts and Sciences 96 (1967) 1, S. 1–21.

27 Der Begriff „Freiheit" wird auf Wikipedia in Artikeln in 92 Sprachen thematisiert. In 40 Sprachen besteht der Artikel nur aus Text, in 52 Sprachen sind dem Text auch Bilder beigegeben. 24 dieser Artikel zeigen auch das Bild der Freiheitsstatue, was nur noch von dem Bild „La liberté guidant le peuple" von Eugène Delacroix übertroffen wird („Die Freiheit führt das Volk", 1830).

28 Vgl. Richard J. Ellis, To the flag. The unlikely history of the Pledge of Allegiance, Lawrence 2005.

29 Der Supreme Court entschied in Texas v. Johnson, 491 U.S. 397 (1989) mit 5:4 Stimmen, dass das Verbrennen der Flagge durch die Meinungsfreiheit des First Amendment geschützt sei.

30 So der Abgeordnete Dr. Oskar Cohn für die USPD in der 44. Sitzung der Nationalversammlung am 2. Juli 1919; Verhandlungen der verfassunggebenden Deutschen Nationalversammlung.

Stenographische Berichte, Bd. 327, Berlin 1920, S. 1232. Zu jüngeren Problemen der Linken mit Schwarz-Rot-Gold siehe etwa Mariam Lau, Farbe bekennen, in: Zeit Online vom 17. Oktober 2018: https://www.zeit.de/2018/43/deutschlandfahne-symbol-rechte-szene-unteilbar-demonstration (zuletzt eingesehen 18. Juli 2020).

[31] Informationen über die Orte der Demokratiegeschichte finden sich unter demokratie-geschichte.de.

[32] Die Begriffe stammen von Hugo Preuß, Das deutsche Volk und die Politik, Jena 1915.

[33] Die komplette Liste findet sich unter http://demokratie-geschichte.de/liste-der-mitglieder/ (zuletzt eingesehen 17. Juli 2020).

[34] Der komplette Text findet sich unter http://demokratie-geschichte.de/2017/06/05/hambacher-manifest/ (zuletzt eingesehen 17. Juli 2020).

[35] Die Regierung reagierte mit Repressalien; der Bürgermeister von Würzburg verlor nach dem Gaibacher Fest seinen Posten.

[36] Eberhard Eichenhofer (Hg.), 80 Jahre Weimarer Reichsverfassung – was ist geblieben?, Tübingen 1999; Harald Mittelsdorf (Hg.), 80 Jahre Weimarer Reichsverfassung (1919–1999), Weimar 1999; Hans Wilderotter, Michael Dorrmann (Hg.), Wege nach Weimar. Auf der Suche nach der Einheit von Kunst und Politik, Berlin 1999.

[37] Michael Schultheiß/Sebastian Lasch (Hg.), Die Weimarer Verfassung. Wert und Wirkung für die Demokratie, Erfurt 2009; Justus H. Ulbricht (Hg.), Weimar 1919. Chancen einer Republik, Köln u. a. 2009.

[38] Alf Rößner, Demokratie aus Weimar. Die Nationalversammlung 1919, Weimar 2015.

[39] Seit 2015 ist der Autor Vorsitzender des Vereins Weimarer Republik und seit 2016 leitet er (zusammen mit Andreas Braune) die Forschungsstelle Weimarer Republik an der Friedrich-Schiller-Universität Jena.

[40] Der Friedrich-Ebert-Preis wird für die beste Habilitation oder Dissertation vergeben, der Hugo-Preuß-Preis für die beste Master- oder Staatsexamensarbeit, der Matthias-Erzberger-Preis für die beste Bachelorarbeit. In der Regel sind die Preise geteilt worden, da es immer eine große Zahl exzellenter Bewerbungen gab.

[41] Zugang über https://www.thueringen100.de/ (zuletzt eingesehen am 18. Juli 2020).

[42] Vgl. die monumentale Gesamtdarstellung von Ursula Büttner, Weimar. Die überforderte Politik 1918–1933. Leistung und Versagen in Staat, Gesellschaft, Wirtschaft und Kultur, Stuttgart 2008. Als Übersicht über die neuere Forschung siehe neben Schultheiß/Lasch, Weimarer Verfassung (wie Anm. 37) auch Michael Dreyer/Andreas Braune (Hg.), Weimar als Herausforderung. Die Weimarer Republik und die Demokratie im 21. Jahrhundert, Stuttgart 2016.

[43] Johann Wolfgang Goethe, Sämtliche Werke, Münchner Ausgabe, Bd. 18.1, Letzte Jahre 1827–1832, München 1997, S. 13.

[44] Dieses Gedicht, „Den vereinigten Staaten" gewidmet, ist von 1827. Hier ist nicht der Platz, darüber zu spekulieren, ob es heute auch noch gilt. Die jüngste Auseinandersetzung über die Erinnerungsorte der Konföderation scheint darauf hinzudeuten, dass inzwischen auch die USA einige symbolisch problematische „verfallene Schlösser" besitzt.

[45] Das Urteil Dred Scott v. Sandford, 60 U.S. 393 (1857) erklärte mit 7:2 Stimmen die Sklaverei in den ganzen USA für legal, womit frühere politische Kompromisse gekippt wurden. Zum ganzen Komplex Jörg Nagler, Abraham Lincoln. Amerikas großer Präsident. Eine Biographie, München 2011.

[46] „AfD-Bundestagsfraktion tagt künftig im ‚Saal Paulskirche'", https://www.afdbundestag.de/afd-bundestagsfraktion-tagt-kuenftig-im-saal-paulskirche/ . In dieser Mitteilung von Götz Frömming, Vorsitzender der „Arbeitsgemeinschaft Geschichte" und bildungspolitischer Sprecher der Fraktion auf der Fraktionshomepage vom 21. November 2018 bekennt sich die AfD „zur demokratischen Idee von Einigkeit und Recht und Freiheit". Damit seien die Freiheitskriege, die Revolution von 1848/49, die Weimarer Republik, die Bundesrepublik und die Wiedervereinigung gemeint. Und weiter heißt es: „Die Farben dieser Tradition sind Schwarz-Rot-Gold. Es ist bezeichnend, dass die etablierten Parteien in ihrer Mehrheit mit dieser Tradition hadern und alle verunglimpfen, die an ihr festhalten wollen." So wie die Demokraten damals als „Demagogen" verunglimpft wurden, nenne man sie heute „Populisten". Belege für die scheinbare Gemeinsamkeit werden nicht angeführt.

[47] Vgl. Tilman Steffen, AfD-Kunst. Der „Vogelschiss" wird ausgeklammert, in: Zeit Online vom 10. September 2019, https://www.zeit.de/politik/deutschland/2019-09/afd-auftragskunst-bundestag-deutsche-geschichte-ns-zeit-brd. Der Artikel analysiert die Bilder im Fraktionssitzungssaal und den Prozess ihrer Entstehung.

[48] Karl Popper, Die offene Gesellschaft und ihre Feinde, 2 Bde., Bern u. München 2003 (erstmals als „The Open Society and Its Enemies", London 1945).

Paulskirchen-Vase und Dose mit Stadtansicht: Ehrengaben der Stadt Frankfurt am Main zur Jahrhundertfeier der ersten deutschen Nationalversammlung

Franziska Kiermeier / Thomas Bauer

Sowohl Mitarbeiter, die sich um den Wiederaufbau der Frankfurter Paulskirche verdient gemacht hatten, als auch geladene Gäste der Jahrhundertfeier der Nationalversammlung sollten den 18. Mai 1948 in guter Erinnerung behalten. Daher brachte der Leiter der Frankfurter Stadtkanzlei, Oberverwaltungsdirektor Adolf Kohl, den Vorschlag ein, Ehrengaben der Stadt als Andenken an die für den demokratischen Neubeginn so bedeutsamen Feierlichkeiten anfertigen zu lassen. Seine Initiative hielt Kohl am 7. Dezember 1947 in einem kurzen Vermerk fest: „Ich habe", so der enge Vertraute von Oberbürgermeister Walter Kolb, „gelegentlich einer Unterredung mit dem Inhaber des Porzellanhauses Nicolaus Franz, Herrn Ebeling, den Vorschlag gemacht, für die Einweihung der Paulskirche einen besonders schön ausgestatteten Gegenstand aus Porzellan herzustellen. Ich denke etwa an eine Zigarrenschale oder eine kleine Vase oder etwas Ähnliches. Man könnte auch daran denken, für prominente Persönlichkeiten ein wertvolleres Stück (Vase oder größeren Teller) herstellen zu lassen."[1] Der Inhaber des im Steinweg 5 ansässigen Fachgeschäfts für Porzellan-, Kristall- und Glaswaren, Walter Ebeling, hoffte im dritten Notwinter nach Kriegsende auf einen Großauftrag und versicherte dem Leiter der Stadtkanzlei, sich umgehend mit den führenden Porzellanmanufakturen Rosenthal und Hutschenreuther in Verbindung zu setzen.

Ende Januar 1948 traf am Amtssitz von Oberbürgermeister Kolb in der Lindenstraße 27 das schon erwartete Paket mit zwei von der Firma Rosenthal angefertigten Probestücken für die Ehrengaben der Stadt zur Paulskirchenfeier ein. In einem der Sendung beigelegten Brief erläuterte Porzellanhändler Walter Ebeling das Dekor der Muster, wonach die Darstellungen der Paulskirche auf der Vase und der Stadtansicht auf dem Deckel der Dose in Wasserfarben ausgeführt waren. Für den eigentlichen Herstellungsprozess sollte aus Kostengründen ein Buntdruckverfahren angewendet werden. Bei einem Stückpreis von 36 Reichsmark pro Blumenvase und von 30 Mark für eine Konfektdose begnügte sich Ebeling nach eigenen Angaben mit einem „sehr bescheidenen Nutzen", um die Stadt in die Lage zu versetzen, „möglichst preiswerte und wirklich schöne Erinnerungsgaben zu schaffen".[2] Der Händler bat um Inaugenscheinnahme und möglichst rasche Rückgabe der Probestücke mit Angaben zu den benötigten Stückzahlen. Ebeling drückte aufs Tempo, denn bis zur Jahrhundertfeier waren es nur noch dreieinhalb Monate. Außerdem erfüllte ihn die zu erwartende Währungsreform mit Sorge.

Oberbürgermeister Kolb gefielen die Modelle, so dass er nur zwei Ergänzungswünsche anbrachte. Im Wiederaufbau der Paulskirche sah das Stadtoberhaupt bekanntlich ein Signal für den demokratischen Neubeginn. „Wenn in der Frankfurter Paulskirche von 1848 der Beginn der deutschen Demokratie zu sehen ist, dann wollen wir", so die Vision des Oberbürgermeisters, „in der Frankfurter Paulskirche von 1948 die Wiedergeburt des deutschen demokratischen Staates erblicken, der nun aber, nach der grauenvollen Episode von 1933 bis 1945 zum unverlierbaren Besitz der deutschen Nation werden soll."[3] Auf Kolbs Wunsch wurde die Darstellung der Paulskirche auf der Blumenvase um die Farben der deutschen Revolution von 1848 und der Weimarer Republik ergänzt – die am Kirchturm nachträglich aufgesteckte, kleine schwarz-rot-goldene Fahne ist ein Bekenntnis zur Demokratie und von hohem Symbolwert. Während Schriftbänder auf der Wandung der Vase und am Rand der Dose den Bezug zur Jahrhundertfeier der ersten deutschen Nationalversammlung herstellten, vermisste Oberbürgermeister Kolb einen Hinweis auf die Überreichung durch die Stadt Frankfurt am Main. Auf sein Geheiß wurde auf die Böden der beiden Gefäße neben dem Herstellerzeichen der Porzellanmanufaktur Rosenthal und dem Hinweis auf die „US-Zone" die Widmung „Ehrengabe der Stadt Frankfurt a/M." mit einem Gummistempel aufgedruckt. Mit Rücksicht auf die angespannte Etatlage orderte die Stadt bei Nicolaus Franz Nachfolger zunächst 300 Vasen und 300 Dosen, bat aber um die Option, nach der Freigabe zusätzlicher Mittel die Bestellung auf 1.000 Vasen und 500 Dosen aufstocken zu können.[4]

Nun war die Lieferfirma wieder am Zug. Obwohl Ebeling mit Engelszungen auf die Vertreter von Rosenthal einredete, sah sich der Hersteller aufgrund des Mangels an Kohlen und an Kaolin[5] sowie wegen fehlender Facharbeiterinnen außerstande, fristgerecht zum 1. Mai 1948 rund 1.500 Stück Porzellan auszuliefern. Erst als die Stadt die Frist um zwei Wochen verlängerte, kam auch Rosenthal dem Auftraggeber entgegen und sagte die Lieferung von bis zu 700 Vasen und 500 Dosen zu. Der renommierten Porzellanmanufaktur gelang es so, den Vertrag trotz der widrigen Zeitumstände zu erfüllen und noch in der Woche vor Pfingsten 687 Paulskirchen-Vasen und 488 Dosen mit Stadtansicht als Expressgut von Selb in Bayern nach Frankfurt am Main zu schicken.[6] Das alteingesessene Fachgeschäft Nicolaus Franz Nachfolger ließ die Ehrengaben auf eigene Kosten in Geschenkkartons verpacken, ging dank der gestiegenen Stückzahl noch etwas im Preis herunter und stellte der Stadt 23.903 Reichsmark und 50 Pfennige in Rechnung. Erleichtert über die termingemäße Ausführung des Auftrags schrieb Walter Ebeling am 14. Mai 1948 an Walter Kolb einen abschließenden Brief: „Ich würde mich freuen", so der Geschäftsmann, „wenn die von mir gelieferten Gegenstände dazu beitragen würden, den Festteilnehmern eine bleibende Erinnerung an die Paulskirchenfeier in Frankfurt a/Main zu geben und wünsche Ihnen für die Festtage einen guten Verlauf."[7]

Vier Tage später, am 18. Mai 1948, war es so weit. Wie einst die Abgeordneten der Nationalversammlung begaben sich die Ehrengäste der Hundertjahrfeier unter dem Läuten der Kirchenglocken vom Kaisersaal des Römer aus in einem langsamen Zug zur Paulskirche. Zehntausende von Schaulustigen säumten den kurzen Weg und verfolgten anschließend die Lautsprecherübertragung des Festakts aus dem Inneren der zwar noch eingerüsteten, aber weitgehend fertiggestellten Kirche. In seiner Begrüßungsansprache erinnerte Oberbürgermeister Walter Kolb an den Geist der Frankfurter Paulskirche von 1848, deren Ideale – Freiheit der Person und Einheit der Nation – ihm angesichts des demokratischen Neuaufbaus nach den Jahren der nationalsozialistischen Diktatur wichtiger denn je erschienen. Als Festredner hatte Kolb den pazifistischen Schriftsteller Fritz von Unruh gewinnen können, der 16 Jahre zuvor Frankfurt verlassen hatte, um in die Emigration zu gehen, und nun erstmals wieder auf deutschem Boden weilte. Unruhs bewegende „Rede

Vase und Dose – Ehrengaben der Stadt

an die Deutschen" bildete den unbestreitbaren Höhepunkt der Feierstunde.[8]

Bei welcher Gelegenheit den Gästen der Jahrhundertfeier die Ehrengaben der Stadt Frankfurt überreicht wurden, geht aus den Akten nicht hervor. Die Stadtkanzlei hielt am 24. Mai 1948 in einem Vermerk den Kreis der Empfänger von Paulskirchen-Vasen fest. Demnach erhielten zum Beispiel alle Mitglieder der hessischen Landesregierung, der Frankfurter Stadtverordnetenversammlung und des Magistrats ein Exemplar. Dem Präsidenten des Wirtschaftsrats Erich Köhler[9] wurde ebenso wie dem Direktor der Verwaltung für Wirtschaft des Vereinigten Wirtschaftsgebietes und späteren „Vater des Wirtschaftswunders" Ludwig Erhard eine Ehrengabe mit der Post zugestellt. In

gleichlautenden Begleitbriefen erklärte Oberbürgermeister Kolb: „Aus Anlass der Jahrhundertfeier der Ersten Deutschen Nationalversammlung in der Paulskirche zu Frankfurt am Main gestatte ich mir, Ihnen im Namen des Magistrats der Stadt Frankfurt am Main die Paulskirchen-Vase als bleibende Erinnerung an den historisch denkwürdigen Tag und in dankbarer Anerkennung Ihrer besonderen Unterstützung beim Wiederaufbau der Paulskirche zu überreichen."[10]

Dass auch die mit dem Wiederaufbau des zerstörten Gotteshauses beauftragten Architekten der „Planungsgemeinschaft Paulskirche", Gottlob Schaupp, Rudolf Schwarz und Johannes Krahn, mit einer Ehrengabe der Stadt bedacht wurden, versteht sich von selbst. Auch im Direktorenzimmer des Frankfurter Stadtarchivs stand seit Mai 1948 eine Paulskirchen-Vase als Gefäß für Blumenschmuck. Oberbürgermeister Walter Kolb hatte Archivdirektor Hermann Meinert für die historische Beratung der Jahrhundertfeier und für die Konzipierung der Ausstellung „1848" in den Räumen des Kunstvereins mit einer Ehrengabe gedankt. Im Rahmen der Paulskirchen-Feierlichkeiten verschenkte die Stadt insgesamt 607 Porzellanvasen und 220 -dosen. Die Stadtkanzlei zählte am 31. Mai 1948 noch 80 Paulskirchen-Vasen und 268 Dosen mit Stadtansicht – sie dienten in der Folgezeit als Ehrengaben für um die Stadt verdiente Bürger.[11]

[1] Vermerk von Adolf Kohl vom 7. Dezember 1947, Institut für Stadtgeschichte Frankfurt am Main (ISG), Magistratsakten 4471, f. 88r.

[2] Schreiben der Firma Nicolaus Franz Nachfolger an Oberbürgermeister Kolb vom 29. Januar 1948, ebd., f. 89r.

[3] Aufruf der Stadt Frankfurt am Main zum Wiederaufbau der Paulskirche vom 20. Januar 1947, ISG, Nachlass Walter Kolb, S 1/4 Nr. 242.

[4] Vgl. den Entwurf für ein Schreiben von Oberbürgermeister Kolb an Nicolaus Franz Nachfolger vom 5. Februar 1948, ISG, Magistratsakten 4471, f. 90r.

[5] Kaolin = Porzellanerde, dient dank seines hohen Schmelzpunktes von 1.450 °C als Grundlage zur Herstellung von weißem Porzellan. Siehe auch das Schreiben der Firma Nicolaus Franz Nachfolger an Oberbürgermeister Kolb vom 20. Februar 1948, den Vermerk der Stadtkanzlei vom 11. Februar 1948 und den Entwurf für ein Schreiben von Oberbürgermeister Kolb an Nicolaus Franz Nachfolger vom 25. Februar 1948, ISG, Magistratsakten 4471, f. 91r.–93r.

[6] Pfingstsonntag fiel 1948 auf den 16. Mai.

[7] Schreiben von Nicolaus Franz Nachfolger an Oberbürgermeister Kolb vom 14. Mai 1948, ISG, Magistratsakten 4471, f. 99r. Siehe auch das Schreiben von Nicolaus Franz Nachfolger an Oberbürgermeister Kolb vom 9. März 1948, den Entwurf für ein Schreiben des Oberbürgermeisters an Nicolaus Franz Nachfolger vom 12. März 1948 und den Vermerk der Stadtkanzlei vom 31. Mai 1948, ebd., f. 94r., 95r. u. 100r.

[8] Vgl. Frolinde Balser, Aus Trümmern zu einem europäischen Zentrum. Geschichte der Stadt Frankfurt am Main 1945–1989, hg. von der Frankfurter Historischen Kommission, Sigmaringen 1995, S. 87–94, und Evelyn Hils-Brockhoff, Sabine Hock, Die Paulskirche. Symbol demokratischer Freiheit und nationaler Einheit, hrsg. im Auftrag des Dezernats für Kultur und Freizeit, Amt für Wissenschaft und Kunst der Stadt Frankfurt am Main, Institut für Stadtgeschichte und der Frankfurter Sparkasse, Frankfurt am Main 1998, S. 69–76.

[9] Erich Köhler wurde 1949 zum ersten Bundestagspräsidenten gewählt.

[10] Entwurf für ein Schreiben von Oberbürgermeister Kolb an Ludwig Erhard und andere Direktoren vom 18. Mai 1948, ISG, Magistratsakten 4471, f. 105r./v. Siehe auch die Aufstellung der Stadtkanzlei zur Verteilung der Ehrengaben vom 24. Mai 1948, ebd., f. 125r./v.

[11] Vgl. ebd. und den Vermerk der Stadtkanzlei vom 31. Mai 1948, ISG, Magistratsakten 4471, f. 100r.

Anhang

BILDNACHWEIS

Umschlag: Zug des deutschen Parlaments nach der Paulskirche in Frankfurt a. M. am 18. Mai 1848, ISG FFM,
S7FR Nr. 10, akg-images

Umschlagrückseite und S. 5: Foto: Marcus Kaufhold

S. 7: ISG FFM, S7Z Nr. 1963-178, Associated Press

S. 8: ISG FFM, S7FR Nr. 16.061, Foto: Luigi Ungarisch

S. 10: ISG FFM, S7Z1998 o. Nr., Foto: Harald Joppen

S. 14: ISG FFM, S7Z, Nr. 1949-38, Deutsche Pres-
se-Agentur

S. 15: Generallandesarchiv Karlsruhe, akg-images

S. 19: ISG FFM, S7B Nr. 1998-1709, Foto: Max Göllner

S. 20: ISG FFM, S7Z Nr. 1848-60

S. 27: Historisches Museum Frankfurt am Main, Inv.-Nr. C
61260,1, Foto: Horst Ziegenfusz

S. 28 links: Historisches Museum Frankfurt am Main,
Inv.-Nr. C 4853e, Foto: Horst Ziegenfusz

S. 28 rechts: Entnommen aus: Carlo H. Jelkmann, Die Sct.
Paulskirche in Frankfurt a. M. Ein Beitrag zur Entwicklung der deutsch-protestantischen Kirchen-Baukunst und ein Zeitbild aus der Geschichte Frankfurts
um 1780–1850, Frankfurt am Main 1913, S. 23

S. 29: Historisches Museum Frankfurt am Main, Inv.-Nr. C
4860h, Foto: Horst Ziegenfusz

S. 31: Entnommen aus: Jelkmann 1913, S. 81

S. 32: Historisches Museum Frankfurt am Main, Inv.-Nr. C
19726, Foto: Horst Ziegenfusz

S. 40: Stadtarchiv Heidelberg, BILDA 33, 1184

S. 41: ISG FFM, S7Z Nr. 1848-30, Illustrirte Zeitung, Leipzig, Nr. 255, 20. Mai 1848, S. 330

S. 44: ISG FFM, S7P Nr. 1998-4812

S. 47: Historisches Museum Frankfurt am Main, Inv.-Nr. C
10.171, Foto: Horst Ziegenfusz

S. 50: ISG FFM, S7Z Nr. 1848-53

S. 52: ISG FFM, S7Z Nr. 1848-50

S. 55: ISG FFM, S13 Nr. 2061

S. 57: ISG FFM, S7FR Nr. 10, akg-images

S. 61: ISG FFM, S13 Nr. 1835

S. 63: ISG FFM, S13 Nr. 1844

S. 64: ISG FFM, S7Z Nr. 1848-114

S. 73: ISG FFM, S7Z Nr. 1848-46

S. 76: ISG FFM, S9-1 Nr. 20

S. 80: © Deutsches Historisches Museum, Inv.-Nr. Gr
2001/67

S. 81: © Deutsches Historisches Museum/S. Ahlers,
Inv.-Nr. PH003292

S. 84: Bestand Erna Wagner-Hehmke, Haus der
Geschichte, Bonn

S. 90 links u. rechts: Dr. Andreas Kunz und Leibniz-Institut
für Europäische Geschichte Mainz, CC BY-NC 4.0

S. 93: © Matteo Ianeselli, Wikimedia Commons,
CC-BY-SA-4.0 & GFDL

S. 94: ISG FFM, S7P Nr. 1998-16926

S. 102: ISG FFM, Magistratsakten R 153

S. 107: Historisches Museum Frankfurt am Main, Inv.-Nr. C
25866d, Foto: Horst Ziegenfusz

S. 108: Historisches Museum Frankfurt am Main, Inv.-Nr. C
25866d, Foto: Horst Ziegenfusz

S. 109: Historisches Museum Frankfurt am Main, Inv.-Nr. C
25866d, Historisches Museum Frankfurt am Main,
Foto: Horst Ziegenfusz

S. 111: Historisches Museum Frankfurt am Main, Inv.-Nr. C
25866a, Foto: Horst Ziegenfusz

S. 112: Historisches Museum Frankfurt am Main, Inv.-Nr. C
25859f, Foto: Horst Ziegenfusz

S. 117: ISG FFM, S7B Nr. 1998-1679, Foto: Max Göllner

S. 121: ISG FFM, S7C Nr. 1998-56742, Foto: Artur Pfau

S. 122: ISG FFM, S7C Nr. 1998-56746, Foto: Elisabeth
Hase

S. 124: ISG FFM, S5 Nr. 400

S. 125: ISG FFM, S7Z Nr. 1948-53, Foto: Kurt Röhrig

S. 126: ISG FFM, S9-1 Nr. 593, Druck: R. Ullmann

S. 127: © Deutsches Historisches Museum, Inv.-Nr.
Schirner 18682/25a

S. 131: © Deutsches Historisches Museum, Inv.-Nr. Kg
77/17, akg-images

S. 136: ISG FFM, S7Ko Nr. 2014

S. 142: Berliner Abgeordnetenhaus, akg-images, © Matthias Koeppel, VG Bild-Kunst

S. 147: Weimarer Republik e.V., Foto: Candy Welz

S. 154: ISG FFM, Foto: Uwe Dettmar

Dr. Thomas Bauer

Studium der Geschichte und Germanistik in Frankfurt; Promotion 1997 über Kanalisation und Hygiene in Frankfurt am Main 16.–19. Jahrhundert. Von 1988 bis 2015 freiberuflicher Historiker für verschiedene Auftraggeber; zahlreiche Bücher und Ausstellungen zur Frankfurter Stadtgeschichte sowie Sportgeschichte. Seit 2015 wissenschaftlicher Mitarbeiter der Abteilung „Zeitgeschichte und Gedenken" im Institut für Stadtgeschichte. Vorsitzender des Denkmalbeirats der Stadt Frankfurt und Mitglied der Frankfurter Historischen Kommission.

Dr. Evelyn Brockhoff

Kunsthistorikerin. 1986 bis 1989 Grundsatzreferentin des Frankfurter Oberbürgermeisters. 1989 bis 1996 Kustodin, Archivleiterin und stellv. Direktorin des Deutschen Architekturmuseums. 1996 stellv. Leiterin, seit 2004 Ltd. Direktorin des Instituts für Stadtgeschichte. Zahlreiche Veröffentlichungen zur Frankfurter Stadtgeschichte, u. a.: Der Frankfurter Stadtbaumeister Johann Friedrich Christian Hess (1988), Die Paulskirche (1998), Die Kaisermacher (2006), Das Frankfurter Karmeliterkloster (1999), Das Institut für Stadtgeschichte in Frankfurt (2013), Die Goldene Bulle (2015). Herausgeberin der Buchreihen „Archiv für Frankfurts Geschichte und Kunst" und „Studien zur Frankfurter Geschichte". Mitglied verschiedener Hessischer Historischer Kommissionen und Arbeitsgemeinschaften sowie zahlreicher Frankfurter Vereine.

Prof. Dr. Michael Dreyer

Studium der Politikwissenschaft, Geschichte und Volkskunde in Kiel und Lexington, Kentucky; Promotion 1986, Habilitation 2002. 2002 DAAD-Professor an der Northwestern University, Evanston, IL (USA).

Seit 2005 außerplanmäßiger Professor für Politische Theorie und Ideengeschichte an der Friedrich-Schiller-Universität Jena. Co-Leiter der Forschungsstelle Weimarer Republik an der Universität Jena und Vorsitzender des Vereins „Weimarer Republik e.V.". Forschungsschwerpunkte: Ideengeschichte des 19. und 20. Jahrhunderts in Deutschland und den USA, das politische System der USA sowie die Verfassungsordnung, politische Theorie und internationale Wirkung der Weimarer Republik.

Prof. Dr. Frank Engehausen

Außerplanmäßiger Professor für Neuere Geschichte am Historischen Seminar der Ruprecht-Karls-Universität Heidelberg mit Arbeitsschwerpunkten in der deutschen, insbesondere der südwestdeutschen Geschichte des 19. und 20. Jahrhunderts. Mehrere Publikationen zur Revolution von 1848/49, darunter: Die Revolution von 1848/49 (Seminarbuch Geschichte), Paderborn 2007.

Prof. Dr. Andreas Fahrmeir

Studien der Geschichte, Anglistik und Geschichte der Naturwissenschaften in Frankfurt; Promotion in Cambridge; Habilitation an der Goethe-Universität Frankfurt. Seit 2006 Professor für Neuere Geschichte (Schwerpunkt 19. Jahrhundert) in Frankfurt. Forschungsschwerpunkte: Geschichte von Migrationskontrolle und Nationalismus; Geschichte sozialer Eliten im 19. Jahrhundert.

Dr. Bernd Heidenreich

Ehrenamtlicher Stadtrat Frankfurt am Main, stellvertretender Vorsitzender der Frankfurter Historischen Kommission sowie Mitglied der Hessischen Historischen Kommission und der Kommission zur Erforschung des

Parlamentarismus in Hessen, 2003 bis 2017 Direktor der Hessischen Landeszentrale für politische Bildung. Zahlreiche Veröffentlichungen zur Kultur-, Geistes- und Verfassungsgeschichte sowie zur politisch-historischen Landeskunde Hessens.

Prof. Dr. Dieter Hein

Studium der Geschichte, Germanistik und Publizistik in Bochum, Berlin und Frankfurt am Main; Promotion 1983, Habilitation 1995. 1979–1994 Wiss. Assistent in Frankfurt am Main, danach Lehrstuhlvertretungen und Mitarbeit in diversen drittmittelfinanzierten Forschungsprojekten; 2002–2016 außerplanmäßiger Professor für Neuere Geschichte am Historischen Seminar der Goethe-Universität Frankfurt.

Dr. Alexander Jehn

Promovierter Historiker. 1997 bis 1999 Büroleiter des Bürgermeisters und Stadtrats von Darmstadt, Dr. Wolfgang Gehrke. 1999 Wechsel in das Hessische Kultusministerium, dort zunächst Referent, später Referatsleiter für Presse- und Öffentlichkeitsarbeit und von 2004 bis 2008 Leiter des Ministerbüros von Staatsministerin Karin Wolff. 2008 bis 2012 stellvertretender Abteilungsleiter verschiedener Abteilungen des Kultusministeriums, ab 2013 stellvertretende Leitung der Zentralabteilung. Seit 2017 Direktor der Landeszentrale für politische Bildung in Wiesbaden.

Franziska Kiermeier M. A.

Studium der Politikwissenschaft, Volkswirtschaft und Germanistik in Trier und Lund (Schweden), danach Redenschreiberin in der Thüringer Staatskanzlei, 2009–2012 Referentin der Frankfurter Oberbürgermeisterin. Seit 2012 im Institut für Stadtgeschichte tätig, seit 2015 dort Leiterin der Abteilung „Zeitgeschichte und Gedenken", Mitglied des Vorstandes der Gesellschaft für Frankfurter Geschichte e. V., Mitherausgeberin der Publikation „Gesammelt, gehandelt, geraubt. Kunst in Frankfurt und der Region zwischen 1933 und 1945" (2019).

Dr. Günter Mick

Studium der Geschichte und Politikwissenschaft in Saarbrücken, Tübingen und Bonn. Promotion über die politischen Wahlen in der Weimarer Republik am Beispiel der Stadt Trier. 1969 Eintritt in die Redaktion der Frankfurter Allgemeinen Zeitung. Von 1990 bis 2007 Leiter des Regionalteils, der Rhein-Main-Zeitung. Bücher zur Nationalversammlung 1848, zum Wiederaufbau Frankfurts nach 1945, zahlreiche Texte zur Geschichte Frankfurts, u. a. zu den politischen Auseinandersetzungen über den Wiederaufbau der Altstadt nach 1945.

Prof. Dr. Walter Mühlhausen

Studium der Germanistik, Geschichte, Politik und Pädagogik in Kassel; Promotion 1985, Habilitation 2006. Ab 1986 stellv. Geschäftsführer, seit 2008 Geschäftsführer und seit 2015 Mitglied des Vorstands der Stiftung Reichspräsident-Friedrich-Ebert-Gedenkstätte in Heidelberg. Seit 2012 außerplanmäßiger Professor an der Technischen Universität Darmstadt. Mitglied zahlreicher historischer Kommissionen und Beiräte, u. a. der Kommission für Politische und Parlamentarische Geschichte des Landes Hessen beim Hessischen Landtag sowie des wissenschaftlichen Beirats „Weimarer Republik" e. V. zum „Haus der Weimarer Republik" in Weimar.

Lucia Seiß M. A.

Bis 2019 Studium der Kunstgeschichte, Geschichte und Architekturwissenschaft in Dresden, Frankfurt am Main und Warschau. Abschlussarbeit über die Baugeschichte der Paulskirche und ihre Verortung innerhalb der Architekturgeschichte. Wissenschaftliche Mitarbeiterin u.a. am Sonderforschungsbereich 804 „Transzendenz und Gemeinsinn" an der TU Dresden, am Deutschen Architekturmuseum sowie am Jüdischen Museum in Frankfurt.

IMPRESSUM

Kleine Schriften des Instituts für Stadtgeschichte
Herausgegeben von Evelyn Brockhoff

Die Frankfurter Paulskirche.

Ort der deutschen Demokratie

Herausgegeben von Evelyn Brockhoff und Alexander Jehn
unter Mitarbeit von Franziska Kiermeier

Redaktion

Franziska Kiermeier

Lektorat

Henrik Halbleib, Frankfurt am Main

Gestaltung

Bruno Dorn, Societäts-Verlag, Frankfurt am Main

© Gesellschaft für Frankfurter Geschichte e.V.
Institut für Stadtgeschichte Frankfurt am Main
Societäts-Verlag, Frankfurt am Main

Druck und Verarbeitung

Print Consult GmbH, München
Printed in EU 2020

ISBN 978-3-95542-394-0

Besuchen Sie uns im Internet: www.societaets-verlag.de